Wolfgang Ruge

Roboter im Film

Audiovisuelle Artikulationen des Verhältnisses
zwischen Mensch und Technik

Magdeburger Schriftenreihe zur Medienbildung

Film – Internet – Computerspiele

Herausgeber: Johannes Fromme, Winfried Marotzki

ISSN 2194-1130

1   *Wolfgang Ruge*
     Roboter im Film
     Audiovisuelle Artikulationen des Verhältnisses zwischen Mensch und Technik
     ISBN 978-3-8382-0338-6

Wolfgang Ruge

ROBOTER IM FILM

Audiovisuelle Artikulationen des Verhältnisses
zwischen Mensch und Technik

ibidem-Verlag
Stuttgart

Bibliografische Information der Deutschen Nationalbibliothek
Die Deutsche Nationalbibliothek verzeichnet diese Publikation in der
Deutschen Nationalbibliografie; detaillierte bibliografische Daten sind im
Internet über http://dnb.d-nb.de abrufbar.

Bibliographic information published by the Deutsche Nationalbibliothek
Die Deutsche Nationalbibliothek lists this publication in the Deutsche Nationalbibliografie;
detailed bibliographic data are available in the Internet at http://dnb.d-nb.de.

Coverabbildung: Images licensed by Ingram Publishing

∞

Gedruckt auf alterungsbeständigem, säurefreien Papier
Printed on acid-free paper

ISSN: 2194-1130

ISBN-13: 978-3-8382-0338-6

© *ibidem*-Verlag
Stuttgart 2012

Printed in Germany

Inhalt

1 Einleitung 7

Abschnitt 1: Vorüberlegungen 9

2 Bildung, Technik und Science Fiction 11
 2.1 Bildung *11*
 2.2 Technik *14*
  2.2.1 Was ist Technik? 15
  2.2.2 Technik und Gesellschaft 19
 2.3 Bildung und Technik *26*
  2.3.1 Technik als Bestandteil der Gesellschaft 27
  2.3.2 Technik, Bestimmtheit und Unbestimmtheit 28
  2.3.3 Technik als Bestandteil des handelnden Selbst 30
 2.4 Science Fiction als Forschungsfeld *31*
  2.4.1 Was ist Science Fiction? (Definition) 31
  2.4.2 Science Fiction als Forschungsfeld 35

3 Roboter 37
 3.1 Ingenieurwissenschaftliche Positionen *37*
  3.1.1 Was ist ein Roboter? (Definition) 37
  3.1.2 Klassifikation von Robotern 39
  3.1.3 Eine (Technik-) Geschichte des Roboters 41
 3.2 Der Diskurs über Roboter *47*
  3.2.1 Die romantische Obsession für das Maschinelle 47
  3.2.2 Der Roboter als menschenähnlicher Diener 53
 3.3 Roboter, Androiden, Cyborgs *54*
  3.3.1 Roboter vs. Cyborg aus ingenieurwissenschaftlicher Perspektive 55
  3.3.2 Der Diskurs über Roboter und Cyborgs 56
 3.4 Die »Alltäglich-Werdung« von Robotern *57*
 3.5 Bildungstheoretische Relevanz *59*

Abschnitt 2: Studie   **61**

4 Forschungstand   **63**

5 Methodik   **67**
    5.1 Neoformalistische Filmanalyse   *67*
    5.2 Grounded Theory   *70*
    5.3 Einschränkung des Feldes (Sample)   *74*
    5.4 Zusammenfassung   *75*

6 Empirie   **77**
    6.1 Das Kategoriensystem   *77*
        6.1.1 Menschenähnlichkeit   78
        6.1.2 Interaktionsqualität   82
        6.1.3 Rahmenbedingungen   86
        6.1.4 Übersicht   87
    6.2 Eine Genealogie der Roboterdarstellung im SF-Film   *90*
        6.2.1 Dienende Einzelstücke (Alarm im Weltall)   91
        6.2.2 Unterlegene Kopien sensationeller Alltäglichkeit (Westworld)   99
        6.2.3 Sozial eingebundene Lerner kindl. Bewusstseins (Making Mr. Right)   110
        6.2.4 Gefährliche Einzelgänger (Terminator)   122
        6.2.5 Begehren entwickelnde Massenproduktionen (Der 200 Jahre Mann)   132
        6.2.6 Bedrohliche Massen (Terminator 4)   145
        6.2.7 Sonderfall: I Robot   154
    6.3 Übersicht   *154*

7 Diskussion   **159**
    7.1 Das romantische Erbe   *159*
    7.2 Visuelle Artikulation der Träume der KI-Optimisten   *160*
        7.2.1 Die Fortführung der Evolution (Ray Kurzweil)   161
        7.2.2 Bewusstsein, Körper, Lernprozesse (Jordan Zlatev)   164
    7.3 Ausdruck von Technikangst (kriegerischer Entwicklungszweig)   *166*
    7.4 Technik und Gesellschaft   *168*

8 Fazit   **171**

9 Quellenverzeichnis   **173**
    9.1 Filmographie   *173*
    9.2 Bibliographie   *175*
    9.3 Bilnachweise   *182*

1 Einleitung

»Jeffrey come back« – so lauten die letzten Worte eines Werbespots des Chipherstellers Intel. Eine Mitarbeiterin ruft sie einem mit hängenden Schultern davonfahrenden Roboter hinterher.[1] Was sich in den 30 Sekunden davor ereignet hat, ist schnell erzählt: Ein Mitarbeiter betont begeistert, dass die neuen Prozessoren der Firma das Beste seien, was man je geschaffen habe. Währenddessen sieht man im Hintergrund einen Roboter heranfahren, der die Worte hört und davon gekränkt ist – er lässt sein Tablett fallen und verlässt den Raum. Die anderen Mitarbeiter sind betroffen. Eine weitere aktuelle Werbung zeigt einen Roboter, dem während eines normalen Büroarbeitstages mehrere Missgeschicke passieren, ihm misslingt einfach alles. Entspannung erwartet ihn erst zu Hause, wo er mit einer Fernbedienung alle Geräte kontrollieren kann.[2]

Die Wirkung beider Werbespots beruht darauf, dass der Rezipient Mitleid mit dem Roboter hat. Es wird darauf gesetzt, dass einem Stück Technik Gefühle entgegen gebracht werden. Manfred Pietschmann, Chefredakteur des Technologiemagazins Technology Review, hat das seltsame Band, das Menschen und Roboter miteinander verbindet, sehr treffend als »eine kleine Prise metaphysischer Sympathie« (Pietschmann 2010, 3) bezeichnet. Doch woher kommt dieses Band? Ist dies ein neues Phänomen oder besteht es schon länger? Was bringt uns dazu, gerade einem Roboter Gefühle entgegen zu bringen? Wieso betrachten wir ihn in einer Art und Weise, die über den Nutzungsaspekt von Technologie hinausgeht?

Der Fragenkomplex, den ich hier anhand des Roboters illustriert habe und in dieser Arbeit genauer untersuchen werde, weist m.E. auf eine bildungstheoretische Problematik hin, die im Zuge einer fortschreitenden Technisierung der alltäglichen Lebenswelt an Virulenz gewinnt: die Frage nach dem Verhältnis zwischen Mensch und Technik. Dabei gehe ich davon aus, dass Filme aktuelle gesellschaftliche Problemlagen artikulieren und insofern als Spiegel der Gesellschaft betrachtet werden können. Darüber hinaus stellen sie einen Bestandteil des möglichen Reflexionshorizonts über Roboter dar. Ich möchte mich dem Themenkomplex »Mensch und Technik« in dieser Arbeit nähern und anhand der Darstellung der Technologie »Roboter« im Film untersuchen, ob sich eine Veränderung dieses Verhältnisses abzeichnet. Sehen wir Technik immer gleich – oder ist unser Technikbild einem historischen Wandel unterworfen? Die zentrale Fragestellung dieser Arbeit lautet: Wie wird das Verhältnis zwischen Mensch und Roboter im Film thematisiert?

Aus dieser zentralen Frage lassen sich weitere ableiten: Wie wird der Roboter im Film inszeniert? Wie wird die Interaktion mit den Menschen beschrieben? Unterliegt die Darstellung einem Wandel? Und wenn ja: Wie ändert sich die Darstellung? Da-

---

1 Der vollständige Werbespot kann unter http://youtu.be/QRJRFLrEZAM angesehen werden.
2 Werbung für die »Logitech Harmony« – http://youtu.be/4QvbadEZBkw.

ran anschließend, stellt sich letztlich auch die Frage, wie sich diese Veränderungen verstehen lassen.

Um diese Fragen zu beantworten, gehe ich folgendermaßen vor. Zunächst skizziere ich den Forschungskontext dieser Arbeit und zeige auf, wieso die Frage nach dem Verhältnis zwischen Mensch und Technik eine hohe bildungstheoretische Relevanz besitzt. Daran anschließend begründe ich, warum ich den Science-Fiction-Film für ein lohnenswertes Untersuchungsfeld für diese Untersuchung halte (Kap. 2). Nachdem ich das Forschungsinteresse und den -ansatz dieser Arbeit skizziert habe, werde ich den Begriff des Roboters eingrenzen und neben der technischen Sichtweise der Ingenieurwissenschaften und Informatik auch den sozialwissenschaftlichen Blick auf das Phänomen würdigen. Daran anschließend gebe ich einen kurzen Überblick über aktuelle Einsatzgebiete von Robotern und kläre, warum gerade der Roboter im Mittelpunkt dieser Untersuchung steht (Kap. 3). Nach diesen generellen Vorüberlegungen wende ich mich dem empirischen Teil der Arbeit zu. Dazu gebe ich einen Überblick über den Forschungsstand zum Thema (Kap. 4) und erläutere die dieser Arbeit zugrunde liegende Methodik (Kap. 5). Im daran anschließenden Empirie-Kapitel beschreibe ich vorderhand das Kategoriensystem (Kap. 6.1), das ich erarbeitet habe, und stelle sechs Muster vor, die ich im Material gefunden habe (Kap. 6.2). Diese Muster lassen sich in eine zeitliche Reihenfolge bringen und so zu einer Genealogie anordnen. Im 7. Kapitel diskutiere ich mögliche theoretische Anschlüsse der Ergebnisse, bevor ich ein Fazit ziehe (Kap. 8).

Formales:

Hervorhebungen finden sich so auch im Original-Text. Eigene Hervorhebungen sind kenntlich gemacht. FILMTITEL sind im Fließtext durch Kapitälchen hervorgehoben. Bei der ersten Nennung werden zusätzlich Produktionsland, -Jahr und Regisseur gennant. Im weiteren Text wird der Titel ggf. abgekürzt. Die Filmstills entstammen, sofern nicht anders angegeben, dem in der letzten Überschrift erwähnten Film. Ausführliche Quellenangaben finden sich in den Abbildungsnachweisen.

Abschnitt 1: Vorüberlegungen

2 Bildung, Technik und Science Fiction

In diesem Kapitel möchte ich das dieser Arbeit zugrunde liegende Erkenntnisinteresse herleiten und begründen, warum das Verhältnis zwischen Mensch und Technik aus einer bildungstheoretischen Sichtweise eine hohe Relevanz besitzt. Dazu expliziere ich zunächst die von mir getroffenen bildungstheoretischen Annahmen. Daran anschließend werde ich den Begriff der Technik in seiner vielfältigen Gestalt beleuchten, um danach die Beziehung zwischen Bildung und Technik in den Blick zu nehmen. Abschließend widme ich mich der Frage, warum gerade der Science-Fiction-Film für die Erforschung dieses Verhältnisses prädestiniert ist.

2.1 Bildung

Ich gehe in dieser Arbeit von dem Bildungsbegriff der strukturalen Bildungstheorie Winfried Marotzkis (Marotzki 1990) aus. Diese definiert Bildung als einen komplexen Lernprozess, bei dem es durch den Aufbau von Orientierungswissen zu einer Veränderung der Welt- und Selbstverhältnisse kommt. Bildung ist dabei »der Name für den reflexiven Modus des menschlichen In-der-Welt-Seins« (Marotzki 2006, 61).

Die strukturale Bildungstheoriegrenzt sich von einem materialen Bildungsbegriff ab, welcher Bildung als Aneignung bzw. *Erlernen* eines zuvor definierten Wissenskanons versteht.[3] Deutlich wird diese Abgrenzung vor allem in der von Jürgen Mittelstraß übernommenen Unterscheidung zwischen Verfügungswissen und Orientierungswissen:

>> Verfügungswissen ist ein Wissen um Ursachen, Wirkungen und Mittel; es ist das Wissen, das Wissenschaft und Technik unter gegebenen Zwecken zur Verfügung stellen. Orientierungswissen ist ein Wissen um gerechtfertigte Zwecke und Ziele.« (Mittelstraß 2002, 164)

Der Übergang zwischen dem Erlernen von Verfügungswissen und dem Erwerb von Orientierungswissen markiert die Grenze von einfachen Lernprozessen zu Bildungsprozessen. Dabei unterscheidet die strukturale Bildungstheorie in Anlehnung an Gregory Bateson jeweils zwei Stufen von Lern- und Bildungsprozessen, wobei ein Lern- und Bildungsprozess die jeweiligen vorherigen Stufen einschließt. Lernen I beschreibt ein einfaches Reiz-Reaktion-Schema. Lernen II meint eine je nach Kontext unterschiedliche Reaktion. Dabei wird die Reaktion der Rahmung angepasst, die Rahmung selbst aber nicht verändert. Von Bildung I wird gesprochen, wenn es zu einer Veränderung der Weltverhältnisse kommt.

---

3 Eine detaillierte Ausführung verschiedener Bildungsbegriffe ist beispielsweise bei Yvonne Ehrenspeck (2009) zu finden.

》Bei der Bildung I geht es also um die Konstruktionsprinzipien der Weltaufordnung. Solche Prinzipien können weder wahr noch falsch sein. Es ist nicht möglich, sie unmittelbar an der Wirklichkeit zu überprüfen.« (Jörissen/Marotzki 2009, 24)

Wenn es durch die Bildungsprozesse der ersten Stufe zu der Erfahrung von Paradoxien kommt, sind Bildungsprozesse der zweiten Stufe möglich, wodurch es zu einer Veränderung der Selbstverhältnisse kommt:

》Wenn wir uns divergente Erfahrungsmuster angeeignet haben, werden wir früher oder später die Erfahrung von *Paradoxien* machen. Die verschiedenen Weisen, ein Problem zu sehen, sind dann nicht miteinander vermittelbar, wie z.b. bei komplexen handlungsbezogenen (ethischen oder auch politischen) Problemlagen. Wenn wir unsere verschiedenen Möglichkeiten, die Welt zu ordnen, nicht mehr auf einen Nenner bringen können, dann wird uns *jede* mögliche Weltreferenz, über die wir verfügen – und sei sie noch so komplex –, in radikaler Weise als etwas *Relatives* bewusst. Wir werden dann *auf uns zurückgeworfen*, auf die *Begrenztheit* unserer Konstruktionsmöglichkeiten. Im Scheitern von Lösungsmöglichkeiten angesichts radikal erfahrener Paradoxien liegt also ein besonderes Bildungspotenzial: Denn auch im Falle eines solchen (emphatisch ausgedrückt) ›Weltverlustes‹ müssen wir irgendwie agieren, weitermachen. Wir beginnen dann (möglicherweise, aber nicht zwingend), den ›Urheber‹ dieser Erfahrungsschemata – uns selbst – zu beobachten. Wir versuchen dann quasi, uns als Beobachter in den Blick zu bekommen, uns beim Beobachten der Welt zu beobachten. Wir werden zu Selbstbeobachtern. Dies ist gemeint, wenn wir von der Steigerung des Selbstbezugs im Kontext von Bildung II sprechen.« (Jörissen/Marotzki 2009, 25)

Grafisch lässt sich dieses Konzept wie folgt darstellen:

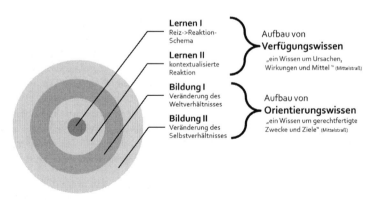

Abb. 1:   Vier Stufen von Lern- und Bildungsprozessen (Eigene Grafik in Anlehnung an: Jörissen/Marotzki 2009, 22-25).

Klassische materiale Bildungstheorien stellen den Erwerb von Verfügungswissen in den Vordergrund. Ziel ist hierbei die Herstellung von Bestimmtheit. Auch hierzu geht die strukturale Bildungstheorie in Opposition. Aus Marotzkis Perspektive kann im Angesicht einer immer komplexer werdenden Welt, die sich durch Kontingenzen und Pluralisierung von Lebensentwürfen auszeichnet, Bildung nicht länger als Maximierung von Bestimmtheit gedacht werden. Im Gegenteil:

>> Bildung lebt vom Spiel mit den Unbestimmtheiten. Sie eröffnet den Zugang zu Heterodoxien, Vieldeutigkeiten und Polymorphien. Werden solche Zugänge durch Bestimmtheitsfelder kultiviert, wird Bildung unterlaufen.« (Marotzki 1991, 4)

Dies bedeutet jedoch nicht, dass auf die Herstellung von Bestimmtheit verzichtet werden kann – es bedarf auch weiterhin eines Grundstocks an Faktenwissen, auf dessen Basis Unbestimmtheitsbereiche ermöglicht werden.

>> Vielmehr kommt es darauf an, daß die Herstellung von Bestimmtheit Unbestimmtheitsbereiche ermöglichen und damit auch eröffnen muß. Anders gesagt: Unbestimmtheiten müssen einen Ort, besser mehrere Orte in unserem Denken erhalten; dann und nur dann wird tentative, experimentelle, umspielende, erprobende, innovative, kategorienerfindende, kreative Erfahrungsverarbeitung möglich.« (Marotzki 1991, 3)

Bildung ist also nur möglich, wenn Bestimmtheit und Unbestimmtheit ein dialektisches Verhältnis eingehen, da nur so die notwendige Flexibilität der Strukturen der Weltauforderung erreicht werden kann (vgl. Marotzki 1991, 4).

Die Frage, was Bildung ausmacht, wird somit an eine Zeitdiagnose gekoppelt und nicht als ahistorischer Kanon gedacht. Bildung ist somit auch kein *fester Bestand*, der ewig erhalten bleibt, sondern ein fortlaufender *Prozess*, der natürlich nicht unabhängig von der (sozialen) Umwelt des Individuums ist. Die Welt- und Selbstverhältnisse eines Subjekts werden jeden Tag aufs Neue in der Interaktion mit anderen Individuen ausgehandelt:

>> Welt und Selbst sind somit nicht ein Gegebenes, sondern werden aufgrund unserer perspektiven- und deutungsgebundenen Wahrnehmung zu etwas, was erst hergestellt und über soziale Interaktionen aufrechterhalten oder verändert wird. Die Kraft der Reflexion ist die einer Selbstvergewisserung und Orientierung in gesellschaftlichen Verhältnissen.« (Marotzki 2006, 61)

Die strukturale Bildungstheorie steht mit dieser Konzeption von Bildung in der Tradition der erziehungswissenschaftlichen Biographieforschung, weshalb sich das Erkenntnisinteresse auf das Individuum und seine Beziehung zur es umgebenen Gesellschaft fokussiert. Yvonne Ehrenspeck beschreibt den (forschungspraktischen) Kern dieser bildungstheoretischen Position folgendermaßen:

>> Hier wird insbesondere der im Bildungsbegriff thematisierte Zusammenhang von Individuum und Gesellschaft bzw. von subjektiver und objektiver Seite der Kultur betont, der in den 1990er Jahren methodisch re-

flektiert in einer ›bildungstheoretisch orientierten Biographieforschung‹ [...] rekonstruiert wird, in der den individuellen Formen der Verarbeitung gesellschaftlicher und subjektiver Erfahrungen [...] nachgegangen wird.« (Ehrenspeck 2009, 164)

Die Frage nach dem, was Bildung ausmacht, ist demnach immer an den gesellschaftlichen Horizont gebunden, vor dem die Bildungsprozesse der Individuen stattfinden. In modernen Gesellschaften sind andere Bildungsprozesse möglich (und auch nötig) als in vormodernen Gesellschaftskonfigurationen.

Bis hierhin kann also zusammengefasst werden: Bildung ist ein komplexer Lernprozess, der durch den Aufbau von Orientierungswissen zu einer Veränderung der Welt- (Bildung I) oder Selbstverhältnisse (Bildung II) führt. Er soll es dem Menschen ermöglichen in einer zunehmend kontingenten Welt mit Unbestimmtheiten umzugehen. Dabei wird Bildung als ein fortlaufender Prozess gedacht, der in der täglichen Interaktion mit Anderen situiert ist.

2.2 Technik

Technik ist allgegenwärtig – sowohl in ihrer materiellen Präsenz in unserem Alltag in Form von Handys, Computern, Fahrkartenautomaten und vielem mehr, als auch als Bestandteil von Diskursen, die sich mit der Frage beschäftigen, welche Folgen die Technisierung der Gesellschaft hat. Dabei ist auffällig, dass eine Definition von Technik nicht notwendig erscheint. Jeder kann sagen, was Technik *ist* ohne genau definieren zu müssen, was Technik *ausmacht*. Dieses alltagsweltliche Paradox schlägt sich auch in der wissenschaftlichen Beschäftigung mit Technik nieder:

》》There is no universally agreed upon definition of technology in the technology studies literature, although, there is much overlap in the definitions raised and there is a general consensus that a field of study may be identified under the rubric of ›technology‹.« (Willoughby 2004, 33)

In diesem Kapitel möchte ich explizieren, welche Technikdefinitionen sich hinter diesem unausgesprochenen Konsens verbergen und wie sich Techniken klassifizieren lassen. Darin anschließend werde ich verschiedene Perspektiven auf das Verhältnis zwischen Mensch, Gesellschaft und Technik skizzieren und abschließend die bildungstheoretische Relevanz des Feldes entwickeln.

2.2.1 Was ist Technik?

Der Begriff »Technik«: Ursprung, Verwendung, Aspekte

Der Ursprung des Wortes »Technik« liegt »in der Zeit des Übergangs zur Sesshaftigkeit« (Fischer 2004, 11) und meint ursprünglich »flechten« oder »das Holzwerk eines Hauses zusammenzufügen« (Pokorny 1959, 1058 zit. nach Fischer 2004, 11). Ziel des Technikeinsatzes ist es eine »*Homogenisierung des Raumes als Lebensraum*« zu erreichen, was dadurch erreicht wird, dass bestimmte *lehrbare Methoden* von einer Generation an die nächste weitergereicht und verbessert werden (Fischer 2004, 12). Dieser frühe Technikbegriff ist noch sehr auf handwerkliche Fertigkeit fokussiert. Heutzutage wird unter Technik bzw. Techniken ein weites Feld verstanden, für das der Technikphilosoph Peter Fischer folgende Kategorisierung vorschlägt:

DIE TECHNIK	DIE TECHNIKEN	
Gesamtheit der Einrichtungen und Verfahren zur *Erschließung und Nutzung der natürlichen Stoff- und Energieressourcen* sowie die dabei praktizierte *Anwendung der naturwissenschaftlichen Erkenntnisse* für die *zivilisatorische Befriedigung der Bedürfnisse* der Menschen	Gesamtheit der Vorgehensweisen, die jeweils auf einem bestimmten Gebiet *üblich* sind also eine *lehrbare Methode*	*virtuose, Talent* voraussetzende *Kunstfertigkeit* beim Erzielen einer speziellen (Höchst-)Leistung.
Real-, Güter- oder Produktionstechnik [Synonyme]	· Individual Selbst- oder Humantechniken · Sozial- oder Organisationstechniken · Intellektualtechniken	

Tab. 1: Gebrauchsweisen des Technikbegriffs (Quelle: Fischer 2004, 16).

Eine ähnliche Konzeption von Technik findet sich auch in techniksoziologischen Ansätzen, in welchen weniger die unterschiedlichen Einsatzgebiete von Technik, sondern vielmehr die einzelnen Aspekte dessen, was Technik ausmacht, betont werden. So definiert z.B. Rudi Volti Technik als »a system based on the application of knowledge, manifested in physical objects and organizational forms, for the attainment of specific goals« (Volti 1995,6 zit. nach Degele 2002, 18). Technik beinhaltet soziologisch betrachtet also die drei Komponenten Materialität, Handlung und Wissen (vgl. Degele 2002, 19-20 sowie Abb. 2). Dabei steht die Funktionalität, das Erreichen zuvor definierter Ziele im Vordergrund.

Abb. 2: Der *dreistrahlige* Technikbegriff der Soziologie (Eigene Visualisierung in Anlehnung an Degele 2002, 18-20).

Was steht jedoch hinter der Kombination von Materialität, Handlung und Wissen, die als Technik bezeichnet wird? Warum setzten Menschen Technik(en) ein? Anders gefragt: Welche Funktion hat Technik für den einzelnen Menschen und die Gesellschaft? Was bei Peter Fischer mit der *Homogenisierung des Lebensraums* beschrieben wird, deutet die Quintessenz dessen an, was auch in fast allen techniksoziologischen Ansätzen unabhängig von der gewählten Theoriefolie[4] immer wieder herausgestellt wird: Technik dient der *Stabilisierung* von Erwartungshaltungen. So betont z.b. Ingo Schulz-Schaeffer:

〉〉 Techniken sind künstlich erzeugte und in der einen oder anderen Weise *festgelegte Wirkungszusammenhänge*, die genutzt werden können, um *hinreichend zuverlässig und wiederholbar* bestimmte erwünschte Effekte hervorzubringen.« (Schulz-Schaeffer 2008, 445 – Hervorh. WR)

Etwas abstrakter formuliert es der systemtheoretisch argumentierende Dirk Baecker:

〉〉 Eine Technik ist die Einrichtung einer Sequenz von Ereignissen derart, dass diese Sequenz *wiederholbar* abgerufen werden kann. Die Ausgangs- und Endzustände der Sequenz sind *definiert*. Die Verknüpfung der Ereignisse zu ihrer Sequenz ist das Ergebnis eines *Automatismus*, der in der Natur der Sache vermutet wird.« (Baecker 2010, 1 – Hervorh. WR)

---

4 Es würde den Rahmen dieser Arbeit sprengen, alle techniksoziologischen Ansätze vorzustellen. Die (Teil-)Disziplin ist alles andere als homogen. So konkurrieren unterschiedlichste Theoriefolien um die Frage, wie das Verhältnis zwischen Gesellschaft und Technik am besten zu fassen sei (z.b. feministische Ansätze, systemtheoretische Betrachtungen, evolutionstheoretisch angelegte Betrachtungsweisen). Für einen Überblick über die einzelnen Perspektiven vgl. Degele (2002).

Und auch Werner Rammert betont die Eigenschaft von Techniken, Erwartungen zu erfüllen: »Techniken sind versachlichte Erwartungen, eben Gesellschaft im Medium physischer Dinge und deren Aktivitäten« (Rammert 2008, 292).

Diese drei Definitionen, die hier, zusammen mit der Definition von Rudi Volti, exemplarisch für die Bandbreite der techniksoziologischen Diskussion stehen sollen, zeigen trotz unterschiedlicher Formulierungen einen gemeinsamen Konsens: Technik dient dazu, bestimmte *Erwartungen wiederholbar* und *zuverlässig* zu erfüllen. Bildungstheoretisch gesprochen dienen Techniken also der Herstellung von Bestimmtheit, was nicht ausschließt, dass Techniken unerwünschte Nebenfolgen haben können oder gesellschaftliche Veränderungen provozieren, die Unbestimmtheit hervorrufen (vgl. dazu Kap. 2.2.2).

Arten von Technik (Klassifikation)

Wie im vorherigen Kapitel schon angedeutet, ist die Verwendung des Wortes Technik vielfältig und auch hinter dem gemeinsamen Nenner, dass Techniken zur Stabilisierung von Erwartungen dienen, verbirgt sich ein großes Arsenal an Artefakten und Methoden. Eine Klassifizierung der Techniken nach Einsatzgebiet oder Aufgabe erachte ich für die Frage des Verhältnisses zwischen Mensch und Technik als wenig hilfreich, da sie den Kontext in den Vordergrund stellt und genuin technische Aspekte nicht berücksichtigt. Es bedarf also einer Klassifikation, die Technik als Phänomen sui generis betrachtet und technikimmanente Eigenschaften in den Mittelpunkt stellt. Eine solche Klassifikation findet sich bei Werner Rammert, der die verschiedenen Techniken anhand des Prozesses ihrer Entstehung durch Einschreibung in ein Trägermedium gruppiert:

>> In Ermangelung eines Tätigkeitswortes für ›Technik tun‹ oder ›etwas technisch machen‹ bezeichnen wir mit *Technisierung* die besondere formgebende Praxis, Elemente, Ereignisse oder Bewegungen, kunstfertig und effektiv in schematische Beziehungen von Einwirkung und notwendiger Folge zusammenzusetzen. *Handlungen, natürliche Prozessabläufe oder Zeichenprozesse sind dann technisiert, wenn sie einem festen Schema folgen, das wiederholbar und zuverlässig erwartete Wirkungen erzeugt.«* (Rammert 2007, 16)

So lassen sich drei Formen der Technisierung unterscheiden: Habitualisierung, Mechanisierung und Algorithmisierung. Dabei gibt es auch nicht-technische Möglichkeiten, Prozesse in ein Trägermedium einzuschreiben. Diese unterscheiden sich von der Technik dadurch, dass das Ziel kein Ursache-Wirkung-Zusammenhang ist. Die einzelnen Formen der Technisierung lassen sich wie folgt gegenüberstellen:

FORM	TECHNIK	NICHT-TECHNIK
Körperliche **Bewegungen** (»wet ware«)	*Habitualisierung*	Trainingstrill Revuetanz Seziertechnik	Spaziergehen Spiel Herumschnipseln
Physische Dinge (»hard ware«)	*Mechanisierung*	Werkzeug- maschine Ölraffinerie	Maschinenkunst Müll
Symbolische **Zeichen** (»soft ware«)	*Algorithmisierung*	Computer- programm Textedition Genetischer Code	Gedicht Freies Sprechen Gekritzel

Tab. 2: Verschiedene Formen der Technisierung (Quelle: Rammert 2007, 16).[5]

Die Kernkategorie, anhand derer Rammert die verschiedenen Formen der Technisierung kategorisiert, ist also das physikalische Trägermedium, auf dem die Technik basiert. Diese Trennung ist m.e. sinnvoll, weil sie die historische Entwicklung der Technik berücksichtigt. Während die ersten Techniken Formen der Habitualisierung darstellten, rückt im Laufe der Geschichte die Mechanisierung immer weiter in den Vordergrund. Aktuelle (Computer-)Technologien, wie z.b. das Konzept der Künstlichen Intelligenz, basieren im Wesentlichen auf Prozessen der Algorithmisierung.[6]

Die hier vorgeschlagene Form der Klassifikation von Technik ist m.E. auch deshalb gewinnbringend, weil sie einen engen Bezug zu anthropologisch-philosophischen Diskursen über Menschlichkeit herstellt. Etwa zur Zeit der industriellen Revolution, in der Technik in der Form der Mechanisierung im Vordergrund steht, findet ausgehend von Descartes und LaMettrie ein Diskurs über die Mechanisierung des Menschen statt (vgl. dazu auch Kap. 3.2.1). In der heutigen Zeit finden sich Stimmen, die eine Ausrichtung des menschlichen Denkens an algorithmischer Logik beklagen (In Deutschland ist das populärste Beispiel wohl Frank Schirrmaches populär-wissenschaftliches »Payback« – Schirrmacher 2009).

---

5 Werner Rammert nutzt anstelle des Begriffes Träger den Begriff des »Mediums«. Da in der bildungstheoretischen Medienforschung jedoch mit einem anderen Medienbegriff gearbeitet wird, der über die Materialität hinausgeht, werde ich zur klaren Differenzierung von »Trägern« sprechen, wenn Medium im Sinne eines physikalisch-materiellen Trägermediums gemeint ist.
6 Zum Prozess der Technisierung im historischen Verlauf siehe auch Rammert 2007, 15-16.

2.2.2 Technik und Gesellschaft

Die Technizität des Alltags

Technisches Handeln ist immer auch eine Form sozialen Handelns, da viele alltägliche Handlungsabläufe von Techniken konstituiert oder zumindest mitbestimmt werden:

>> Wenn Gesellschaften und andere soziale Einheiten durch die sachliche Vielzahl, die zeitliche Wiederholung und die räumliche Ausbreitung von Handlungen und Interaktionen näher bestimmt werden können (vgl. Giddens 1988), dann lassen sich kaum Interaktionssituationen, wie die der Sozialisation in Familie und Freizeit oder der Kooperation und Kommunikation bei der Arbeit finden und erst recht keine Sozialstrukturen oder Teilsysteme der Gesellschaft, wie die Klassenstruktur, die Wirtschaft oder das Gesundheitswesen erfassen, die nicht *technisch bedingt* oder zumindest *technisch vermittelt* sind.« (Rammert 2007, 12)

Rammert illustriert dies anhand mehrerer alltäglicher Handlungen. Hinter dem technischen Artefakt »Wecker« stehe z.B. das Prinzip der Zeiteinteilung und Arbeitsteilung, welches nur aufgrund des Zusammenlebens einer größeren Anzahl von Individuen nötig geworden wäre. Auch das Duschen sei eine soziale Handlung, da dahinter eine weitverzweigte Infrastruktur stehe, die über die einzelnen Wasserleitungen hinausgehe. Weitere Beispiele, die Rammert nennt, sind z.B. das Autofahren und die sich darum aufbauende Infrastruktur von Autoherstellern, Tankstellen und Werkstätten (vgl. Rammert 2007, 12-13). Technik hat also fast immer eine institutionelle und somit eine gesellschaftliche Dimension:

>> *Zu diesen großen technischen Systemen zählen nicht nur die physikalischen Apparaturen und technischen Leitungsnetze, sondern auch die sozialen Standards und wirtschaftlichen Abrechnungssysteme, die Vertrags- und Gesetzeswerke wie auch die Regulierungsbehörden und Betreiberorganisationen.«* (Rammert 2007, 13)

Dabei wird Technik oftmals erst sichtbar, wenn sie fehlerhaft funktioniert. Rammert illustriert dies am Beispiel des Automobils. Erst wenn dieses nicht mehr fahre, müsse man in die Werkstatt, welche Bestandteil eines Expertensystems sei, in dem Spezialwissen für die Herstellung und Reparatur von Automobilen auf mehrere Instanzen verteilt sei (vgl. Rammert 2007, 13). Letztendlich lassen sich vier wesentliche Elemente der Technizität sozialer Ordnung ausmachen: *4 wesentliche Elemente Technik*

- Technik ist ein selbstverständlicher Bestandteil alltäglicher Handlungen.
- Technik ist in zumeist nicht sichtbare Infrastruktursysteme eingebettet.
- Technik wird zumeist erst erfahrbar, wenn sie nicht funktioniert.
- Technik hat sowohl erwünschte Folgen als auch unerwünschte Nebenfolgen. (vgl. Rammert 2007, 13-14)

Technik ist also ein wesentlicher Bestandteil alltäglichen Handelns und somit für die Gesellschaft konstitutiv: »*Techniken sind ohne Frage zu allen Zeiten und an allen Orten vermittelnde, formende und fundierende Elemente sozialer Handlungen und sozialer Systeme*« (Rammert 2007, 14). Doch nicht nur die soziale Ordnung ist technisch vermittelt, sondern auch in Techniken schreiben sich soziale Regeln ein, wodurch sich Techniken in dreierlei Hinsicht als soziale Tatsachen verstehen lassen:

- Techniken werden bewusst geschaffen und konstruiert.
- Techniken werden dazu geschaffen, um gesellschaftlich definierte Bedürfnisse und Erwartungen zu erfüllen.
- In der Herstellung von Techniken drücken sich verschiedene Haltungen zur Welt aus (z.B. beim Autobau) (vgl. Rammert 2007, 14).

Aus diesem Grund lassen sich Techniken auch als »*material vermittelte soziale Institutionen*« (Rammert 2007, 14) betrachten, in denen sich die Art und Weise niederschlägt, wie in der Gesellschaft gearbeitet, kommuniziert und geforscht wird. Das Verhältnis zwischen Technik und Gesellschaft ist also das einer gegenseitigen Prägung, die sich auch in den theoretischen Positionen der Techniksoziologie niederschlägt.

Techniksoziologische Positionen

Sowohl unser Alltag – und somit unser Denken und Handeln – als auch die (institutionelle) Basis unserer Gesellschaft werden also von den vorhandenen Techniken mit konstituiert und konstituieren diese mit. Umso erstaunlicher ist daher Werner Rammerts Diagnose der lange vorherrschenden Technikvergessenheit der Soziologie:

>> Mit jeder Umstellung der theoretischen Optik – von ›Arbeit‹ und ›Produktion‹ auf ›instrumentelles Handeln‹ und ›Interaktion‹, von ›Handeln‹ auf ›Kommunikation‹ – schien die Technik immer mehr an den Rand der theoretischen Aufmerksamkeit zu rücken. Man könnte tatsächlich von einer ›Technikvergessenheit‹ der Soziologie sprechen. Auf jeden Fall beobachten wir im Verlauf der Geschichte der sozialtheoretischen Diskussion eine Tendenz, die Technik stärker zu verdrängen. […] In der allgemeinen Soziologie tauchte Technik schon mal als Thema auf, gewann aber im Unterschied zu speziellen Soziologien, wie vor allem der Industrie-, Organisations- und Wissenschaftssoziologie, kaum noch den Status eines materiellen Gegenstandes.« (Rammert 1998, 10)

Diese Technikvergessenheit der Soziologie, so Nina Degele, wurzelt schon in der Gründergeneration der Soziologie, die das Profil der Soziologie auf Kosten einer »adäquaten Berücksichtigung der Technik« geschärft hätte, »wenngleich die Klassiker sie [die Technik – WR] nie aus ihrem gesellschaftstheoretischen Programm« ausgeschlossen hätten (Degele 2002, 11). Technik, so stellt Jan-Hendrik Passoth fest, war vielmehr schon immer ein Gegenstand der Disziplin:

>> Technik interessiert Sozialwissenschaftler schon seit der Entstehung ihrer Disziplinen. Und das mit gutem Grund: Die Autoren der frühen Sozialwissenschaften stehen unter dem immensen Eindruck der industriellen Revolution und der dramatischen Veränderungen, die sie mit sich bringt. Es ist der Übergang zur Moderne, der sich auf allen gesellschaftlichen Ebenen vollzieht. Bei nahezu allen Autoren, die die institutionalisierten Sozialwissenschaften zu ihren Gründerfiguren zählen, findet sich daher auch Implizites und Explizites zur Technik.« (Passoth 2008, 24)

Dabei muss jedoch einschränkend gesagt werden, dass die Technik »nicht als Technik, sondern als Problembezug« (Passoth 2008, 24) interessierte. So fasste Marx Technik hauptsächlich als Produktivkraft auf, Durkheim sah Technik, analog zu Recht oder Religion, als soziale Tatsache an, die Erwartungen externalisierten, und Weber betrachtete Technik als »Ausprägung des okzidentalen Rationalismus« (Passoth 2008, 24, vgl. zur Gründergeneration der Soziologie auch Rammert 1998, 11-15). Technik war also seit Anbeginn der Soziologie wichtiger Bestandteil anderer Kategorien, aber selten als eigenes Phänomen interessant (vgl. ausführlich zur Geschichte der sozialwissenschaftlichen Techniktheorien Passoth 2008).

In den letzten Jahren ist vor dem Hintergrund immer rasanter stattfindender – und oftmals technologisch mitkonstituierter – Modernisierungsprozesse, das Interesse an einer technik-beachtenden Soziologie wieder erwacht. Nina Degele nennt drei wesentliche Gründe für ein erneutes Interesse an einer soziologischen Technikforschung:

1. *Gesellschaftliche Verunsicherungen*, durch Tschernobyl oder das Ozonloch,
2. Die Erwartung von *aufklärenden Analysen* und Vorhersagen an die Soziologie,
3. und das *Tempo* technologischer Innovation(vgl. Degele 2002, 17-18).

Die heutige Diskussion um das Verhältnis zwischen Gesellschaft und Technik oszilliert zwischen den Polen Technikdeterminismus und Sozialkonstruktivismus. Die Kernfrage ist dabei,

>> *ob es die Technik ist, die die Entwicklung der modernen Gesellschaft bestimmt, oder ob es umgekehrt die moderne Gesellschaft selbst ist, die diese Entwicklung ihrer Technologie bestimmt* .« (Passoth 2008, 14)

Passoth bezeichnet die beiden Pole als Technizismus und Kulturalismus. Beide Extreme können jedoch nur als Raster dienen, um die unterschiedlichen Positionen einzuordnen:

>> Weder die eine noch die andere Verabsolutierung fand empirische Bestätigung. Beide sind aber als analytisches Raster nützlich, um die historische Entwicklung der sozialwissenschaftlichen Technikforschung sichtbar zu machen.« (Degele 2002, 22-23)

Werner Rammert differenziert diese Aufteilung weiter aus und nennt als dritte Kategorie sozialwissenschaftlicher Techniktheorie den *Technopragmatismus*, welcher die Untrennbarkeit von Technik und Gesellschaft betont und daher von soziotechnischen Konstellationen ausgeht, die miteinander verglichen werden können (vgl. Rammert 2007, 21-22). Innerhalb der einzelnen Positionen lassen sich noch verschiedene Abstufungen verzeichnen, die hier nur kursorisch gestreift werden sollen (zu einem ausführlichen Überblick vgl. Rammert 2007, 22-36; Degele 2002; Passoth 2008).

Der *Technikdeterminismus* bzw. Technizismus geht von der Grundannahme aus, dass die vorhanden-en Technologien eine Gesellschaft prägen. Dabei reicht das Spektrum von einem strengen Technikdeterminismus, der verschiedene Epochen und Gesellschaftsformen streng an die technologische Entwicklung bindet, über eine weniger strenge Position, die ein Hinterherhinken der Gesellschaft hinter der Technik (cultural lag) postuliert, bis zu einem weichen Technikdeterminismus, der betont, dass die Potenziale neuer technischer Entwicklungen erst durch eine Bindung an institutionelle Strukturen zur Entfaltung kommen (vgl. Rammert 2007, 22-23). Alle drei Positionen eint ein gemeinsamer Kern, der aus folgenden Grundannahmen besteht:

- Technischer Wandel geschieht unverursacht und begründet sich in der Eigendynamik technischer Entwicklung.
- Technische Entwicklungen sind vom menschlichen Willen unabhängig.
- Technik verursacht bzw. determiniert sozialen Wandel.

(vgl. Degele 2002, 24-25)

Grundsätzlich operiert der Technikdeterminismus auf einer gesellschaftlichen Makroebene. Menschlichem Wollen und Handeln wird kein Anteil an der technischsozialen Entwicklung zugeschrieben (vgl. Degele 2002, 30-31).

Die entgegengesetzte Position, der *Sozialkonstruktivismus* bzw. Kulturalismus, geht davon aus, dass »Technik über keine inhärente Gestaltungskraft verfügt, sondern [...] ein Mittel zur Realisierung sozialer Zwecke«(Degele 2002, 35) sei. Der Gewinn dieser Position liegt darin, Technik als Lebensform zu begreifen. Langdon Winner formuliert diese Haltung in den Worten: »We do not *use* technologies as much as we *live* them« (Winner 1986, 11f zit. nach Degele 2002 38) und betont somit die enge Verwobenheit zwischen alltäglicher Handlung und technischer Innovation. Auch Dirk Baecker stellt den menschlichen Faktor der Technik heraus, indem er in seinem Aufsatz »Technik und Entscheidung« betont, dass jede Technik eingerichtet und umsorgt werden müsse:

>> Achten wir zunächst darauf, dass wir es mit einer Sequenz von Ereignissen zu tun haben, die *eingerichtet* werden muss. Eine Technik ergibt sich nicht von selbst. Und sie läuft auch nicht von selbst. Man muss dafür *sorgen*, dass sie verfügbar ist. Ohne das Element einer aktiven Bemühung um sie gäbe es sie nicht. [...] Technik startet artifiziell, verlässt sich aber auf die Natur der Sache.« (Baecker 2010, 1)

Während der Technikdeterminismus von einer Eigendynamik technischer Entwicklung ausgeht, sieht der Sozialkonstruktivismus diese als eine Antwort auf aktuelle Probleme.

>> *Erfinden ist hingegen eine soziale Praxis, nämlich durch kreatives und experimentierendes Handeln neuartige und sozial akzeptable Lösungen angesichts selbst definierter, ganz konkreter Probleme zu entwickeln und als Innovation dauerhaft zu etablieren.«* (Rammert 2007, 24).

Die gesellschaftliche Situation spielt eine entscheidende Rolle für Erfindungen und den weiteren Verlauf der technischen Entwicklungen. Das Forschungsinteresse sozialkonstruktivistischer Positionen fokussiert daher die Frage, wie sich gesellschaftliche Rahmenbedingungen und Handlungen der in den Innovationsprozess involvierten Akteure in dem erfundenen Produkt niederschlagen (vgl. Rammert 2007, 24).

Zwischen Technikdeterminismus und Sozialkonstruktivismus steht eine Position, die von Werner Rammert als *Technopragmatismus* bezeichnet wird. Dieser geht von einer Untrennbarkeit von Technik und Gesellschaft aus und begreift Techniktheorie als Gesellschafstheorie. Im Zentrum steht dabei die Analyse sozio-technischer Konstellationen. Dabei lassen sich drei Arten von Beziehungen unterscheiden:

1. Die *Interaktion* zwischen menschlichen Akteuren, wobei sich hier schon die Frage stellt, inwieweit diese technisch mitbestimmt wird.
2. Die *Intra-Aktion* zwischen technischen Objekten:
   »Je nachdem wie die Beziehungen zwischen den Objekten durch Design, Systemarchitektur und Programmierung festgelegt werden, lassen sich eher hierarchisch und fest gekoppelte Systeme (Raumfahrtstart) oder eher verteilt und locker gekoppelte Systeme (Kooperierende Roboter) voneinander unterscheiden« (Rammert 2007, 34).
3. die *Interaktivität* zwischen Menschen und technischen Objekten, bei der die Frage im Vordergrund steht, welche Beziehungen Menschen und Objekte zueinander eingehen (vgl. Rammert 2007, 34).

Gesellschaft und Wirklichkeit – so die Annahme des Technopragmatismus – konstituieren sich durch alle drei Beziehungsarten:

>> *Aus der Perspektive einer pragmatistischen Technik- und Sozialtheorie besteht die gesellschaftliche Wirklichkeit aus allen drei Beziehungen, den zwischenmenschlichen Interaktionen, den künstlich hergestellten Aktionen zwischen Dingen und den intermedialen Beziehungen zwischen Menschen, Wirkobjekten und Zeichenobjekten. In der Praxis jeglicher Art, sei es Arbeit, Interaktion oder Kommunikation, werden sie in einer bestimmten Konstellation zueinander und gleichzeitig miteinander erzeugt.«* (Rammert 2007, 34)

Auch wenn Technik per definitionem dazu dient, Wirkungszusammenhänge zu stabilisieren, so ist doch unbestritten, dass sie über den intendierten Zweck hinaus unerwünschte Nebenfolgen verursachen kann. Da Technik und Gesellschaft eng miteinander verflochten sind, strahlen diese Folgen auch auf gesellschaftliche Kontexte aus:

>> Denn wenn Technik entwickelt ist und in gesellschaftliche Nutzungskontexte ›entlassen‹ wird, verändert die Technik die natürlich Umwelt, Lebensstile, ökonomische Verhältnisse oder soziale Zusammenhänge. Ist Technik einmal ›in die Welt gesetzt‹, zieht sie eine unabsehbare Menge an Folgen, Nebenwirkungen, etc. hinter sich her.« (Grunwald 2002, 33)

Aus dieser Erkenntnis heraus entwickelte sich in den 1960er Jahren die so genannte *Technikfolgenabschätzung* (en: technology assesment (TA)) in Opposition zu einem naiven Fortschrittsoptimismus.[7] Als Pionier der Technikfolgenabschätzung gilt William F. Ogburn, der schon 1936 zwei wichtige Entdeckungen zur »multi-linearen Technik-Folge-Beziehung« (Rammert 1993, 24, zit nach Degele 2002, 41) machte: Einerseits zog eine Technik eine Vielzahl an sozialen Effekten nach sich, anderseits kumulierten erst mehrere Erfindung zu einer sozialen Wirkung (vgl. Degele 2002, 41).

Die so entstandene Forschungstradition ist dabei keineswegs homogen, und meint vor allem eine »Sammelbezeichnung für systematische Verfahren der wissenschaftlichen Untersuchung von Bedingungen und Folgen der Technik und Technisierung sowie zu ihrer gesellschaftlichen Bewertung« (Grunwald 2002, 52). Aus diesem Grund ist eine einheitliche Definition schwierig. Armin Grunwald beschreibt den gemeinsamen Nenner der verschiedenen TA-Ansätze folgendermaßen: »Unter Technikfolgenabschätzung werden wissenschaftliche und kommunikative Beiträge zur Lösung technikbezogener gesellschaftlicher Probleme verstanden« (Grunwald 2002, 52). Der Verein Deutscher Ingenieure konkretisiert diese Definition und benennt vier wesentliche Handlungsfelder:

1. eine Analyse des aktuellen Standes (Technikanalyse),
2. eine Abschätzung unmittelbarer und mittelbarer Folgen sowohl in technologischer als auch in sozialer Hinsicht (Folgenabschätzung) (z.B.: Auswirkungen auf Gesundheitssystem, Ökonomie),
3. eine Technikbewertung sowie
4. Handlungsempfehlungen (Technikgestaltung/-politik)
   (vgl. Degele 2002, 42-43).

Dabei steht, wie Nina Degele betont, vor allem die Suche nach bisher unentdeckten Potenzialen neuer Technologien im Vordergrund:

---

7 Zum Verhältnis von Technikoptimismus und Technikskepsis, sowie unerwünschten Technikfolgen und dem Entstehen der Technikfolgenforschung vgl. Grunwald (2002, 22-49).

>> Der heute favorisierten Sichtweise zufolge soll Technikfolgenabschätzung vor allem Potenziale wissenschaftlich-technischer Entwicklungen und die damit verbundenen gesellschaftlichen, wirtschaftlichen und ökologischen Chancen ausloten (›Spürhundfunktion‹).« (Degele 2002, 43) Aufgrund verschiedener Problemlagen[8], mit denen die Technikfolgenabschätzung zu kämpfen hat, ist es in letzter Konsequenz »schwierig bis unmöglich, die Wirkungen einer bestimmten Technik umfassend, prognosesicher und unparteiisch darzulegen« (Degele 2002, 46).

In den 1980er-Jahren kommt es zu einer konzeptuellen Erweiterung der TA durch die *Technikgeneseforschung*, welche teilweise auch von dem Label der Technikfolgenabschätzung vereinnahmt wird. 1984 wird in einem Memorandum zur sozialwissenschaftlichen Technikforschung der Anspruch erhoben, »Folgenabschätzung und Wirkungsforschung um den bisher weniger gut untersuchten Prozess der Erzeugung und Durchsetzung technischer Innovation systematisch zu erweitern« (Degele 2002, 47). In dieser sozialkonstruktivistisch angehauchten Position wird die »Entstehung von Technik [...] auf soziale Prozesse zurückgeführt. Der Erfolg von Technik ist danach daran gebunden, dass es gelingt, stabile, soziale Netzwerke zur Erzeugung und Verwendung dieser Technik zu etablieren« (Grunwald 2002, 148). In der Rhetorik der Technikgeneseforschung spielen die Technikfolgen eine untergeordnete Rolle, da ihr die Hoffnung zugrunde liegt, durch einen optimierten Prozess der Technikgestaltung nicht intendierte Folgen vermeiden zu können (vgl. Grunwald 2002, 149). Als paradigmatische Methode gilt die Leitbildforschung. Als Leitbilder werden »Ideen verstanden [...], oft gekleidet in Metaphern, die unter den Akteuren der betreffenden Technik entwickelt und implizit oder explizit geteilt werden« (Grunwald 2002, 149). Somit rekonstruiert die Methode »Verständnismodelle, an denen sich die Systemgestalter bei einzelnen Entwicklungsprojekten orientieren«, da diese »Selektions- und Eliminierungsentscheidungen bei der Entwicklung« vorwegnehmen (Degele 2002, 47-48).[9] »In der Erforschung von *Konstruktions- und Forschungstraditionen* werden handlungsleitende Wahrnehmungsfilter in Form von Paradigmen rekonstruiert.

---

8 Es wäre in dieser Arbeit nicht zielführend die verschiedenen Problemlagen auszuführen, mit denen die Technikfolgenabschätzung zu kämpfen hat, weshalb die Problemlagen hier nur kurz angerissen werden sollen. Ein *methodologisches Problem* besteht insofern, dass die Datenlage sehr groß und komplex ist. Dadurch werden eher Problemfelder aufgezeigt als sichere Prognosen erstellt. Außerdem besteht die Gefahr von selbsterfüllenden Prophezeiungen. Eine *definitorisch-begriffliche* Problemlage besteht in der »zeitliche[n] und sachliche[n] Identifizierung einer neuen Technik« (Degele 2002, 45). Die Technikfolgenabschätzung kümmert sich eher um bestehende Technologien, da sich für Entwicklungen im Prototyp-Stadium Prognosen als schwierig erweisen. Eine letzte Grenze der TA besteht in den *unterschiedlichen Erwartungen*, die Politik und Unternehmen in die TA stecken (vgl. Degele 2002, 44-46, sowie ausführlicher Grunwald 2002 177-203).

9 Ein Beispiel für ein solches Leitbild ist der »Desktop« des Windows-PCs, welcher nach dem Vorbild eines amerikanischen Büros konstruiert wurde. Dabei sind wir auch in der Technikverwendung innerhalb dieses Leitbildes gefangen. So erscheint es niemanden Paradox, Dokumente, die er an einem Bildschirm erstellt oder gelesen hat, im *Papierkorb* zu entsorgen. In Gesprächen zwischen Linux-Nutzern wird hingegen oftmals der technischere Begriff »dev0« verwendet.

Als Paradigma gilt dabei »a model and a ›pattern‹ of solution of *selected* technological problems, based on *selected* principles derived from the natural science and on *selected* material technologies« (Dosi 1982, 152 zit. nach Degele 2002, 49). Ein solches Paradigma manifestiert sich in einem technologischen *Trajekt:*

》》 Nach der Schließung beginnt die Phase der Stabilisierung, wobei sich das dominante Design zu einem *technischen Paradigma* verfestigt und der weitere Verlauf der technischen Entwicklung den Charakter eines determinierten Pfades, einer ›technischen Trajektorie‹ (Dosi 1982), annimmt. Was in der Anfangsphase der Technikgenese noch an konstruktiver Variabilität und institutioneller Selektivität möglich war, verschwindet zugunsten einer sozial eingerichteten *Eigendynamik* der weiteren technischen Entwicklung.« (Rammert 2007, 28)

Weiterhin werden *Konstruktions- und Forschungsstile* erforscht, bei denen nach generalisierten Erfolgsrezepten und Handlungsanleitungen und den Vorbildern der im Erfindungsprozess beteiligten Akteure gefragt wird (vgl. Degele 2002, 50). Die Analyse von *Organisationskulturen* versucht schließlich

》》 das Ensemble der Kopplungsfaktoren zwischen Außen- und Innenwelt von Organisationen zu erfassen, um damit einen Schlüssel zu den Prägungen zu gewinnen, die IngenieurInnen ihren Produkten mit auf den Weg geben.« (Degele 2002, 50)

Eine bekannte Konzeption aus diesem Bereich, ist die These der *Pfadabhängigkeit.* Sie geht davon aus, dass sich die Macht technologischer Trajekte innerhalb einer Organisation über die Selektionsmechanismen des Marktes hinwegsetzen kann. Anders formuliert: Nicht die »bessere« Technik hat Erfolg, sondern die, die institutionell akzeptiert ist. Als Beispiel wird hier immer wieder die QWERTZ-Tastatur angeführt (vgl. Degele 2002, 50).

2.3 Bildung und Technik

Abschließend möchte ich nun die Verbindung zwischen Technik und Bildung genauer beschreiben. M.E. ist Technik aus drei Gründen aus einem bildungstheoretischen Blickwinkel interessant:

1. Technik ist wesentlicher Bestandteil der Selbst- und Weltreferenzen vermittelnden Gesellschaft und bestimmt so die vom Individuum notwendigen Reflexionsleistungen mit.
2. Technik berührt das bildungsrelevante Verhältnis von Bestimmtheit und Unbestimmtheit und betrifft alle Orientierungsdimensionen.
3. Technik ist Bestandteil des handelnden Selbst.

2.3.1 Technik als Bestandteil der Gesellschaft

Wie weiter oben schon ausgeführt (siehe Kap. 2.2.2) ist unsere Gesellschaft in starkem Maße von Technologie durchdrungen. Da Bildungsprozesse immer vor dem Horizont der das Individuum umgebenen Gesellschaft stattfinden (siehe Kap. 2.1), sind sie somit auch von den verwendeten Technologien abhängig und werden durch diese mitbestimmt. Eine durch eine neue Technologie veränderte Gesellschaft erfordert von jedem Individuum neue Orientierungsleistungen.

Für die Medientechnologien wurde diese Tatsache von Regis Debray in seinem Konzept der Mediologie (Debray 2003) beschrieben. Der Grundgedanke des Ansatzes besteht darin, dass »bescheidene technische Modifikationen zu mehr oder weniger auf- und abwertenden -ismen werden« und somit ein »technisch-soziales Übertragungs- und Beförderungsmilieu mit einer eigenen Raum-Zeit« konstituieren (Debray 2003, 44). Auf diese Weise entsteht eine so genannte Mediosphäre. Diese definiert

>> eine bestimmte Art regulierender Überzeugungen [...], eine besondere Zeitlichkeit (oder eine typische Beziehung zur astronomischen Zeit) und eine bestimmte Art, wie Gemeinschaften eine Einheit, einen Körper bilden (mehr als nur einen Rahmen für ihren territorialen Zusammenschluss). Ihre Vereinigung charakterisiert die kollektive Persönlichkeit oder Stileinheit einer Epoche – oder das, was ihren Instrumenten, Formen und Ideen gemeinsam ist.« (Debray 2003, 44)

Mediale Entwicklungen definieren so ein historisches a priori im Sinne Foucaults, welches die Grenzen dessen, was wir denken können, definieren und somit das Epistem ihrer Zeit definieren. Christina Schwalbe und Torsten Meyer sprechen in diesem Zusammenhang von einem blindem Fleck: »Blinder Fleck bedeutet: man sieht nicht, dass man dort nicht sehen kann« (Schwalbe/Meyer 2010, 32). Bildungstheoretisch gesprochen werden durch so eine Mediosphäre also Reflexionsoptionen eröffnet oder verschlossen.

Was Debray hier für Medien beschreibt, gilt natürlich auch für jedwede andere Art von Technologien. So ist z.B. für eine Neuordnung von Raum und Zeit, durch die Erfindung der Eisenbahn beschrieben:

>> ›Annihilation of space and time‹ was the early-nineteenth-century characterization of the effect of railroad travel. The concept was based on the speed that the new means of transport was able to achieve. A given spatial distance, traditionally covered in a fixed amount of travel time; to put it another way, the same amount of time permitted one to cover the old spatial distance many times over. In terms of transport economics, this meant a shrinking of space: ›Distances practically diminish in the exact ratio of the speed of personal locomotion‹.« (Schivelbusch 1977, 33)

Was hier geschieht ist eine Veränderung menschlicher Grundorientierungen wie Raum und Zeit, aber auch der Idee der Reise, so beschreibt Shivelbush, dass im

Laufe der Zeit das Gespräch während einer Reise immer ungewöhnlicher wird. Man kann den Gedanken weiter spinnen: Reisen ist nicht mehr durch das »natürliche« Reiten[10], sondern durch das technische Eisenbahnfahren geprägt. Da solche Prozesse tiefgreifende gesellschaftliche Veränderungen hervorrufen können, wie z.b. die Vereinheitlichung von Zeitzonen, die ja von den Bahngesellschaften ausging, ist es in meinen Augen angebracht, generell von *Technosphären* zu sprechen. Die enge Verbindung von Technik und Gesellschaft wird auch von Bruno Latour betont, der diese gar zum grundlegenden Elemente einer »neuen Soziologie« machen will, deren Grundannahme darin besteht,

>> daß das Soziale kein spezieller Bereich der Realität sei, sondern ein Verbindungsprinzip; daß es keinen Grund gebe, ›das Soziale‹ von anderen Assoziationen wie biologischen Organismen oder gar Atomen zu trennen; daß kein Bruch mit der Philosophie und insbesondere der Metaphysik erforderlich sei, um zu einer Sozialwissenschaft zu gelangen; daß Soziologe tatsächlich eine Art von Interpsychologie sei; daß das Studium der Innovation, und insbesondere von Wissenschaft und Technik, die Wachstumsbranche der Sozialtheorie sei.« (Latour 2007, 31)

Da gesellschaftlich-technische Technosphären den Horizont für die Reflexionsleistungen des einzelnen Individuums eröffnen, ist es aus bildungstheoretischer Hinsicht unabdingbar, immer wieder das Verhältnis zwischen Mensch und Technik zu thematisieren. Dabei kann es jedoch nicht bei einer theoretischen Klärung der Frage bleiben, sondern es bedarf der Beschäftigung mit konkreten Technologien, wie z.B. dem Roboter, dem ich mich in dieser Arbeit noch genauer widmen werde.

2.3.2 Technik, Bestimmtheit und Unbestimmtheit

Wie schon angesprochen, besitzt Technik nicht nur erwünschte, sondern auch unerwünschte Folgen. Somit entsteht durch die Einführung einer neuer Technik immer auch *Unbestimmtheit.* Diese Unbestimmtheit zeigt sich einerseits auf einer gesellschaftlich-institutionellen Ebene. Neue Medientechnologien üben einen immensen Veränderungsdruck auf die etablierten Bildungsinstitutionen aus. So sind neue Formen des Lehren und Lernens möglich (vgl. z.B. Schwalbe/Meyer 2010, Bonk 2009) oder neue Technologien treten gar in Konkurrenz zu traditionellen Institutionen (vgl. dazu z.B. Wiley 2009). Aber auch das einzelne Individuum ist fortlaufend mit den Anforderungen neuer Technologien konfrontiert. Wie eben beschrieben verändern neue Technologien gesellschaftliche Traditionen. Je brüchiger diese Traditionen werden, desto mehr Orientierungsleistungen werden dem Individuum abverlangt:

---

10 Hier muss angemerkt werden, dass Reiten streng genommen auch eine Technik im Modus der Habitualisierung darstellt, schließlich müssen bestimmte Körperhaltungen inkorporiert werden.

>> Wichtig ist dabei, dass in traditionsbestimmten Zusammenhängen die Muster der Selbst- und Weltverhältnisse *zwischen* den Individuen, also intersubjektiv, relativ stabil sind. Je klarer und eindeutiger dabei die Orientierungen sind, desto höher ist der Grad der Bestimmtheit der möglichen Lebensentwürfe. Verlieren soziale Tradierungen jedoch ihre Verbindlichkeit, dann tritt das auf, was wir *Kontingenz* und *Leben mit höheren Unbestimmtheiten* nennen.« (Jörissen/Marotzki 2009, 16)

Es wäre stark vereinfachend und der Komplexität des Gegenstandes unangemessen, diese Modernisierungsprozesse allein durch technischen Fortschritt zu begründen. Jedoch ist unbestritten, dass diese einen wichtigen Faktor darstellen, nicht umsonst erlebte die sozialwissenschaftliche Techniktheorie ihre Renaissance innerhalb einer Modernisierungsdebatte.

Neue Technologien können dabei alle *Orientierungsdimensionen* der strukturalen Medienbildung betreffen.[11] Der dieser Arbeit zugrundeliegende soziologische Technikbegriff, besitzt immer eine Wissens- und eine Handlungskomponente. Die bildungstheoretisch bedeutsamen Fragen »Was kann ich *wissen?*« und »Was soll ich *tun?*« erwarten durch jede neue Technologie eine Bearbeitung. Die Technologie »Twitter« hat z.B. eine neue Form kollaborativer Wissenserzeugung hervorgebracht, welche auf einer Gemeinschaft mit eigenen Regeln beruht.[12] Diese Regeln müssen dabei nicht explizit formuliert sein, aber z.B. ist es unschicklich, die Meldung eines anderen verfälscht widerzugeben. Der Re-Tweet darf sich höchstens durch notwendige Kürzungen vom Original unterscheiden.

Doch auch die anderen Orientierungsdimensionen werden oftmals von neuen Technologien berührt. So betreffen immer mehr Technologien nicht nur die *äußere Umwelt* des Menschen, sondern auch sein *Inneres*:

>> War die technische Gestaltung lange Zeit auf die ›äußere Welt‹ des Menschen bezogen, auf seine Umwelt (Landwirtschaft, Pflanzen- und Tierzucht), auf die Umgestaltung der Erdoberfläche sowie auf die Erforschung des Sonnensystems, so gerät zur Zeit auch seine Innenwelt unter technisch ermöglichten Zugriff.« (Grunwald 2002 22)

Beispiele für einen solchen Zugriff sind neue Operationsmethoden in der Medizin oder der Herzschrittmacher. Gerade der Herzschrittmacher besitzt das Potenzial einen Cyborg-Diskurs auszulösen, durch den traditionelle *Grenzen* disponibel werden. So vertritt z.B. Donna Harraway die These, dass wir aufgrund der fortschreitenden Technisierung unserer Körper schon alle Cyborgs seien (Harraway 1991). Der in

٠ Niel Harbisson

---

11 Vgl. ausführlicher zu den Bildungspotenzialen neuer Medientechnologien Jörissen/Marotzki (2009).

12 Wie Twitter die Domäne des Wissen-schaffens schlechthin, die Wissenschaft verändert wird z.B. von Michael Nentwich untersucht. Er kommt dabei zu dem Schluss, dass die Bedeutung, die Twitter für die Wissenschaft haben wird, aktuell schwer einzuschätzen sei, aber bei entsprechender Akzeptanz der ForscherInnen durchaus eine Bereicherung der Wissenschaftspraxis zu erwarten ist, da Twitter einen »funktionalen ›Fit‹« zur Wissenschaft aufweise (Nentwich 2009).

dieser Arbeit thematisierte Roboter ist ein Verwandter dieses Diskurses, da auch er die Frage nach dem, was den Menschen ausmacht, aufwirft, doch dazu später mehr. Neue Technologien ermöglichen auch neue Formen der Erinnerungskultur und der eigenen Biografisierung. Beispiele für solche Veränderungen sind bei Jörissen und Marotzki (Jörissen/Marotzki 2009) in vielfältiger Weise beschrieben: Ein Beispiel ist das mittlerweile sehr bekannte Youtube-Video des Fotografen Noah Kalina[13], das mittlerweile sogar bei den Simpsons zitiert wurde und daher als Bestandteil der Allgemeinkultur gelten kann.[14] Die neuen Erinnerungskulturen werden dabei nicht nur durch die soziale Struktur des Kulturraums Internet ermöglicht. Auch eine ganz basale technische Innovation spielt eine wichtige Rolle: Immer günstiger werdender Speicherplatz ermöglicht es den Menschen in immer größerer Form sein Gedächtnis »auszulagern«. Fotoalben, die früher ganze Schränke gefüllt hätten, passen mittlerweile auf einen kleinen USB-Stick – oder sie werden gleich in der »Cloud« gespeichert. Hier kann die Frage gestellt werden: Wer erinnert? Der Mensch? Der Computer? Beide zusammen? Mit diesen Fragen sind wir im beim nächsten Zusammenhang zwischen Bildung und Technik angelangt.

2.3.3 Technik als Bestandteil des handelnden Selbst

Eine weitere Möglichkeit das Verhältnis zwischen Mensch und Technik zu denken, bietet Bruno Latour, in seiner Akteuer-Netzwerk-Theorie (ANT, Latour 2007), deren Grundgedanken, das Soziale als Verbindungsprinzip zu sehen, ich bereits zitiert habe. Das Soziale wird in dieser Theorie als eine Verknüpfung von Knoten und somit als Netzwerk beschrieben, wobei ein wichtiger Grundsatz die Gleichbehandlung von menschlichen und nichtmenschlichen Akteuren ist:

>> Die Knoten eines Netzwerkes bilden nicht nur soziale Akteure, sondern ebenso materielle Dinge, wie technische Artefakte, oder diskursive Konzepte. Nach Ansicht der ANT werden in einem heterogenen Netzwerk nicht nur soziale Akteure, sondern auch nichtsoziale Akteure, wie insbesondere Technik und Wissen, zum Handeln gebracht. Aus diesem Grund wird der Begriff des Akteurs durch den des *Aktanten* ersetzt, um darauf hinzudeuten, dass nicht nur sozialen Akteuren bzw. menschlichen Wesen Handlungsfähigkeit bzw. Aktivität (engl. *agency*) zugestanden wird.« (Peuker 2010, 325)

---

13 »Noah takes a photo of himself every day for 6 years«: – http://youtu.be/6B26asyGKDo.
14 Ein Aspekt des Humors bei den Simpsons besteht darin, bekannte Film- und Serienausschnitte mithilfe ikonografischer Homologien einzubinden und zu dekontextualisieren. Damit diese Form des Witzes funktioniert, ist eine gewisse Bekanntheit der zitierten Ausschnitte notwendig. Die Simpsons können daher als Repräsentation eines medialen kulturellen Gedächtnisses gesehen werden. Die hier angesprochene Kalina-Zitation findet sich unter: http://youtu.be/UItNVuBI9UI.

Die innovative Kraft dieser Theorie besteht darin, dass Handeln nicht mehr als rein menschliche Kategorie gedacht wird. Handlungsträgerschaft ist in der ANT immer einem Akteur-Netzwerk zuteil. Die Sprengkraft dieser Konzeption liegt darin begründet, dass sie die klassische Subjekt-Objekt-Dichotomie in Frage stellt:

>> Vielmehr wird der generalisierte Akteursbegriff als vollständige Alternative zur dichotomischen Redeweise von Subjekten und Objekten eingeführt. Als Arbeitsgrundlage dieser Begriffsrevision fungiert die Annahme, dass Handeln einen dislokalen, nichttransparenten Vorgang darstellt, an dem eine Vielzahl von Entitäten beteiligt ist.« (Kneer 2009, 21)

Die Akteur-Netzwerk-Theorie findet vor allem in techniksoziologischen Diskussionen Beachtung, da sie er ermöglicht, das Verhältnis zwischen Technik und Gesellschaft anders zu denken und eine Erklärung für die konstitutive Kraft der Technik bietet. Bildungstheoretisch gewendet, bedeuten die in der ANT vorgenommenen Überlegungen, dass sich das einzelne Subjekt bewusst werden muss, dass es nicht als autonomer Akteur handelt, sondern sein Handeln stets in ein Netzwerk eingebunden ist. Anders formuliert: Das Subjekt handelt immer zusammen mit der es umgebenen Technik. Neue Technologien offenbaren dem Subjekt Handlungs- und somit auch Reflexionsoptionen, die ohne sie nicht möglich wären. Ein gutes Beispiel hierfür sind Augmented Reality – Anwendungen. Wenn ein Mensch mithilfe eines auf seinem Smartphone eingeblendeten Stadtplans seinen Weg zum Ziel findet, handelt im Sinne der ANT ein Netzwerk aus Mensch, Smartphone und Karten-App. Auch die im Fokus dieser Arbeit stehende Roboter-Technologie kann auf diese Weise betrachtet werden. Der Einsatz von Robotern in der Altenpflege, auf den ich später noch genauer eingehen werde, wird irgendwann die Frage aufwerfen, welche Arbeiten standardmäßig von einem Roboter und welche von einem menschlichen Pfleger ausgeführt werden sollten, sodass sich das dort tätige Akteur-Netzwerk verändern wird. Da sich die Selbst- und Weltverhältnisse immer aus Handlungen und Interaktionen mit Mitmenschen ergeben, bieten neue Handlungsweisen auch neue Bildungspotenziale.

2.4 Science Fiction als Forschungsfeld

2.4.1 Was ist Science Fiction? (Definition)

Die Gruppe der Bücher, Filme, Comics etc., die unter dem Begriff »Science Fiction« summiert werden, umfasst ein mannigfaltiges Feld an Themen und Motiven und ist dementsprechend nur schwer eindeutig zu definieren. Dieser Problematik verleihen auch Brian Stableford, John Clute und Peter Nichols in ihrem Beitrag in der Encyclopedia of Science Fiction Ausdruck: »There is really no good reason to expect that a workable definition of sf will ever be established. None has been, so far« (Clute et al. 1993, 314).

Eine genaue Definition des Feldes Science Fiction wird dadurch erschwert, dass es bereits eine Vielzahl an Definitionen und Umschreibungen der SF existieren, die jeweils einen bestimmten Aspekt der SF in den Vordergrund stellen. Manche Definitionen betonen vor allen den wissenschaftlichen Charakter der SF und fordern, dass die beschriebenen Technologien prinzipiell technisch möglich sein müssten (die so genannte Hard SF), andere fokussieren die explorative Kraft der SF und betrachten diese als »fictional exploration of human situations made perceptible by the implications of recent science« (Clute et al. 1993, 313). Bei vielen Autoren sind die Definitionen normativ gedacht, wodurch die Zuordnung zur Science Fiction gleichsam zum Qualitätssiegel nobilitiert wird. Es wäre an dieser Stelle nicht zielführend alle Definition der SF darzustellen, insbesondere da viele auf der eigenen Empirie von Science-Fiction-Autoren und nicht auf wissenschaftlichen Kriterien beruhen (zu einem Überblick über verschiedene Definitionen vgl. Clute et al. 1993).

Auch wenn jeweils ein anderes Schlaglicht auf die SF geworfen wird, so besteht doch eine Übereinkunft darüber, was diese auszeichnet. Das »Typische« der SF wird oftmals unter dem Begriff »Sense of Wonder« (SoW) diskutiert. Der Filmwissenschaftler Simon Spiegel hat sich mit der filmischen Konstitution des SoW auseinandergesetzt (Spiegel 2007) und entwickelte dabei eine Definition der SF auf Basis der Phantastik-Theorie Tzevtan Todorovs. Er bestimmt Science Fiction jedoch nicht als *Genre*, sondern als einen *fiktional-ästhetischen Modus*. Ich werde im Folgenden kurz auf diese Unterscheidung eingehen.

Exkurs: Genre vs. Modus

Ein Genre lässt sich vor allem durch *inhaltliche* Kriterien bestimmen: »Genres stellen inhaltlich-strukturelle Bestimmungen von Filmgruppen dar [...], sie organisieren das Wissen über *Erzählmuster, Themen und Motive*« (Hickethier 2001, 213). Ein Genre ist also durch einen relativ homogenen Kanon an Themen und Motiven bestimmt. Diese Homogenität fehlt der SF jedoch. Ihre thematische Bandbreite reicht von der Invasion durch außerirdische Mächte über klassische Space-Operas und Zeitreisen bis zu den in dieser Arbeit behandelten Roboterfilmen.[15] Auch fehlt der SF im Gegensatz zu »klassischen« Genres eine konsistente Ikonographie:

>> [W]e must be led away from a preoccupation with a search for consistent visual emblems into more ambiguous territory. It is the very plasticity of objects and settings in SF films which help define theme as science fiction, and not their consistency. And it is this same plasticity of objects and setting that deny the kind of iconographic interpretation which critically illuminates the essentially static worlds of genres such as the Western and Gangster film.« (Sobchack 2001, 87)

---

15 Zu einer ausführlicheren (aber sicher noch nicht vollständigen) Übersicht über die Themen der Science Fiction vgl. etwa Hahn/Jansen (1985, 9-17).

Da die SF weder eine inhaltlich-thematische Homogenität noch einen einheitlichen visuellen Stil aufweist muss eine Definition über die Kriterien eines Genres scheitern. Simon Spiegel setzt daher auf das Konzept eines *fiktional-ästhetischen Modus*. Dieser umfasst folgende Kriterien:

1. »[d]en ontologischen Status der fiktionalen Welt im Vergleich zur empirischen Realität« (Spiegel 2007, 39),
2. »[d]ie Darstellungsweise der fiktionalen Welt« (Spiegel 2007, 39) und
3. »[d]ie angestrebte Wirkung, den Eindruck beim implizierten Rezipienten« (Spiegel 2007, 40).

Die SF-Definition von Simon Spiegel fragt also danach, welche Gemeinsamkeiten die filmischen Universen[16] der SF-Filme und der Modus ihrer Inszenierung haben. Um diese Gemeinsamkeiten genauer zu beschreiben bedient sich Spiegel der Phantastik-Theorie Tzvetan Todorovs und beschreibt Science Fiction als eine Form des Wunderbaren.[17]

SF als das technizistisch Wunderbare

»Beim Wunderbaren rufen die übernatürlichen Elemente weder bei den Personen noch beim impliziten Leser eine besondere Reaktion hervor« (Todorov 1972, 51). Das markante Kennzeichen wunderbare Texte ist also, dass Elemente des filmischen oder literarischen Universums, die in unserer Welt nicht möglich wären, als real und stimmig hingenommen werden. So wundert sich niemand darüber, dass Tiere in Märchen sprechen können oder Magie in Fantasy-Welten möglich ist. Was für Märchen und Fantasy gilt, gilt auch für die Science Fiction. Im filmischen Universum der SF-Filme geschehen Dinge

>> die in unserer gewohnten Welt nicht möglich, nicht-realitätskompatibel und deshalb wunderbar sind, die jedoch [...] keinen Bruch in der Ordnung, der fiktionalen Welt darstellen. Suvin bezeichnet das die SF definierende wunderbare Element als *Novum*.« (Spiegel 2007, 42)

Die Art und Weise in der dieses Novum beschrieben wird markiert dabei die Unterscheidung zwischen der Science Fiction und anderen Spielarten des Wunderbaren:

>> Im Gegensatz zum Märchen und der Fantasy, die beide in eigenen, von der unsrigen radikal verschiedenen Welten spielen, *behauptet* die SF, dass es zwischen ihrer fiktionalen Welt und der empirischen eine Kontinuität gebe.« (Spiegel 2007, 46-47)

Der Begriff der Kontinuität, den Spiegel an dieser Stelle wählt, mag missverstanden werden. Er ist mitnichten im Sinne von Homogenität, Stabilität oder Unveränderbarkeit gemeint. Kontinuität meint nicht, dass unsere Welt eins zu eins in das

---

16 Ausführlicher zum Begriff des filmischen Universums vgl. Kap. 5.1.2.
17 Es würde den Rahmen dieser Arbeit sprengen die Phantastik-Theorie Todorovs genauer nachzuzeichnen. Daher werde ich nur die für die SF relevante Kategorie des Wunderbaren genauer würdigen. Zu Todorovs Phantastik-Theorie vgl. Todorov (1972), sowie einführend Spiegel (2010b).

filmische Universum übertragen und um ein Novum angereichert wird. Was Spiegel mit Kontinuität meint, ist die Tatsache, dass die filmischen Universen der SF den Anspruch erheben unserer realen Welt näher zu stehen als die Welten der Märchen und Fantasy, den Anspruch, eine Extrapolation unserer realen Welt zu sein. Vor diesem Hintergrund wäre der Begriff der *Konnektivität* vielleicht angebrachter. Dabei ist es *nicht* der Inhalt, der Filme, welcher Science Fiction und Märchen bzw. Fantasy trennt. Der von Vertretern der Hard-SF gerne postulierte Realismusbezug der SF, ist – in Bezug auf die Machbarkeit der Welten – eine Illusion:

》》 [Der] Unterschied zwischen Fantasy und Science Fiction liegt nicht etwa darin, dass letztere grundsätzlich realistischer wäre. Gerade das Beispiel von AVATAR mit seinen schwebenden Felsen, seinen Lebewesen mit Universalschnittstelle und der Möglichkeit zum Bewusstseinslink schert sich wenig um wissenschaftliche Plausibilität. Die Welt von AVATAR ist kaum ›realistischer‹ oder ›möglicher‹ als die von DER HERR DER RINGE oder HARRY POTTER.« (Spiegel 2010a, 362-363)

Was Science Fiction zur Science Fiction macht, ist die Darstellungsweise der im Film vorgestellten Welt, durch welche die Konnektivitätsbehauptung glaubwürdig erscheinen soll:

》》 Der Unterschied zwischen Fantasy und Science Fiction liegt nicht im Phänomen, im wunderbaren Ereignis an sich, sondern in dessen *Darstellung*. Ob Wurzelwerk oder Fluxkompensator – ausschlaggebend ist nicht, ob das Novum wissenschaftlich plausibel ist, sondern ob in seiner Darstellungsweisem seiner Bezeichnung, dem ganzen erzählerischen Zusammenhang, an ein wissenschaftlich-technisches Weltbild angeknüpft wird.« (Spiegel 2010a, 364)

Um diesen Eindruck der Konnektivität zwischen realem und filmischen Universum zu erzeugen, bedient sich der SF einer Strategie die Spiegel als »Naturalisierung« (Spiegel 2007, 50) bezeichnet. Dieser Begriff meint einen formal-ästhetischen Prozess, der das Novum realitäts-kompatibel erscheinen lassen soll.

》》 Die SF-Literatur bedient sich deshalb einer spezifischen *technizistischen Rhetorik* (Wendland 1985, 14), die Realitätskompatibilität *vorgibt*. Der SF-Film funktioniert diesbezüglich analog, wenn auch Rhetorik im engeren verbal-sprachlichen Sinn weniger wichtig ist. Stattdessen verlagert der Film seine rhetorische Überzeugungsarbeit weitgehen auf die visuelle Ebene und bedient sich zu diesem Zweck einer spezifischen *Ästhetik*.« (Spiegel 2007, 47-48)

Diese technizistisch-wissenschaftliche Ästhetik zeichnet sich dadurch aus, dass sie sich an gängigen Bildern von Wissenschaft oder Wissenschaftlichkeit orientiert und diese visuell aufgreift und reproduziert. Dabei stehen vor allem natur- und ingenieurwissenschaftliche Prozesse im Vordergrund.

Die Aufgabe der Naturalisierung ist es den »*willing suspension of disbelief*«[18] des Rezipienten zu erleichtern und ihn so von Konnektivitätsbehauptung der SF zu überzeugen. Die Rolle der Naturalisierung lässt sich wie folgt zusammenfassen:

》 Der *Modus der SF* wird durch ein wunderbares Element, das *Novum*, bestimmt. Sie unterscheidet sich von anderen wunderbaren Erscheinungen wie Fantasy oder Märchen dadurch, dass sie ihre Wunder *pseudowissenschaftlich* legitimiert, dass sie ihre Nova *naturalisiert*, so dass sie den *Anschein* wissenschaftlich-technischer Machbarkeit aufweisen. *Science Fiction ist folglich jener Teil des Wunderbaren, der sich in seiner Bild- und Wortsprache an aktuellen Vorstellungen von Wissenschaft und Technik orientiert, um die bestehenden technologischen Verhältnisse in einen weiter fortgeschrittenen Zustand zu projizieren. Das ›technizistisch Wunderbare‹ der Science Fiction hat eine dem Realitätseffekt analoge Wirkung zum Ziel, nämlich eine Aura der Wissenschaftlichkeit und technischen Plausibilität zu erzeugen.*« (Spiegel 2007, 51)

Die Stärke der hier vorgestellten Definition liegt m.E. darin, dass sie die widerstreitenden Pole anderer Definitionen vereint. Im Zentrum steht eine *Konnektivitätsthese*, die auf die Explorationsfunktion der Science Fiction abzielt. Diese Konnektivität wird durch den Prozess der Naturalisierung erreicht, womit auch der Pol der »Wissenschaftlichkeit« in die Definition Eingang findet, wenn auch nicht in der Form, wie ihn Hard-SF-Vertreter erhofft haben. Ich möchte die Definition am Ende einmal zusammenfassen:

Science Fiction stellt einen fiktional-ästhetischen Modus dar, dessen Ziel die Erzeugung eines wunderbaren filmischen Universums ist, in welchen ein Novum oder mehrere Nova existieren, die in der realen Welt nicht realitätskompatibel (=unmöglich) sind. Dabei behauptet die SF jedoch, das dargestellte Universum stehe in einer Verbindung (Konnektivität) zu der realen Welt und würde eine Extrapolation dieser darstellen. Diese Behauptung macht sie durch die Verwendung einer (pseudo-) wissenschaftlich-technizistischen Ästhetik glaubhaft (Naturalisierung).

2.4.2 Science Fiction als Forschungsfeld

Auch wenn der SF-Film seine »Realitätsnähe« und die wissenschaftliche Machbarkeit seiner Nova nur vorgibt, eignet er sich m.E. dennoch hervorragend, um das Verhältnis zwischen Mensch und Technik genauer in den Blick zu nehmen.

---

18 Der Begriff der *willing Suspension of disbelief* geht auf Samuel Taylor Coleridge zurück und beschreibt eine Grundvoraussetzung der Rezeption von Fiktion. Er meint die Akzeptanz der durch die Fiktion vorgegebenen Konventionen. Es findet dabei keine Verwechselung von Realität und Fiktion statt, der Unglauben an den ontologischen Status der fiktionalen Welt wird nur bewusst aufgegeben (vgl. Spiegel 2007, 50-51).

Dies erklärt sich erstens durch den Prozess der Naturalisierung begründeten *Aktualisierungszwang*. Der Prozess der Naturalisierung erfordert von SF-Filmen eine Orientierung an aktuellen Vorstellungen von Wissenschaftlichkeit und Technik. Dies lässt sich am Beispiel des Films METALUNA 4 ANTWORTET NICHT (THIS ISLAND EARTH – USA, 1955, Joseph M. Newman) erläutern. In der Anfangssequenz des Films bauen die Wissenschaftler eines Labors eine riesige Maschine zusammen, die letztendlich nur eine Funktion erfüllt: Die Ermöglichung einer Videokonferenzschaltung zu einem anderem Punkt auf der Erde. Heutzutage ist dies mit jedem Computer mit Internetzugang und dem kostenlosen Programm Skype möglich. Was in den 1950ern nach als Science Fiction galt, wirkt heute nicht mehr technisch genug, weshalb man den Film im Jahr 2011 sein Alter deutlich ansieht. Damit die Nova der SF also plausibel bleiben, müssen die Filme des Modus ihre Ikonographie fortlaufend dem aktuellen Stand der Technik anpassen. Daher stellen SF-Filme – zumindest auf visueller, oftmals aber auch auf narrativer Ebene – das *Epizentrum filmischer Artikulation von Technik und Innovation* dar.

Zweitens ist dem Modus die Reflexion über das Verhältnis zwischen Mensch und Technik immanent. »Die SF ist [...] ein Spiegel der gesellschaftlichen und individuellen Reaktionen auf den technisch-wissenschaftlichen Fortschritt, die von bedingungsloser Begeisterung bis zu totaler Ablehnung reichen können« (Spiegel 2007, 110). Freilich gibt der *Modernisierungsspiegel* ein verzerrtes Bild, jedoch ist dieses Bild durch eine Überbetonung der konstitutiven Kraft von Wissenschaft und Technik verzerrt, denn »[d]as Novum prägt den Charakter der SF-Welten, es verändert sie im Vergleich zu unserer empirischen Welt und stellt immer – wenn auch oft nur implizit – einen Vergleich an« (Spiegel 2007, 110). Die hohe Bedeutung, die den als Nova auftretenden technologischen Bedeutungen zugemessen wird, zeigt sich auch darin, dass jedes Novum, so lokal begrenzt sein Wirken auch sein mag, immer globale Implikationen besitzt (vgl. dazu Vieth 1999, 32).

Bildungstheoretisch gesprochen, können die *Nova der SF also als Eckpunkte einer tentativen[19] Suchbewegung nach einer alternativen und gegebenenfalls besseren Welt* gesehen werden. Da die Nova der SF durch die technizistische Ästhetik zumeist technologisch begründet werden, nehmen sie genau jene Suchbewegungen und Reflexionsoptionen in den Blick, die für diese Arbeit interessant sind: technologisch-gesellschaftliche Veränderungen, die eine so hohe Unbestimmtheit erzeugen, dass sie eine Neuorientierung (und somit Bildungsprozesse) erforderlich machen.

---

19 Tentativität bedeutet, »das Neue, den Einzelfall, zur Grundlage zu machen und die passenden Regeln und Kategorien davon ausgehend erst zu *suchen*. In diesem Suchprozess wird mal das eine, mal das andere Verstehensmodell ausprobiert, bis man eines findet, mit dem man vorerst einigermaßen zurechtkommt« (Jörissen/Marotzki 2009, 19). Bei solchen Suchprozessen, »finden oder erfinden [wir] dabei Regeln, die für uns etwas zunächst unverständliches Neues zu etwas Verstehbarem machen. Die Regeln oder Schemata der Weltaufordnung sind dabei das, was verändert wird« (Jörissen/Marotzki 2009, 19).

3 Roboter

Um die Frage zu beantworten, was einen Roboter ausmacht, ist es notwendig, zwei Perspektiven gegenüberzustellen. Auf der einen Seite steht der technisch zentrierte Blick der Robotik, auf der anderen der zum technischen Artefakt gehörende gesellschaftliche Diskurs, in dem dieses betreffende Hoffnungen und Ängste thematisiert werden. Dabei laufen die beiden Diskurse parallel und beeinflussen sich gegenseitig. So werden z.b. die von dem Science-Fiction-Autor Isaac Asimov verfassten Robotergesetze auch in ingenieurwissenschaftlichen Artikeln zitiert.

3.1 Ingenieurwissenschaftliche Positionen

In diesem Abschnitt werde ich zunächst die technische Perspektive auf Roboter vorstellen und nach einer Definition einen kursorischen Überblick über deren Entwicklung geben. Diese ist m.E. von hoher Relevanz, weil sie den zeithistorischen Kontext für die untersuchten Filme darstellt. Abschließend gehe ich darauf ein, dass die Einsatzgebiete der Roboter immer stärker im alltäglichen Leben zu finden sind.

3.1.1 Was ist ein Roboter? (Definition)

Die Robotik umschreibt ihren Gegenstand als »the science and technology of robots« (Siciliano/Khatib 2008, 1) und vereint mehrere ingenieurwissenschaftliche Felder.[20] Innerhalb der Disziplin scheint sich die Definition des Robot Institute of America (RIA) als Quasistandard etabliert zu haben. Nach dieser ist ein Roboter

>> a reprogrammable multifunctional manipulator designed to move materials, parts, tools or specialized devices through variable programmed motions for the performance of a variety of tasks.« (RIA 1979, zit. nach Vengateswaran 1999, 76)

Diese Definition stammt aus dem Jahr 1979 und bezieht sich in erster Linie auf Industrieroboter. Auch wenn Sie sicherlich nicht den aktuellen Stand und die Bandbreite der Robotikforschung widerspiegelt, enthält sie doch ein wesentliches Element, das in der aktuellen Literatur immer wieder hervorgehoben wird: die Fähigkeit eines Roboters vielfältige Aufgaben auszuführen. Während eine »normale« Maschine in der Regel lediglich für die Ausführung einer Aufgabe oder weniger

---

20 Aktuell gliedert sich die Robotik in folgende Teilfelder: »kinematics, dynamics, mechanical design and actuation, sensing and estimation, motion planning, motion control, force control, robotic systems architectures and programming, and AI reasoning methods for task planning and learning« (Siciliano/Khatib 2008, 3).

ähnlicher Aufgaben konzipiert ist, soll ein Roboter mit verschiedenen Tätigkeiten zurechtkommen. Bei diesem Kriterium ist die Grenze zu Automaten und anderen technischen Geräten fließend. So merkt z.b. Bernard Roth an, dass aufgrund der verwendeten Technik, mittlerweile auch normale Haushaltsgeräte als Roboter gelten könnten:

>> In actuality any machines, including familiar household appliances, which have microprocessors directing their actions can be considered as robots. In addition to vacuum cleaners, there are washing machines, refrigerators, and dishwashers that could be easily marketed as robotic devices.« (Roth 2008, viii)

Auch wenn Roth durch diese Aussage mehr der Nutzen der Robotik für andere ingenieurwissenschaftliche Felder betont, als dass er zu einer Klärung beiträgt, was ein Roboter ist, so zeigt sie doch eine wichtige Entwicklung in der Robotik. Durch die Betonung der Verwendung von Mikroprozessoren wird deutlich, dass ein wesentlicher Bestandteil des Roboters in der Nähe zum Computer steht: die künstliche Intelligenz (KI, en.: artificial intelligence, AI). Somit rückt neben der Vielfältigkeit der Aufgaben, die ein Roboter ausführen muss, eine weitere Eigenschaft in den Blick: die Notwendigkeit, diese Aufgaben relativ *autonom* auf der Basis von Berechnungen auszuführen. Georges Giralt spricht in diesem Zusammenhang davon, dass ein Roboter in intelligenter Art Wahrnehmung und Aktion miteinander verbinden muss.

>> *(robot) ... operating in the three-dimensional world as a machine endowed with the capacity to interpret and to reason about a task and about its execution, by intelligently relating perception to action.« (Giralt 2008, x)*

Während in der eingangs zitierten Definition des Robot Institute of America noch die Multifunktionalität im Vordergrund steht, wird nun die Aufnahme von Informationen aus der Umwelt und ihre intelligente Verarbeitung und somit die Eigenständigkeit des Roboters betont. Diese Verschiebung der Prioritäten begründet sich in der technologischen Genealogie des Roboters (vgl. Kap. 3.1.3).

Der Aufbau eines Roboters ist relativ schnell beschrieben:

>> First, the robot must be mounted on a *base* (or *vehicle*) that may be moving or fixed, depending upon the application. Next, one would expect some mechanical linkages (similar to the limbs of a human) that connect the *end effector* (the final toll with which the robot grasps objects) to the base, with a *wrist* holding the tool. To control the way the robot works, we need a control system and a supporting measurement subsystem. A power System is requierd to run the robot. [...] Software is part of almost all the blocks.« (Vengateswaran 1999, 78)

Die Beziehung der einzelnen Subsysteme zueinander lässt sich wie folgt visualisieren:

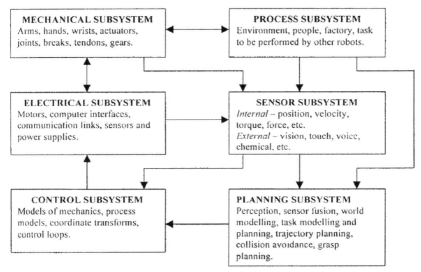

Abb. 3: Die einzelnen (Sub-) Systeme eines Roboters (Quelle: McKerrow 1991, zit. nach. Vengateswaran 1999, 79).

3.1.2 Klassifikation von Robotern

Die Einsatzgebiete von Robotern sind vielseitig und können als Basis für eine Klassifikation von Robotern dienen. So versucht z.B. Matthias Haun die verschiedenen Einsatzorte eines Roboters neben seinem Entwicklungsstand zur Basiskategorie einer Klassifikation zu machen:

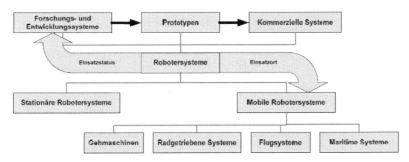

Abb. 4: Klassifikation von Robotern nach Entwicklungsstatus und Einsatzgebiet. (Quelle:Haun 2007, 22).

Die Schwäche der von Haun vorgeschlagenen Klassifikation liegt darin, dass die Differenzierung der Kategorie »mobile Robotersysteme« relativ unsystematisch erfolgt und sowohl die Bewegungsmöglichkeit als auch geologischen Kriterien berücksichtigt, wodurch sie auf sozialwissenschaftlich eher unbedeutenden Kategorien beruht.[21] Eine andere oftmals praktizierte Möglichkeit besteht darin, Roboter anhand der Strukturiertheit ihrer Umgebung und ihres Autonomiegrades zu klassifizieren:

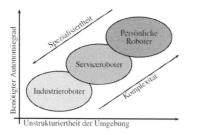

Abb. 5: Klassifikation von Robotern anhand von Autonomiegrad und (Un-)Strukturiertheit der Umgebung (Quelle: Berns/ Schmidt 2010, 7).

Die hier vorgeschlagene Kategorisierung findet sich auch in den Einsatzgebieten wieder, die Georges Giralt in seinem Vorwort zum »Springer Handbook of Robotics« nennt: Roboter sollen demnach (1) als Ersatz für einen handelnden Menschen, (2) in Interaktion mit Menschen und (3) im engen Zusammenwirken mit dem Nutzer handeln (vgl. Giralt 2008, x).

Die *Industrieroboter* sind *hochspezialisierte Systeme* und sollen in ihrem Arbeitsbereich eine Arbeit vollführen, die vorher von Menschen ausgeführt wurde oder aufgrund der Schwere von Bauteilen nicht von Menschen ausgeführt werden kann. Solche Roboter operieren auch in für Menschen gefährlichen Umgebungen. Weitere Beispiele für hochspezialisierte Systeme sind militärische Roboter, z.B. Minensucher (vgl. Giralt 2008, x).

Die *Serviceroboter* »erbringen Dienstleistungen für den Menschen und zeichnen sich durch eine höhere ›Intelligenz‹ sowie eine damit einhergehende bessere Umwelterkennung im Vergleich zu Industrierobotern aus« (Berns/Schmidt 2010, 7) und agieren somit für und in Interaktion mit Menschen (ein Beispiel wären z.B. Putzroboter, automatische Rasenmäher, etc.).

---

21 Raum im Sinne eines geografischen Ortes spielt in den Sozialwissenschaften in der Regel eine eher untergeordnete Rolle. Auch der gegenwärtig diskutierte Spatial Turn meint mehr als eine Rückbesinnung auf physisch-materielle Orte. Wenn innerhalb dieses Turns von »Raum« gesprochen wird, ist »zumeist nicht nur vom physischen Raum die Rede, sondern vom sozialen Raum, von virtuellen Räumen, transnationalen Räumen, Identitätsräumen, ethnischen Räumen usw. Ohne dass hier der physische Raum gänzlich vernachlässigt würde, ist doch mit Raum stets mehr gemeint als nur ein *Territorium* oder ein physisch-materielles Gebilde« (Schroer 2008, 135).

In die dritte Kategorie gehören z.B. die *persönlichen Roboter*, die in engster Interaktion mit ihrem Nutzer vielfältigste Aufgaben ausführen sollen und zumeist humanoid gestaltet sind (vgl. Berns/Schmidt 2010, 8-9).

Diese Unterscheidung in Industrieroboter, Service-Roboter und persönliche Roboter erscheint mir für eine sozialwissenschaftliche Untersuchung am geeignetsten, da sie das Verhältnis zum Menschen berücksichtigt. Dabei ist die Grenze zwischen Service- und persönlichen Robotern schwer zu ziehen. Ich mache sie an der Ausrichtung eines Roboters auf eine Person fest. Die Grenze zu den Industrierobotern ist leicht zu ziehen, wobei diese – so viel sei an dieser Stelle vorweggenommen – im SF-Film kaum thematisiert werden.

3.1.3 Eine (Technik-) Geschichte des Roboters

Die Technikgeschichte des Roboters ist mittlerweile vielerorts aufgearbeitet. Dabei gibt es sowohl Beiträge, die Meilensteine der Robotik aufzeigen (vgl. z.B. Haun 2007, 1-18; populärwissenschaftlich, aber sehr ausführlich: Ichbiah 2005, 8-32), als auch solche, die die Entwicklung der Roboter in einem bestimmten Einsatzfeld nachzeichnen (z.B. für menschenähnliche Roboter: Bar-Cohen/Hanson 2009, 7-12; für Reinigungsroboter: Prassler et al. 2000). Da die technische Entwicklung in dieser Arbeit lediglich als Kontextwissen über das zur Zeit der Filme technologisch Mögliche relevant ist, werde ich mich in diesem Kapitel auf einen kursorischen Überblick beschränken, der nur die wichtigsten Meilensteine nennt.

Aus einer rein technischen Sicht ist ein Roboter die Konvergenz zweier Entwicklungen. Auf der einen Seite steht die Entwicklung der Automaten und somit der selbsttätigen Maschinen, auf der anderen Seite die Geschichte des Computers und der Künstlichen Intelligenz.

Automaten

Die Geschichte der Automaten beginnt in der Antike. Aus Sagen ist die Flugmaschine Daidalos´ und dessen Sohn Ikarus bekannt. Seinem griechischen Landsmann Diomedes werden Statuen, die aus eigener Kraft schwammen, zugesprochen und der ägyptische König Ptolemaios erbaute angeblich eine Statue, die selbsttätig aufstand und Milch in eine Schale goss. In fast allen antiken Kulturen finden sich ähnliche Geschichten (vgl. Haun 2007, 2). Ausführlich werden die Automaten der Antike von Heron aus Alexandrien 110 v. Chr. in »De Automatis« beschrieben:

>> Er sagt ausdrücklich, daß die Apparate mäßigen Umfang haben und zu Schauzwecken dienen: ein sich selbst entzündendes Opferfeuer, den Ausfluß von Wein oder Milch aus dem Becher einer Figur, Musik auf Cymbeln oder Trommeln, sich drehende und fortbewegende (tanzende) Figuren, Donner (durch Kugeln, die im Zickzack zwischen Brettern fal-

len), mechanische Bühnen, Öffnen und Schließen von Türchen, Figuren die ihre Arme bewegen, fahrende Schiffe, Bühnenblitze, usw.« (Feldhaus 1914, 47)

Die diesen frühen Automaten zugrundeliegende Technik ist aus heutiger Sicht geradezu banal:

>> Als Antriebsprinzipien ihrer mechanischen Kunstwerke standen ihnen primär Vorrichtungen nach dem Sanduhrprinzip zur Verfügung, als Energiequellen Wasser, Wasserdampf, Quecksilber, als Energieübertragungsmittel Winde, Hebel, Flaschenzug oder Schraube. Es fehlte das fortschrittliche Zahnrad.« (Haun 2007, 2)

Das Zahnrad, welches ein wesentlicher Bestandteil der kommenden Automatengeneration werden sollte, wurde zwischen 330 und 250 v. Chr. erfunden (vgl. Feldhaus 1914, 1340).[22] So werden 250 v. Chr. die ersten mechanischen Uhren gebaut. In den folgenden Jahrhunderten verlagert sich die Automatenbaukunst nach Arabien. Insbesondere die um ca 809 erbauten Wasseruhren Harun al Rashids erregen die Aufmerksamkeit europäischer Reisender und führen dazu, dass Automaten in Form von komplexen Uhrwerken auch in Europa Einzug erhalten (vgl Ichbiah 2005, 13-15). Im 14. Jahrhundert hat die Uhrmacherkunst ihren Zenit erreicht. Infolgedessen entwickeln sich Automaten zu einem beliebten Spielzeug, das jedoch aufgrund der horrenden Herstellungskosten zunächst höheren Schichten vorbehalten bleibt (vgl Haun 2007, 3).

Die Blütezeit der Automaten beginnt schließlich um 1500 als Ludwig XII einen mechanischen Löwen in Auftrag gibt. Im Zeitraum von 1725-1745 werden die ersten programmierbaren Webautomaten hergestellt. Ungefähr zur gleichen Zeit (zwischen 1738 und 1741) baut der berühmte Automatenbauer Vaucanson seine mechanische Ente. Diese erreicht nicht nur die Lebensgröße ihres Vorbildes, sondern kann auch Nahrung aufnehmen und diese verdauen. Außer seiner Ente konstruiert Vaucanson einen mechanischen Flötenspieler, dessen Repertoire 12 Stücke umfasst, sowie einen Trommler, der zeitgleich eine Schäferpfeife bedient (vgl. Feldhaus 1914, 52; sowie Ichbiah 2005, 16-19). Um 1760 konstruiert Pierre Jaquet Dorz einen Androiden, der schreiben kann. Sein Sohn Henri Louis baut 1773 einen weiteren Schreiber sowie eine Orgelspielerin (vgl. Feldhaus 1914, 53f). Die großen Automaten bleiben der reicheren Oberschicht vorbehalten, doch kleinere, günstigere Modelle setzen sich als Spielzeug auch in der breiten Bevölkerung durch. Matthias Haun beschreibt die Phase nach Vauconson folgendermaßen:

>> Tatsächliche Automaten wurden nur noch im Miniaturformat gebaut - als verspieltes Beiwerk für Taschenuhren oder als Tafelaufsätze, die auf Grund der hohen Fertigungskosten weiterhin wohlhabenden Bürgern vorbehalten blieben. Weitere Verbreitung erfuhren dagegen in zunehmendem

---

22 Die ersten Zahnräder werden von Ktesibios verwendet. Um 250 v. Chr. nutzte er – wie Virtruv beschreibt – an einer Wasseruhr »einen Stab, der mit gleichen Zähnchen besetzt ist, wie die damit in Verbindung stehende Drehscheibe« (Vitruv, de archit, zit. nach Feldhaus 1914, 1342).

Maße die immer mehr als Massenprodukte angefertigten, mechanischen Spielzeuge.« (Haun 2007, 4)

Im 20. Jahrhundert nimmt die Begeisterung für Automaten wieder ab. Um 1915 wird ein mechanischer Hund konstruiert, der eigenständig auf eine Lichtquelle zulaufen kann (vgl. Ichbiah 2005, 20). In ihm kann man einen Vorläufer *künstlicher Intelligenz* sehen.

Künstliche Intelligenz

Die Geschichte der Künstlichen Intelligenz beginnt mit dem Wirken des Mathematikers George Boole, welcher gleich in zweifacher Hinsicht als Urvater der KI-Forschung gelten kann. Zum einen schuf er mit der auf binärer Zahlensystem beruhenden boolschen Algebra[23], ein System auf dem die von Turing erdachte Computing-Machine (Turing 1965)[24] und die ihr nachfolgenden Computer beruhen. Zum anderen formulierte er in »An Investigation of the Laws of Thought« das Ziel,

》》to investigate the fundamental laws of those operations of the mind by which reasoning is performed; to give expression to them in the symbolical language of a Calculus, and upon this foundation to establish the science of Logic and construct its method; to make that method itself the basis of a general method for the application of the mathematical doctrine of Probabilities; and, finally, to collect from the various elements of truth brought to view in the course of these inquiries some probable intimations concerning the nature and constitution of the human mind.« (Boole 1854, 1)

---

23 Die Boolesche Algebra wird oftmals auf ihre binäre Logik reduziert. Dabei definiert sie sowohl die zugrundeliegenden Zahlen als auch die auf diesen möglichen Operationen: »Die Boolesche Algebra geht von der Menge [0, 1] aus. Auf dieser Menge sind folgende drei Operationen definiert. 1. Die **Konjunktion (Und**-Verknüpfung) ist eine binäre Verknüpfung, hängt also von zwei Argumenten ab. Sie ist genau dann 1, wenn das erste und das zweite Argument 1 ist, und in jedem anderen Fall 0.[…] 2. Auch die **Disjunktion (Oder**-Verknüpfung) ist eine binäre Verknüpfung. Sie ist genau dann 1, wenn das erste oder das zweite Argument 1 ist, und sonst 0. […] 3. Die Negation verlangt nur ein Argument. Sie ist 0, wenn das Argument 1 ist und 1, wenn das Argument 0 ist« (Beutelspacher/ Zschiegner 2007, 191).

24 Turing beschreibt seine Computing Machine als eine spezielle automatische Maschine. Als eine automatische Maschine, bezeichnet er einen Apparat, der mit einem Schreib- und Lesekopf Daten auf ein unendliches Band schreibt. »If an a[utomatic]-machine prints two kinds of symbols, of which the first kind (called figures) consists entirely of 0 and 1 (the others being called symbols of the second kind), then the machine will be called a computing machine« (Turing 1965, 118). Mit Hilfe von Steuerungsbefehlen kann die Maschine die Daten auf dem Band manipulieren und erzeugt so eine Sequenz. Das Ergebnis Berechnungen ergibt sich aus dem Umwandeln der im Binärcode vorhandenen Sequenz in eine Dezimalzahl. Diese erdachte Rechenmaschine wird heutzutage als theoretische Grundlegung der Informatik verstanden.

Er trug somit zu der Verbreitung der Idee bei, menschliches Denken sei rational erklärbar und somit mathematisch zu operationalisieren. Bis dieses sich in der KI »als praktische Wissenschaft der Mechanisierung des Denkens« (Ertel 2009, 7) niederschlägt vergeht allerdings noch fast ein Jahrhundert.

Der erste Computer »Eniac« wird im 1946 gebaut. 1948 begründet Norbert Wiener mit der Kybernetik, die »Wissenschaft rund um dynamische, informationsverarbeitende, adaptive und selbstregelnde, unter Umständen selbstreproduzierende Systeme« (Fischer/Hofer 2008, 472) und erweitert den Computer so von einer reinen Rechenmaschine zu einer Steuerungseinheit.

Der Begriff der Künstlichen Intelligenz wird 1955 in der Einladung zur Darthmouth Konferenz geprägt. In dieser heißt es:

》 *We propose that a 2 month, 10 man study of artificial intelligence be carried out during the summer of 1956 at Dartmouth College in Hanover, New Hampshire. The study is to proceed on the basis of the conjecture that every aspect of learning or any other feature of intelligence can in principle be so precisely described that a machine can be made to simulate it. An attempt will be made to find how to make machines use language, form abstractions and concepts, solve kinds of problems now reserved for humans, and improve themselves. We think that a significant advance can be made in one or more of these problems if a carefully selected group of scientists work on it together for a summer.«* (McCarthy et. al. 1955, zit. nach. Burkhard 2006, 17-18)

In dieser Zeit ist auch das erste KI-Programm »Logic Theorist« in der Lage, mathematische Probleme zu lösen, für einen Satz findet es sogar einen kürzeren Beweis (vgl. Burkhard 2006, 22f). Ebenfalls auf der Darthmouth-Konferenz wird die Programmiersprache LISP vorgestellt, die darauf spezialisiert ist symbolische Strukturen, wie z.B. Sprache, zu verarbeiten (vgl. Ertel 2009, 8). Damit ist die Voraussetzung geschaffen, um KI-Algorithmen über den Status eines intelligenten Taschenrechners hinaus zu erheben. Ein Meilenstein ist hierbei des Programm Eliza von Jospeh Weizenbaum, welches eine menschliche Unterhaltung simulieren kann, indem es Aussagesätze in Fragen umformuliert (vgl. Ausführlich zu Eliza: Burkhard 2006, 19-20). Als Eliza 1964 erste Unterhaltungen simuliert, sind KI-Systeme längst Bestandteile von Robotern. Ich werde die Entwicklung der KI im Folgenden nur in dem für die Steuerung von Robotern relevanten Zweig skizzieren, für eine ausführlichen Geschichte der KI verweise ich auf die einschlägigen Einführungen (z.B.: Ertel 2009, 6-12; mit ausführlicherer Würdigung der Mathematischen Grundlagen sowie einem Überblick zum aktuellen Stand: Burkhard 2006).

Roboter

Die Geschichte (real existierender) Roboter beginnt im Jahr 1954 als C.W. Kenward ein Patent zur Roboterentwicklung einreicht. 5 Jahre später wird der erste kommerzielle Roboter vorgestellt. 1960 läuft der erste Industrieroboter »Unimate« vom Band. Er basiert auf Arbeiten von George C. Devol, der im Jahr darauf ein Patent für den »programmierten Transport von Gegenständen« erhält (vgl. Haun 2007, 5). In den frühen 1960er Jahren werden die Roboter der ersten Generation gebaut. Sie sind standortgebunden und auf eine Aufgabe beschränkt und finden dementsprechend nur in industriellen Kontexten Anwendung (vgl. Ichbiah 2005, 28). Die zweite Generation folgt Ende der 1960er-Jahre. Die neue Generation ist beweglich und dank der Integration von KI-Algorithmen relativ autonom, auch wenn die Ausführung von Aktionen lange berechnet werden muss (vgl. Ichbiah 2005, 29). Ein prominenter Roboter dieser Generation ist »Shakey«. Der erste Serivceroboter wird vom Stanford Research Institute konstruiert und besitzt neben einer Vielzahl von Sensoren eine eigene Kamera und einen Tastsensor. Er war

》 einer der ersten mobilen Roboter weltweit, der mit Hilfe von Sensoren seine Umgebung wahrnehmen, in Räumen navigieren und sogar einfache Probleme selbstständig lösen konnte. Beispielsweise war es ihm möglich, einen Handlungsplan zu erstellen um Objekte, die anfänglich nicht erreichbar waren, zu verschieben.« (Berns/Schmidt 2010, 7)

Auf der Ebene der KI wird Shakey nach dem »»Modellbasierten Paradigma‹ gebaut, d.h. das Verhalten [wird] im Sinne der symbolischen KI aus einem Modell der Umwelt abgeleitet« (Burkhard 2006, 35). Er ist somit im Rahmen seiner Programmierung *autonom* und reagiert auf seine Umgebung. Hierin unterscheidet er sich von Robotern der ersten Generation.

Mitte der 1970er-Jahre führt die fortschreitende Miniaturisierung bei der Entwicklung von Mikroprozessoren dazu, dass auch in Robotern in immer stärkerem Maße Mikrocomputer eingesetzt werden können. Dadurch erhöht sich die der KI zur Verfügung stehende Rechenleistung und die Roboter der *dritten Generation* sind geboren (vgl. Ichbiah 2005, 30). Die erhöhte Rechenleistung der Mikroprozessoren führt auch zu einer signifikanten Weiterentwicklung der KI-Forschung. Es entstehen immer mehr Systeme, die nicht mit absoluten Wahrheitswerten arbeiten, sondern Wahrscheinlichkeiten zur Grundlage von Entscheidungen machen. Ein bekanntes Verfahren in diesem Zusammenhang ist die so genannte Fuzzy Logik, welche unendlich viele Wahrscheinlichkeitswerte zwischen den absoluten »Wahrheiten« 0 und 1 einführt (vgl. Ertel 2009, 9). Ab 1985 kommt es zu einer Ausdifferenzierung der KI-Forschung. Es entwickeln sich drei Zweige:

1. Die Entwicklung *verteilter Systeme*, die mehrere Rechner zur Lösung eines Problems heranzieht,
2. die Entwicklung *autonomer* Roboter, die im Team kooperieren sollen und

3. die Entwicklung von Methoden *maschinellen Lernens*, welches KI-Agenten ermöglichen soll, selbständig neue Fertigkeiten zu erlangen, bzw. vorhandene Fertigkeiten zu ergänzen.
(vgl. Ertel 2009, 10).

Ab den 1990er-Jahren dringen Roboter in immer mehr Lebensbereiche ein: »Im medizinischen Bereich setzte Robodoc ab 1992 Hüftprothesen ein. Auf dem Mars untersuchte bei der Mission Pathfinder 1997 ein Roboterfahrzeug, Sojourner genannt, die Oberfläche« (Ichbiah 2005, 31). Um die Jahrtausendwende werden von der Universität Tokio mit dem Humanoid H7 und mit dem P3 von Honda, erste humanoide Roboter entwickelt. Auf dem Massenmarkt wird Sonys Roboterhund Aibo populär (vgl. Ichbiah 2005, 31). Die KI-Forschung hat sich derweil stark ausdifferenziert und weist ein weites Methodenarsenal auf:

>> Heute bietet die KI mit den erwähnten Verfahren zwar kein Universalrezept, aber eine Werkstatt mit einer überschaubaren Anzahl an Werkzeugen für die unterschiedlichsten Aufgaben. Die meisten dieser Werkzeuge sind mittlerweile weit entwickelt und als fertige Software-Bibliotheken, oft mit komfortabler Benutzeroberfläche, verfügbar. Die Auswahl des richtigen Werkzeugs und seine sinnvolle Anwendung im Einzelfall obliegt dem KI-Entwickler, beziehungsweise dem Wissens-Ingenieur (engl. knowledge engineer).« (Ertel 2009, 10)

Diese Auffächerung der KI zeigt sich auch in den gängigen Wettbewerben, in denen die Leistungsfähigkeit von KIs getestet wird. Lange Zeit galt das Schachspiel als Königsdisziplin der KI. Jedoch beantwortet diese Form des Tests viele Fragen mit denen die Robotik zu kämpfen hat, wie z.B. die Steuerung von Bewegungsabläufen in komplexen Umgebungen, nicht. 1997 etabliert sich daher mit dem Robocup eine neue Form des Tests. Leitendes Paradigma ist dabei eine Vision vom Robocup 2050, bei dem Roboter besser spielen sollen als Menschen:

>> Die Vision des RoboCup für das Jahr 2050 stellt vielfältige Herausforderungen. Die Roboter sollen selbständig ohne menschliche Hilfe agieren. Dazu müssen sie in einer hochgradig dynamischen Umgebung die Situation erfassen und ihre Fähigkeiten sinnvoll einsetzen. Sie müssen über körperliche Geschicklichkeit und ausreichend Energie verfügen.« (Burkhard 2006, 38)

Diese Form des KI-Test ist dabei komplexer als die Simulation eines Schachspiels wie Hans-Dieter Burkhard in einer vergleichenden Übersicht herausstellt:

Schach	Fussball
Statisch	Dynamisch
3 Minuten pro Zug	Millisekunden entscheiden
Einzelne Aktion	Folgen von Aktionen
Einzelner Akteur	Team
Zuverlässige Information	Unzuverlässige Information
Vollständige Information	Unvollständige Information

Tab. 3: Vergleich zwischen Schach und Fußball (Quelle: Burkhard 2006, 39).

Zusammenfassung

Die Geschichte der Roboter lässt sich als Konvergenz aus der Entwicklung von Automaten und der Erfindung und Verbesserung künstlicher Intelligenz beschreiben. Im Laufe der Jahre rückte der Aspekt der Automatisierung gegenüber dem der Autonomie in den Hintergrund, weshalb gerade an die KI immer komplexere Anforderungen gestellt werden. Gerade der wachsende Einsatz der KI wird in naher Zukunft ethische Fragen aufwerfen, weshalb die Roboterethik langsam Eingang in den Lehrkanon der Disziplin findet (z.b. Veruggio/Operto 2008).

3.2 Der Diskurs über Roboter

Nachdem ich die technologischen Grundlagen der Robotik gewürdigt habe, gehe ich nun auf den Diskurs ein, der sich um das technologische Artefakt »Roboter« rankt. In diesem wird das Verhältnis des Roboters zum Menschen thematisiert und die Frage nach seiner Menschenähnlichkeit gestellt. Die Menschenähnlichkeitszuschreibung beginnt schon in der Romantik, in welcher sich ein Diskurs um den Vorläufer des Roboters, den Automaten, rankt.

3.2.1 Die romantische Obsession für das Maschinelle

Die »romantische Obsession für das Maschinelle« begründet sich, wie Wolfgang Müller-Funk (1996, 486) feststellt, weniger in den Automaten selbst, sondern geht über diese hinaus und ist als Bestandteil eines Diskurses über Rationalität zu betrachten:

>> Die imaginäre Besetzung des Maschinellen gewinnt ihre volle Bedeutung erst im Kontext eines grundlegenderen Diskurses, in dem zum ersten Mal das Prinzip der Rationalität in Frage gestellt wird, und zwar in einer sys-

tematischen Art und Weise, die die Kehren der abendländischen Philosophie seit der letzten Jahrhundertwende antizipiert.« (Müller-Funk 1996, 486).

Zeithistorischer Kontext

Der von Müller-Funk angesprochene zeithistorische Kontext und seine Beziehung zum Automaten werden von Peter Gendolla in seiner Schrift über die »Anatomien der Puppe«(Gendolla 1992) genauer beschrieben. Er schildert die der Romantik vorausgehende Aufklärung als eine Zeit, in der sich das mechanistische Menschenbild Descartes und der Materialismus LaMettries durchsetzen. Der dadurch angestoßene Prozess der Zivilisation[25] führt dazu, dass in den Fabriken eine »Automatisierung individueller Affektverläufe« (Gendolla 1992, 18) stattfindet, welche die Kontrolle von außen ersetzt. Dieser Prozess, den Gendolla unter Rekurs auf Elias als Rationalisierung beschreibt, lässt sich mit Focault auch als Prozess der *Disziplinierung* begreifen, welcher dazu führt, dass der menschliche Körper im stärkerem Maße ökonomisch nutzbar gemacht wird.[26] Ob man nun von Rationalisierung oder Disziplinierung spricht, beiden Gedankengängen ist gemeinsam, dass sie die aufgrund des Materialismus angenommene »Automatenhaftigkeit« des Menschen betonen. Der Automat ist somit mehr als nur ein mechanisches Spielzeug, er ist ein Sinnbild für einen gesellschaftlichen Prozess:

>> Die verschiedenen Aspekte des Prozesses, der im 18. und beginnenden 19. Jahrhundert das Thema der Maschine in den Mittelpunkt rückt - vom Materialismus La Mettries über die tatsächliche Konstruktion von Automaten zur Transformation individueller und sozialer Verhaltensweisen - lassen sich in einen systematischen Zusammenhang stellen. Ihn liefert die Maschine selbst, die als Modell für das Funktionieren gesellschaftlicher Prozesse genommen wird [...]: Der Automat.« (Gendolla 1992, 23)

---

25 Gendolla verweist hier auf das einschlägige Werk Norbert Elias´ (Elias 1976).
26 In »Überwachen und Strafen« beschreibt Foucault ein Eindringen der Disziplin in alle Bereiche der Gesellschaft (z.B. Produktion und Schule) und eine daraus resultierende Perfektion der Nutzbarmachung des Körpers. Auch Foucault sieht hierbei unter anderem das rationalistische Weltbild Descartes als Ausgangspunkt: »Das große Buch vom Menschen als Maschine wurde gleichzeitig auf zwei Registern geschrieben: auf dem anatomisch-metaphysischen Register, dessen erste Seiten von Descartes stammen und das von den Medizinern und Philosophen fortgeschrieben wurde; und auf dem technisch politischen Register, das sich aus einer Masse von Militär-, Schul- und Spitalreglements sowie aus empirischen und rationalen Prozeduren zur Kontrolle oder Korrektur der Körpertätigkeiten angehäuft hat« (Foucault 1976, 838). Der Prozess der Disziplinierung findet seinen Höhepunkt im Panoptikum, welches Foucault als architektonisches Sinnbild der Gesellschaft sieht: eine inkorporierte Disziplin, die ihre Kraft aus einem potenziellen Beobachtet-werden schöpft (Ausführlich zur Disziplinierung vgl. Foucault 1976, 837-934).

Dies wird auch von Michel Foucault betont, welcher in den berühmten Automaten der Zeit »nicht bloß Illustrationen des [menschlichen] Organismus« sieht, sondern sie als »politische Puppen, verkleinerte Modelle von Macht« bezeichnet (Foucault 1976, 838).

In der Romantik entwickelt sich dann eine Gegenbewegung zu dem beschriebenen Prozess. Entgegen der sich durchsetzenden Rationalität wird eine von Gefühlen geprägte innere Stimme postuliert:

>> Die Vorstellung von einer inneren Stimme oder Regung und der Gedanke, daß wir die Wahrheit in unserem Inneren, besonders in unseren Gefühlen finden - dies sind die maßgeblichen Rechtfertigungsbegriffe der romantischen Rebellion in ihren verschiedenen Ausprägungen. Und was sie [die innere Stimme – WR] zum Verstummen bringen kann, ist eben die desengagierte Haltung der kalkulierenden Vernunft, die rein äußerliche Anschauung der Natur als einer bloß beobachteten Ordnung.« (Taylor 1996, 640)

Das Maschinelle wird dabei »zur Chiffre eines zu verwerfenden Konzeptes des Denkens wie der Kultur generell« (Müller-Funk 1996, 487). Es geht nun darum, gegen die empfundene Dominanz der Maschine ein Weltbild zu entwerfen, in dem der Mensch eine wichtige Rolle spielt und sich nicht als »›Anhängsel› (Marx) fremder Apparaturen und am Ende selbst als eine Maschine konfiguriert« (Müller-Funk 1996, 487, 487).

Es wäre in dieser Arbeit nicht zielführend, den Diskurs in seiner Gänze nachzuzeichnen, zumal dies in der Literaturwissenschaft schon geschehen ist. Ich werde mich daher auf einige exemplarische Positionen beziehen, die das Spektrum des Diskurses greifbar machen.

Romantische Philosophie

Für die romantische Philosophie rekonstruiert Müller-Funk bei Schelling und Novalis eine Auseinandersetzung mit dem Maschinellen. Bei *Schelling* mündet diese Beschäftigung in einem Dualismus von Organischem und Maschinellem, in welchem Freiheit konsequent an (nur organisch mögliche) Lebendigkeit geknüpft wird. Freiheit begreift Schelling dabei als einen »ästhetisch-schöpferischen« und »prinzipiell unvorhersehbaren« Prozess, »der etwas Nicht-Notwendiges zutage fördert« (Müller-Funk 1996, 489). Diese Freiheit ist dem organischen Geschöpf möglich, da es seine Daseinsberechtigung in sich trägt: »Jedes organische Produkt trägt den Grund seines Daseins in sich selbst, denn es ist von sich selbst Ursache und Wirkung« (Schelling 1985, 278, zit. nach. Müller-Funk 1996, 493). Letztlich arbeitet Schelling vier Eigenschaften heraus, die das Organische gegenüber dem Maschinellen nobilitieren:

1. Organische Prozesse folgen im Gegensatz zu maschinellen keinem kausalen Ursache-Wirkung-Prinzip.

2. Der Organismus ist autonom und folgt seiner immanenten Logik und keinen Vorgaben von außen.
3. Der Organismus ist holistisch. D.h., jeder Organismus stellt nur ein Exemplar seiner Art dar und geht nicht über dieses hinaus.
4. Dem Organismus ist der Prozess der Reproduktion gegeben.
(vgl. Müller-Funk 1996, 493).

Die Freiheit des Menschen wird auch von *Novalis* betont, welcher den Künstler[27] als »Gegenbild des mechanischen und maschinellen Menschen« (Müller-Funk 1996, 487) ausruft, wobei auch er das »organische« des Menschen hervorhebt:

>> Als Schöpfer eines Neuen, bislang Nicht-Dagewesenen, gleicht er [der Künstler – WR] einem natürlichen Organismus, der ›den Keim des selbstbildenden Lebens in seinen Organen belebt‹. In dieser Verschränkung von Kunst und Leben wird der Organismus zu, wenn nicht absoluten, doch so relativen Gegensatz zum Mechanismus.« (Müller-Funk 1996, 487)

Die Beschäftigung mit dem Maschinellen geht bei Novalis jedoch über die Differenz organisch-mechanisch hinaus, da er naturwissenschaftliche Rationalität und romantische Kreativität nicht als strikte Antagonisten denkt, sondern durchaus eine Beziehung zwischen beiden sieht:

>> [F]ür Novalis ist die Maschine ein durchaus ›poetischer‹ Gegenstand und die Mechanisierung der Welt als ästhetischer Vorgang denkbar. [...] so lassen sich für Novalis Außen und Innen, Natur und Empfindung, Mathematik und Kunst als Einheit erkennen, wenn man sie auf abstrakte Formeln zurückführt. Die Übertragung mechanischer Gesetze und mathematischer Lehrsatze auf außerwissenschaftliche Bereiche bewirkt für ihn nicht die Mechanisierung des Gefühls und des Menschlichen, die Rationalisierung des Irrationalen, sondern erweist sich vielmehr als der ideale Weg zu ihrer Erforschung und Erneuerung. Die Erkenntnis der Natur erfolgt über ein sich Bewußtwerden der Operationen des Geistes.« (Boie 1981, 285)

Da die Differenz zwischen Maschine und Mensch nicht in der Rationalität liegen kann, muss die Unterscheidung zwischen Mensch und Maschine in etwas Non-rationalem bestehen und »ein unaufhebbares Geheimnis darstellen« (Müller-Funk 1996, 491). Worin aber besteht aber diese Differenz? Sie besteht darin, dass Menschen im Gegensatz zur Maschine eine *Innenwelt* besitzen, an deren Grenzen zur Außenwelt sich eine Seele konstituieren kann.

---

27 Hierzu muss erwähnt werden, dass es in der Romantik auch zu einer Veränderung des Kunstbegriffes kam. Kunst wird nicht mehr traditionell als möglich perfekte Nachahmung der Wirklichkeit (Mimesis) gedeutet, sondern als Artikulation einer inneren Stimme. Die Kunst »tut etwas kund, während sie es zur selben Zeit verwirklicht, zur Vollendung bringt« (Taylor 2005, 656).

>> [Novalis forciert] die Vorstellung, daß der ›Sitz der Seele‹, der Inbegriff des scheinbar Überkommenen, Religiösen und zugleich überraschend Neuen (das eben Nicht-Maschine ist) ein Nowhereland ist, ein Schnittpunkt, eine Grenze, die nicht objektiv situierbar, sondern nur subjektiv erfahrbar ist: ›Der Sitz der Seele ist da, wo sich Innenwelt und Außenwelt berühren. Wo sie sich durchdringen – ist er in jedem Punkt der Durchdringung‹ (Novalis 1969, 326).« (Müller-Funk 1996, 491)

Dieser Sitz der Seele ist nicht rational-wissenschaftlich auffindbar, sondern entsteht *im* Menschen. Im Kern der Argumentation Novalis´ steht also die Differenz zwischen Innen und Außen. Der Mensch wird in dieser Konzeption zu einem *übersinnlichen Wesen*, in dem Sinne, dass ihm Bewusstsein abseits sinnlicher Wahrnehmung zugesprochen wird (vgl. Müller-Funk 1996, 494). Somit rückt bei Novalis die Frage nach dem »Wesen des Menschen« in den Mittelpunkt, welches er als ein übersinnlich-schöpferisches beschreibt. Der Mensch zeichnet sich durch die Fähigkeit aus, über sich hinauszugehen, seine Welt zu gestalten und sich in Artefakten zu manifestieren. Dies ist dem Menschen jedoch nicht ohne Maschinen möglich:

>> So fällt die Frage nach der Maschine mit der nach dem Menschen zusammen, läßt sich erstere nicht als beklagenswerte Ausgießung eines mechanischen Geistes auffassen. Sie sind vielmehr Produkte jener Einbildungskraft, deren Emanzipation die Romantik betreibt. Denn das Vermögen, übersinnlich und außer sich zu sein, hängt offenkundig mit jenen Maschinerien zusammen, die dem Menschen seit der Romantik zugleich wesenslogisch zu schaffen machen.« (Müller-Funk 1996, 494)

Das Maschinelle ist somit nicht die strikte Antithese zum Menschlichen, diesem aber dennoch nachrangig, weil ihm eine *Innenwelt*, metaphysisch gesprochen eine *Seele,* fehlt.

Romantische Literatur

Auch im literarischen Diskurs der Romantik spielen Automaten und Puppen eine wichtige Rolle. In der Literaturwissenschaft ist dies vor allem für E.T.A. Hoffmann und Jean Paul rekonstruiert.[28] Bei *Hoffmann* erscheinen die Automaten als unheimliche Bedrohung, welche jedoch in menschlicher bzw. menschenähnlicher Gestalt erscheint. Dabei werden die Automaten – wie es in der Erzählung »Die Automate« heißt – als »solche Figuren, die dem Menschen nicht sowohl nachgebildet sind, als das Menschliche nachäffen« und »[wahre] Standbilder des lebendigen Todes oder eines toten Lebens« (Hoffmann 1819, 2) beschrieben. Gerade die von der Romantik hochgehaltenen Eigenschaften, wie Kreativität, künstlerisches Schaffen und die Fähigkeit, Gefühle zu empfinden, werden den Automaten bei E.T.A Hoffmann abgesprochen, sodass das Maschinelle zum Gegensatz des Organischen wird.

---

28 Zu einer detaillierten Auseinandersetzung mit Hoffmanns und Pauls Wirken siehe Gendolla (1992).

Am deutlichsten tritt die Mensch-Maschine-Dichotomie wohl in Hoffmanns Novelle »Der Sandmann« zutage. In ihr wird die Geschichte des Studenten und Dichters Nathanel, der sich in die Marionette Olimpia verliebt, erzählt. Nathanel vernachlässigt seine Verlobte Klara und fällt, als er Olimpia schließlich als Puppe erkennt, dem Wahnsinn anheim. Dabei wird während der ganzen Novelle die Automatenhaftigkeit Olimpias betont, ihre Bewegungen werden als »steif«, und ihre Augen als »seltsam starr und tot« beschrieben. Bis auf wenige Seufzer ist sie nicht in der Lage zu sprechen. Die Tatsache, dass sich Nathanel in Olimpia verlieben kann, liegt nicht in Olimpia selbst, sondern in einer Täuschung durch Professor Spalanzi und den Optiker Coppola, den Erbauern Olimpias, begründet. Diese schenken Nathanel ein Fernglas, durch das Olimpia als Schönheit erscheint. Die Menschlichkeit, die Nathanel ihr attestiert, wird also als Projektion entlarvt (vgl. dazu auch Gassen/ Minol 2006, 112-121).

>> Die künstlichen Figuren fungieren als Spiegel mit der besonderen Fähigkeit, das Innere des Menschen zum Vorschein bringen zu können. Die Innerlichkeit benötigt die künstlichen Figuren geradezu, um sich artikulieren zu können. Nur wenn starre ›Augen ohne Sehkraft‹ auf einmal zu leuchten beginnen, enthüllt sich ein ›inneres Sehen‹; an den kindlichen Seufzern der Puppe wird das menschliche Reden bedeutungsvoll. *Das Innere oder sie Seele des Menschen begreift sich selbst erst an seinem äußersten Gegensatz, dem Automaten, der Maschine ohne Seele.* Bei Hoffmann ist das Innere ganz körperlos, eine reine Idee, radikal getrennt von der Materie.« (Gendolla 1992, 147; Hervorh. WR.)

Kern der Hoffmannschen Automatenbeschreibung ist also die Differenz zwischen Mensch und Maschine. *Jean Paul* geht einen anderen Weg und thematisiert vor allem die *Maschinalisierung des Menschen.* Dazu beschreibt er, dass die Menschen durch eine zunehmende Beschäftigung mit den Automaten diesen immer ähnlicher werden. Das Maschinelle erscheint dabei in vielfältiger Gestalt:

>> Als Holzpuppen, Wachsfiguren und Automaten können die künstlichen Wesen den lebendigen frappierend ähnlich werden, können sie Ehefrauen, Tänzer, Schauspieler, Prediger oder Fürsten ersetzen und dabei ein für die Identität der Vorbilder sehr bedrohliches Eigenleben gewinnen.« (Gendolla 1992, 73)

Dabei wird insbesondere das Beherrschen genuin menschlicher Fähigkeiten, wie Sprechen, Musizieren, Dichten etc., durch die Automaten hervorgehoben. In »Der Maschinenmann« beschreibt Jean Paul einen Mann, der fast alle Automaten des 18. Jahrhunderts, insbesondere diejenigen, die menschliche Tätigkeiten reproduzieren, um sich versammelt. »Die Ersetzung aller fünf Sinne durch Maschinen macht den Menschen selbst sprachlos, verdammt ihn zu Apathie, während seine Maschinen musizieren, und seine Puppen Verse machen« (Gendolla 1992, 76). Somit bedrohen die Maschinen die Menschen dadurch, dass sie ihn seiner ihm eigenen Qualitäten berauben (vgl. dazu auch Müller-Funk 1996, 501-503).

In »Menschen sind Maschinen der Engel« spinnt Jean Paul diesen Gedanken weiter, indem er ausführt, die Menschen selbst könnten nur Maschinen einer noch höheren Lebensform, der Engel, sein.

>> Das Verhältnis Engel/Mensch wird mit Mensch/Maschine verdoppelt. [...] Unter Ausnutzung allgemeiner Prinzipien konstruiert der Mensch Maschinen nach seinem Vorbild, Verkörperungen seiner Rationalität. Damit hat er sich selbst gespalten, geistige Prinzipien isoliert und in den Maschinenkörper versetzt, der mit ihnen dirigiert wird. Der Automat als bewegtes Abbild ist nur möglich aufgrund der Spaltung in Geist und Körper, aber nun ist auch der menschliche Körper nur *eine* mögliche Gestalt des abstrakt gewordenen Geistes.« (Gendolla 1992, 94)

Was E.T.A. Hoffmann und Jean Paul gemeinsam ist, ist die Tatsache, dass Automaten vor allem als *künstliche Menschen* in Erscheinung treten, der Diskurs um Mechanisierung also um das Attribut der *Menschenähnlichkeit* aufgeladen wird. Von einer simplen Maschine werden die Automaten zu einer Parallelschöpfung, die sich der Frage stellen muss, ob sich hinter ihrem menschlichen Äußeren auch die Fähigkeit verbirgt, Gefühle zu empfinden.

3.2.2 Der Roboter als menschenähnlicher Diener

Der Begriff »Roboter« wurde von Karel Capek in seinem Theaterstück R.U.R. (Rossums Universal Robots – Čapek 1921) geprägt. Der Begriff wurde schnell in den Alltagsgebrauch vieler Sprachen übernommen und ersetzte den Automaten. Capeks Roboter sind von Anfang an als menschenähnlich konzipiert, ein *robota* (so der tschechische Originalausduck) ist ein künstlicher Mensch, der echten Menschen körperliche Arbeit abnehmen soll. Die in R.U.R. erzählte Entstehungsgeschichte der Roboter, welche vom Leiter der Roboterfabrik Domin seiner Kundin Helena offenbart wird, ist die Geschichte einer Vereinfachung des Menschen:

>> Well, any one who has looked into human anatomy will have seen at once that man is too complicated, and that a good engineer could make him more simply. So young Rossum began to overhaul anatomy and tried to see what could be left out or simplified.« (Čapek 1921, 5)

Der junge Rossum, der hier angesprochen wird, ist Firmengründer und Erfinder der Roboter. Sein Name ist schon ein Hinweis auf die Beziehung zwischen Mensch und Roboter. »Das tschechische Wort *rozum* bedeutet Vernunft, Verstand« (Guldin 2009, 5) und so ist auch klar, was Rossum für überflüssig hält. Es sind Gefühle, Kreativität, Musikalität – kurzum: jene Eigenschaften, die in der Romantik als typisch menschlich klassifiziert wurden, und so fehlt den Robotern auch eine Seele: »[T]he Robots are not people. Mechanically they are more perfect than we are, but they have no soul« (Čapek 1921, 6). Aufgrund dieser Seelenlosigkeit sind Rossums Geschöpfe auch von Beginn an als »worker«, als Diener, konzipiert:

》 But a working machine must not play the piano, must not feel happy, must
not do a whole lot of other things. […] to manufacture *artificial workers*
is the same thing as to manufacture gasoline motors. The process must
be the simplest, and the product the best, from a practical point of view.«
(Čapek 1921, 6, hervorh. WR.)

Diese dienende Funktion ist schon etymologisch in den Roboter eingeschrieben. Das
tschechische *Robota* bedeutet übersetzt »Diener«. In der Science-Fiction-Literatur
erlangen Roboter vor allem durch die Robotergeschichten Isaac Asimovs hohe Popularität. Die von ihm formulierten Robotergesetze dienen heute noch als Referenz-
punkt in vielen SF-Geschichten und -Filmen. Sie lauten:

1. Ein Roboter darf kein menschliches Wesen (wissentlich) verletzen oder durch
   Untätigkeit gestatten, dass einem menschlichen Wesen (wissentlich) Schaden
   zugefügt wird.
2. Ein Roboter muss den ihm von einem Menschen gegebenen Befehlen gehorchen – es sei denn, ein solcher Befehl würde mit Regel eins kollidieren.
3. Ein Roboter muss seine Existenz beschützen, solange dieser Schutz nicht mit
   Regel eins oder zwei kollidiert.

In einer späteren Geschichte Asimovs wird ein nulltes Gesetz hinzugefügt, welches
den Roboter zum Schutz der gesamten Menschheit verpflichtet. Insbesondere im
zweiten Gesetz tritt die dienende Funktion des Roboters hervor.

Die diskursive Definition des Roboters als menschähnlicher Diener hat bis
heute Bestand und ist unlängst in die technisch-geprägte Ingenieurwissenschaft
eingedrungen. So gibt es durchaus Ansätze immer menschenähnlichere Roboter
zu bauen (siehe dazu Bar-Cohen/Hanson 2009), auch wenn dies vom technischen
Standpunkt her vielleicht nicht notwendig erscheint. Technooptimisten nehmen
dabei sogar an, dass sich die Unterschiede zwischen Mensch und Roboter soweit
egalisieren werden, dass beide »Spezies« miteinander verschmelzen werden. Ray
Kurzweil spricht von einem »Homo s@piens« (Kurzweil 2000), Peter Menzel und
Faith D´Aluisio nennen die Verschmelzung zwischen Roboter und Mensch »robo
sapiens« (Menzel/D´Aluisio 2000). Ich werde gegen Ende der Arbeit noch einmal
auf Kurzweils Visionen zurückkommen. In diesen Verschmelzungsfantasien beginnt
der Roboter-Diskurs sich dem des Cyborgs anzunähern.

3.3 Roboter, Androiden, Cyborgs

Um Unklarheiten zu vermeiden möchte ich in dieser Arbeit eine begriffliche Un-
schärfe vermeiden, die in vielen SF-Filmen (z.B. TERMINATOR) leider häufiger
vorkommt, und den Cyborg vom Roboter unterscheiden. Beide Techniken sind m.E.
sowohl in ihrer technischen Basis als auch auf der Ebene des Diskurses, der sie
begleitet, als eigenständige Phänomene zu betrachten.

Im SF-Film hat sich folgende Nomenklatur als Standard herauskristallisiert: Ein *Roboter* beschreibt demnach »die denkende Maschine schlechthin« (Hahn/Jansen 1985, 15). Diese Maschine muss dem Menschen nicht ähnlich sehen und kann auch andere Formen annehmen. Als *Androide* wird ein Roboter bezeichnet, der möglichst menschenähnlich gebaut wurde. Diese »künstlichen Menschen« sind »überwiegend aus biologischen und evtl. auch elektronischen/mechanischen Teilen zusammengesetzt« (Hahn/Jansen 1985, 15). Ein *Cyborg* ist »[e]in Hybride aus Mensch und Maschine«, ein Mensch »mit mechanischen/elektronischen Ersatzteilen, die [seinen] biologischen Körper bis auf das Gehirn ersetzten können« (Hahn/Jansen 1985, 15). Diese kybernetischen Organismen sind »im Grunde Menschen mit maschinellen Applikationen« (Höltgen 2009, 1). In Androiden und Cyborgs zeigen sich zwei diametral entgegengesetzte Entwicklungsrichtungen des »Homo Artificialis« (Recht 2002, 3). Während Androiden den Prozess der *Menschenimitation* eines technischen Produkts markieren, wird in der Denkfigur des Cyborgs die *Technisierung des Menschen* thematisch. Beide Entwicklungslinien unterscheiden sich auch durch unterschiedliche Foki, sowohl in der ingenieurwissenschaftlichen als auch in der sozialwissenschaftlichen Diskussion.

3.3.1 Roboter vs. Cyborg aus ingenieurwissenschaftlicher Perspektive

Ingenieurwissenschaftlich betrachtet geht es bei einem Roboter um die intelligente automatische Steuerung einer Maschine. Dabei gewinnt in letzter Zeit die Frage nach der künstlichen Intelligenz an Bedeutung (vgl. dazu auch Kap. 3.1.3). Dass der Robocup zu einem der wichtigsten Wettbewerbe innerhalb der Robotik geworden ist, zeigt, dass weniger die Steuerung von Rädern oder Beinen, sondern vielmehr die intelligente KI-Programmierung mittlerweile die Königsdisziplin der Robotik darstellt. Und auch wenn viele der Roboter, die auf dem Wettbewerb präsentiert werden, keine äußerliche Menschenähnlichkeit aufweisen, so geht es auf der Ebene der Künstlichen Intelligenz doch um eine Nachbildung menschlicher Denkprozesse, wie z.B. der Fähigkeit zur Bilderkennung.

Bei einem Cyborg hingegen geht es um die Erweiterung des menschlichen Körpers, um diesen leistungsfähiger zu machen. Als ingenieurwissenschaftliche Gründungsväter des Cyborg-Gedankens können Manfred Clynes und Nathan Kline angesehen werden, die in ihrem 1960 erschienenen Aufsatz über »Cyborgs and space« die Idee proklamierten, den Menschen zu verbessern, um ihm so eine Eroberung des Weltraums zu ermöglichen. Dabei beschreiben sie ihr Konzept folgendermaßen:

>> What are some of the devices necessary for creating self-regulating man-machine systems? This selfregulation must function without the benefit of consciousness in order to cooperate with the body´s own autonomous homeostatic controls. For the exogenously extended organizational com-

plex functioning as an integrated homeostatic system unconsciously, we propose the term ›Cyborg‹. The Cyborg deliberately incorporates exogenous components extending the self-regulatory control function of the organism in order to adapt it to new environments.« (Clynes/Kline 1960, 27)

Im weiteren Aufsatz thematisieren Clynes und Kline vor allem die physiologischen und psychologischen Probleme, die sich für den erweiterten Menschen ergeben. Der Argumentationsrahmen ist dabei *medizinisch orientiert* und fragt, welche Auswirkungen die im Weltraum herrschenden Bedingungen (z.B. erhöhte Strahlenbelastung, fehlende Schwerkraft) auf den menschlichen Körper haben.

In der Realität bleibt der verbesserte Mensch, der den Weltraum erkundet noch Zukunftsmusik. Die Cyborg-Idee ist heutzutage jedoch relevant, wenn es darum geht, eine Prothese oder ein Implantat zu konstruieren, das sich unproblematisch von dessen Träger steuern lässt. Die Technisierung des Menschen beschränkt sich dabei auf den Ersatz bestimmter Körperteile (Prothesen) oder die Unterstützung von Organen durch Implantate – wie z.B. beim Herzschrittmacher (für weitere Cyborgtechnologien vgl. Recht 2002, 71-83). Technisch gesprochen handelt es sich hierbei vor allem um eine »Schnittstellenproblematik«. Fragen, die beim Roboter eine Rolle spielen, wie z.B. die Frage nach der Autonomie der Maschine oder der Programmierung der Künstlichen Intelligenz spielen beim Cyborg keine Rolle. Dementsprechend wird der medizinisch-ingenieurwissenschaftliche Diskurs über Prothesen- und Implantationsmedizin auch an anderer Stelle geführt, als der Diskurs über die klassische Robotik. Dies rechtfertigt m.E. beide Phänomene als eigenständigen Bereich zu betrachten und den Cyborg nicht unter den Roboter zu subsumieren.

3.3.2 Der Diskurs über Roboter und Cyborgs

Der Diskurs über Roboter thematisiert vor allem die menschenähnlichen Roboter, die Androiden. Dabei steht oftmals eine Angst vor dem Maschinellen im Vordergrund, deren Ursprünge sich bis in die Romantik zurückverfolgen lassen (vgl. ausführlich dazu Kap. 3.2). Im Zentrum dieses Diskurses steht die Frage, wie weit eine *Imitation des Menschen* möglich ist und welche Funktion Roboter in der Gesellschaft einnehmen. Auch wenn die Roboter als Diener klassifiziert werden, agieren sie mit den Menschen, sodass es m.E. gerechtfertigt ist, von einem *cum-humanismus* zu sprechen.

Der Diskurs um den Cyborg setzt hier andere Schwerpunkte. Ein Schwerpunkt ist die Frage nach dem, was den Menschen ausmacht und wie man »Mensch sein« definieren kann. Ein weiterer Schwerpunkt wird unter dem Schlagwort *transhumanismus* zusammengefasst. Hier geht es nicht um ein Miteinander von Cyborg und Mensch, sondern vielmehr um eine Überwindung der menschlichen Schwächen durch Technologie. Es würde den Rahmen dieser Arbeit sprengen, hier die Tragweite des Cyborg-Diskurses aufzuzeigen, daher nur ein paar kursorische Einblicke:

Bei der ersten Position gerät oft die Frage ins Blickfeld, wie weit die Technisierung des Menschen gehen darf, bis dieser nicht mehr als Mensch bezeichnet werden kann. Donna Harraway führt hierzu aus, dass wir aufgrund einer steigenden Anzahl technischer Gimmicks schon längst alle Cyborgs seien und lädt die Denkfigur feministisch auf (Harraway 1991). Stefanie Wenner zeigt in einem Artikel zur Genealogie des Cyborgs auf, dass dieser von je her ein Denkfigur gewesen sei und die Grenze zwischen Mensch und Nicht-Mensch ausgelotet habe. Erst in der Figur der Mensch-Tier-Chimäre, nun in der Figur des Mensch-Maschinen-Wesens (Wenner 2002).

Vertreter des *Post-* bzw. *Transhumanismus* wollen die Schwächen des Menschen durch neue Technologien überwinden:

» Transhumanisten verschiedener Art teilen eine zentrale Vision. Wie der Begriff nahelegt, antizipieren Transhumanisten unsere Zukunft als posthumane Wesen und passen dementsprechend ihre Sicht ihres Lebens daran an. Sie sehen eine Zukunft radikaler körperlicher, psychischer und sozialer Veränderungen voraus.« (Moore 1996)

Dabei spielt auch Roboter-Technologie eine Rolle. So verbindet z.B. Ray Kurzweil die Entwicklung der KI mit der Hoffnung auf Unsterblichkeit (Kurzweil 2000). Es gibt verschiedene Schulen des Trans-Humanismus, die hier nicht ausführlich gewürdigt werden können. Für eine Einführung in die Thematik verweise ich daher auf eine historische Rekonstruktion der Bewegung durch Nick Bostrom (Bostrom 2005).

Zwischen der Thematik des Cyborgs und der des Roboters besteht sicherlich eine Verwandtschaft, insbesondere weil viele der Robotik entstammenden Technologien transhumanistische Träume erst möglich machen. Rein analytisch lassen sich beide Phänomene jedoch trennen – auch wenn die Trennung nur darin bestehen mag, wie weit die Technologie in den menschlichen Körper eintritt bzw. diesen ersetzt.

3.4 Die »Alltäglich-Werdung« von Robotern

Heutzutage dringen Roboter in immer mehr Bereiche des alltäglichen Lebens ein und sind auch im Diskurs der Tages- und Wochenzeitungen und Technologiezeitschriften präsent. Diesen Diskurs vollständig zu rekonstruieren würde den Rahmen dieser Arbeit sprengen, der Tenor ist jedoch eindeutig: Roboter dringen in immer mehr Gebiete ein, die früher als rein menschliche Domäne betrachtet wurden.[29]

---

29 Um eine Übersicht über die Thematisierung des Roboters in Zeitungen und Technologiemagazinen zu ermöglichen habe ich während der Arbeit an dieser Studie online publizierte Artikel via Diigo (.com) gesammelt. Diese Linksammlung ist unter http://www.diigo.com/user/w_ruge/roboter abrufbar und dokumentiert die Breite des populären Diskurses.

So wurde auf dem Robocup 2010 der Haushaltsroboter NimbRo vorgestellt, welcher selbstständig einen Kühlschrank öffnen, eine Dose herausnehmen und den Kühlschrank wieder schließen konnte. Auch die Aufgabe »Einkaufen im Supermarkt« meisterte der Roboter (Zu einem Überblick über die Leistungen der Haushaltsroboter auf dem Robocup 2010 vgl. Marsiske 2010b). Diese auf den ersten Blick banalen Handlungen verleiten Hans-Arthur Marsiske zu der Annahme, dass wir ein »Jahrzehnt der Humanoiden« erleben werden, weil »[k]omplexe Bewegungen des gesamten Körpers auch bei humanoiden Robotern in Reichweite« erscheinen: »Im Lauf der kommenden zehn Jahre dürften Ober- und Unterkörper der Kunstmenschen so weit zusammenwachsen, dass sich ihnen ganz neue Handlungsmöglichkeiten erschließen« (Marsiske 2010a).

Außer NimbRo lassen sich viele weitere Beispiele für Service- und persönliche Roboter finden, die in alltägliche Lebensbereiche vordringen. So wird z.b. der *Einsatz von Robotern in der Altenpflege* in den letzten Jahren immer stärker thematisiert. Vorreiter ist dabei wieder einmal das technikaffine Japan. In Deutschland ist die Skepsis stärker (zum Einsatz von Robotern in der Altenpflege vgl. z.b. Handelsblatt 2001; Stepanek 2006; Probol 2008; Vatter 2010). Der in Deutschland wohl bekannteste Roboter in diesem Segment ist wohl der vom Fraunhofer-Institut für Produktionstechnik und Automatisierung (Fraunhofer IPA) entwickelte *Care-O-Bot.*

Beim Care-O-Bot handelt es sich um einen persönlichen Roboter, der ein vielfältiges Aufgabenprofil meistern muss. Zu den Aufgaben des Care-O-Bots gehören z.b.: (1) Aufgaben im Haushalt wie das Holen von Objekten (Medizin, Bücher), das Servieren von Mahlzeiten und Getränken, Unterstützung bei der Kontrolle der technischen Infrastruktur; (2) Hilfe bei der Mobilität als intelligente »Walking-Aid« und (3) Unterstützung bei Kommunikation und sozialer Integration wozu u.a. das Bereitstellen eines Tagesplans oder die Überwachung der Vitalfunktion mit eventuellem Notruf gehören (vgl. Hans et al. 2002,1). 1998 wurde der erste Prototyp gebaut. Die zweite Generation lief 2002 vom Laufband. Seit 2008 wird die dritte Generation produziert (vgl. Graf et al. 2009, 1).

Dabei wurde bei der aktuellen Generation große Aufmerksamkeit auf die Mensch-Maschine-Interaktion gelegt, was sich im Konzept zweier Seiten des Roboters niederschlägt, die unterschiedliche Aufgaben haben:

>> The basic concept developed was to define two sides of the robot: One side is called the ›working side‹ and is located at the back of the robot away from the user. This is where all technical devices like manipulators and sensors which can not be hidden and need direct access to the environment are mounted. The other side is called the ›serving side‹ which is where all physical human-robot interaction takes place. The concept behind using the tray to interact with the user is to reduce possible users´ fears of mechanical parts by having smooth surfaces and a likable appearance.« (Graf et al. 2009, 2)

Was sich hier beispielhaft am Care-O-Bot illustrieren lässt, ist die Tatsache, dass Roboter nicht nur in immer mehr Einsatzgebiete vordringen, sondern dass sie innerhalb dieser auch von technischen Laien bedient werden müssen. Somit ist die Mensch-Maschine-Interaktion ein wichtiges Feld in der aktuellen Roboter-Diskussion. Ein aktuelles Thema in diesem Kontext sind sprechende Roboter (vgl. z.b. WELT online 2010; speziell für den Care-O-Bot II: Amann 2006).

Die Aufzählung der Arbeitsbereiche ist mit dem Bereich der Haushaltsroboter und dem persönlichen Robotern zur Altenpflege natürlich nicht vollständig. Es ließen sich z.b. noch Gartenroboter (Schramm 2010) oder Roboter als Patientendummies in der Notfallmedizin (Frank 2009) nennen. Und sogar in intimste Bereiche dringen die Roboter mittlerweile vor, indem sie z.b. als Sexroboter eingesetzt werden (als aktuelles Beispiel: Rötzer 2011), wobei sogar schon die »Liebe« zu Robotern diskutiert wird (Levy 2008).

Als Beleg für die These der »Alltäglich-Werdung« von Robotern sind die Beispiele m.E. jedoch ausreichend. Für einen relativ aktuellen Überblick über die vielfältigen robotischen Einsatzgebiete verweise ich auf die Einführung Daniel Ichbiahs (Ichbiah 2005, 112-491).

3.5 Bildungstheoretische Relevanz

Zum Abschuss dieses Kapitels möchte ich kurz skizzieren, warum ich gerade die Robotertechnologie ausgewählt habe, um exemplarisch an ihrer filmischen Inszenierung das Verhältnis zwischen Mensch und Technik zu untersuchen. Meines Erachtens sprechen drei Argumente für eine genauere Untersuchung der Roboter.

Das erste Argument ist ihre *Aktualität* und ihre immer stärker werdende Präsenz im Alltag, die ich schon in Kap. 3.4 dargelegt habe. Eine hohe Anzahl an Zeitungsartikeln über Roboter zeigt, dass diese längst nicht mehr nur in industrieller Fertigung oder in der Raumfahrt zum Einsatz kommen, sondern kurz davor stehen, ein ubiquitäres Element unseres Alltags zu werden. Dass gerade in dem höchst sensiblen Bereich der Altenpflege ein Einsatz von Robotern diskutiert wird, ist m.E. nicht nur dem Kostendruck im Gesundheitswesen geschuldet, sondern auch ein Anzeichen dafür, dass die »Interaktion« mit dem technischen Artefakt Roboter als Normalität hingenommen wird.

Mein zweites Argument für die Beschäftigung mit Robotern ist ihre *Menschennähe*. Diese Nähe ist dabei in zweierlei Hinsicht zu denken. Zum einen werden Roboter auf der Ebene des Diskurses, der sie umrankt, als *Parallelschöpfung* des Menschen thematisiert, wobei ihnen eine hohe Menschenähnlichkeit attestiert wird. Die Idee des Roboters ist, dass dieser dem Menschen nachempfunden wird. Auch in der Ingenieurwissenschaft sind immer mehr Versuche zu beobachten, Roboter menschenähnlicher zu machen. Zum anderen zeigt gerade das hier oftmals als Beispiel genannte Feld der Altenpflege, dass Roboter oftmals in Gebieten eingesetzt werden, in denen sie rein räumlich-körperlich nah am Menschen sind. Sie sind somit *Interaktionspartner*, die uns nahe stehen.

Als drittes Argument möchte ich die *schnelle Entwicklung* der Robotertechnologie ins Feld führen. Die dem Roboter zugrundeliegende Computertechnologie hat in den letzten Jahrzehnten rasante Fortschritte gemacht – was *in* einem Roboter steckt hat sich also im Laufe der Jahre verändert. Hier ist nun die Frage interessant, ob sich in den Filmen eine Reaktion auf diese Veränderung finden lässt oder ob die Veränderungen Reaktionen auf gesellschaftliche Träume und Wünsche sind, die sich in den Filmen ja auch artikulieren müssten. Wegen der schnellen Entwicklung seiner Technologie, bietet der Roboter das Potenzial, in relativer kurzer Zeit eine Aussage über das Verhältnis zwischen der Eigendynamik technischer Entwicklung und ihrer gesellschaftlichen Prägung zu treffen.

Die hohe aktuelle Virulenz der Robotertechnologie wie ihre Menschennähe, bieten das Potenzial, Eigenschaften, Werte und Normen, die genuin dem Menschen zugeordnet werden, zu überdenken. Lässt sich in den Roboterfilmen dieses und des letzten Jahrhunderts die romantische Angst vor dem Automaten wiederfinden? Oder wird die Technologie überwiegend positiv inszeniert? Ändert sich aufgrund neuer technologischer Entwicklungen das im Film artikulierte Verhältnis zum Roboter oder bleibt sein Status als Diener der Menschheit unberührt? Diese und weitere Fragen sollen in den folgenden Kapiteln beantwortet werden. Kurzum: Was ändert sich an der Darstellung der Roboter im Science-Fiction-Film?

Abschnitt 2: Studie

4 Forschungstand

Der Forschungsstand zu Darstellung von Robotern im SF-Film ist relativ schnell beschrieben. Das umfangsreichste deutschsprachige Kompendium zur Science Fiction (Science Fiction – Grundlagen des populären Films), welches von Georg Seeßlen und Fernand Jung herausgegeben wurde, würdigt die verschiedenen Epochen der Filmgruppe. Dabei werden auch jeweils die Roboterfilme angesprochen, deren Geschichten von den Autoren letztlich auf drei Grundmotive zurückgeführt werden:

1. Der Roboter als *Parallelschöpfung des Menschen*. Die Leitfrage dieses Motivs ist, die »Schwierigkeit der Verständigung des Menschen mit seinem Ebenbild und eine mögliche Koexistenz« (Seeßlen/Jung 2003, 39). Diese Diskurslinie habe ich im Laufe der Arbeit schon als *cum-humanismus* bezeichnet.

2. Der *Roboter als Gefahr*. Diese Gefahr kann einerseits in der Übernahme der Macht durch die Maschinen bestehen, andererseits aber auch als schleichende Ersetzung des Menschen durch immer menschlichere Maschinen thematisiert werden (vgl. Seeßlen/Jung 2003, 39).

3. Der *Roboter als Außenseiter* und somit als Symbol »der Ohnmacht gegenüber der Brutalität menschlicher Gesellschaften« (Seeßlen/Jung 2003, 39-40). Dieses Motiv ist auch bei psi-begabten Mutanten anzutreffen.

Seeßlen und Jung weisen selbst darauf hin, dass mit diesen drei Themen die thematischen Vorräte der SF nicht aufgebraucht seien, aber »sich die meisten anderen Themen auf eines dieser Grundprobleme zurückführen« lassen oder sich als Weiterentwicklungen erweisen (Seeßlen/Jung 2003, 40-41). Für das Motiv der Parallelschöpfung diagnostizieren die Autoren Ende der 1990er-Jahre eine Verlagerung in den Themenkomplex der Gentechnik.

Die in den folgenden Kapiteln gemachten Ausführungen der Autoren, in denen die Filme unter die 3 Grundmotive subsumiert werden, zeigen eine große Kenntnis des Feldes, sind aber leider sehr oberflächlich, was wohl dem Charakter des Bandes als Einführung geschuldet ist. Die Interpretation der Filme verbleibt auf der Ebene der Handlung und oftmals wird ein Film nur mit einer Inhaltsangabe gewürdigt, ohne dass auf filmsprachliche Aspekte eingegangen wird. Auch zeigt die Kategorisierung m.E. schon sehr früh ihre Schwächen. Die Roboter der 1950er-Jahren werden als Nebenaspekt andere Themenkomplexe behandelt, sodass z.B. Gort aus Der Tag an dem die Erde stillstand (The Day the Earth Stood Still. USA, 1951, Robert Wise) nur als Bestandteil einer »friedlichen Invasion« gesehen wird.

Etwas detaillierter erfolgt die Auseinandersetzung mit Robotern in J.P. Telottes »Replications« (Telotte 1995). In einer als Buch zusammengefassten Sammlung eigener Aufsätze schreibt Telotte eine »robotic history« des Science-Fiction-Films. Der analytische Fokus ist jedoch auf die Thematik der Menschenähnlichkeit gelegt, sodass auch Frankenstein-Verfilmungen unter die Roboterthematik subsumiert werden. Zentral ist für Telotte somit unsere »imaginierte Menschlichkeit«:

》 Throughout that cultural history, this image, in various permutations, has continually been evoked as way of crystallizing, assessing, and resolving issues, especially those touching on our human nature, that trouble us.« (Telotte 1995, 29)

Dabei attestiert er, das Kino sei in dieser Entwicklung ein »Latecomer« und folge einer langen Tradition des »imaging of self« (Telotte 1995, 31), in der wesentliche Fragen des menschlichen Seins thematisiert würden. Eine zentrale Kategorie ist für Telotte die Thematisierung des Körpers. Als Theoriefolie zur Erklärung der Entwicklung im SF-Film wählt er Baudrillards Gedankengang der Hyperrealität und deutet so den Roboter zu einer *simulierten Menschlichkeit* um. Auch Telotte verbleibt meistens bei einer rein inhaltlichen Interpretation der Filme, sodass auch bei ihm die Frage nach dem *was* dargestellt, wichtiger erscheint, als danach *wie* es dargestellt wird.

Wenn man von der Subsumption der 50er-Jahre-Roboter unter andere Themenkomplexe einmal absieht, zeigen Seeßlen/Jung und Telotte in ihrer historischen Ordnung wichtiger Meilensteine. So werden die 1950er, 1970er, 1980er und die 1990er als Zeiten der »Entwicklungssprünge« markiert – eine Einteilung, die sich im Lauf dieser Arbeit durchaus bestätigen wird.

Auch Stefan Höltgen (Höltgen 2009) gibt in einem Telepolis-Artikel einen thematischen Überblick über die Robotergeschichten im SF-Film. Dabei betrachtet er Roboter als Computer mit Körper, was dem Forschungskontext des Artikels geschuldet ist, der sich der Akzeptanz des Computers in der Gesellschaft widmet. Die Filme von 1970 bis in die 1990er-Jahre untersuchend, kristallisieren sich für Höltgen drei Motive heraus: Der Roboter als Freund, der Roboter als Feind, und der Roboter als Sexobjekt. Innerhalb des ersten Motivs entdeckt er einen historischen Wandel vom Diener zur Person, der sich durch diese Arbeit bestätigen und genauer beschreiben lässt. Höltgen streift einzelne Filme nur kursorisch und konzentriert sich jeweils nur auf einen Aspekt der Darstellung, sodass der Artikel an der Oberfläche der Filme bleibt.

Wenn man von diesen beiden Übersichtswerken absieht, finden sich Untersuchungen zur Roboterdarstellung im Film nur in Form von Einzelanalysen und meistens dem Format einer Abschlussarbeit entsprechend. So untersucht Marcus Recht in seiner Magisterarbeit (Recht 2002), die Darstellung künstlicher Lebewesen in der Star Trek – Serie und betrachtet dabei sowohl Androiden (am Beispiel Data) und Cyborgs (Seven of Nine). Im Zentrum seiner Untersuchung stehen die Fragen nach Bewusstsein und Emotionalität, womit auch hier der Roboter in den Menschenähnlichkeits-Diskurs eingeordnet wird. Die Frage nach dem Bewusstsein thematisiert Recht dabei mit der Theoriefolie des postbiotischen Bewusstseins, die ich mir in dieser Arbeit auch zu Eigen mache. Auch in dieser Arbeit verbleibt die Analyse leider auf einer inhaltlichen Ebene. Data steht ebenfalls im Zentrum eines

Artikels von Klemens Hippel, in welchem sich der Autor die Frage stellt, warum der Android eine der beliebtesten Figuren des Star Trek – Universums ist. Er kommt dabei zu dem Schluss, dass Datas zentrale Aufgabe darin besteht einen Diskurs über Emotionen zu führen:

>> Was Star Trek unter Emotionen versteht, ist also etwas, was einer Figur unwillkürlich zustößt, was ihr die kognitive Kontrolle raubt. Ein innerer Gefühlszustand, der sprachlich nicht greifbar ist und von dem Data eben behauptet, daß er ihn nicht habe. Gefühle zu haben bedeutet für ihn einen Ausbruch aus seinem von den Schaltkreisen festgelegten, vorhersagbarem Verhalten. Sie stehen für ›Intuition‹, ›Kreativität‹, ›Spontaneität‹ – den Einfluß eines irrationalen Moments auf das eigene Verhalten. Wenn man dem folgt, dann kann man Data als eine Figur verstehen, die das Konzept von Emotionalität in Star Trek exemplifiziert.« (Hippel 1999, 86-87)

In der Literaturwissenschaft findet sich eine Beschäftigung mit dem künstlichen Menschen vor allem in der Beschäftigung mit dem Automatenmotiv in der Romantik (vgl. dazu Kap. 3.2.1). Die neuere Science Fiction wird von Thomas Kölsch (Kölsch 2009) in seiner Dissertation über den »Homo Plasticator« untersucht. Auch hier wird der Roboter auf seine Rolle als künstlicher Mensch reduziert. Kölsch verfolgt dabei das Ziel, zu rekonstruieren, welche Spuren antike Mythen in der SF hinterlassen, und kommt zu dem Schluss, dass sich die Motivlinien des Prometheus´ (Der künstliche Mensch als Schöpfung des Menschen), der künstlichen Frau (z.B. Pygmalion, der sich in seine künstliche Statue Galatea verliebt) und des Golems (künstliche Menschen als Diener) über die Jahrhunderte kontinuierlich durch die Literaturgeschichte ziehen. Die Erkenntnis seiner Arbeit ist, dass der Mythos des künstlichen Menschen nach wie vor lebendig ist.

Was die vorhandene Forschungsliteratur eint, ist die Reduktion der Roboterthematik auf die Motivlinie des künstlichen Menschen. Diese Reduktion wird a priori festgesetzt und ist kein Ergebnis der Untersuchungen.

Leider wird in den vorgestellten Untersuchungen keine genaue Analyse der Filmsprache des Films vorgenommen. Aus der Perspektive struktualer Medienbildung besteht in diesem Feld also noch Nachholbedarf, den ich mit dieser Arbeit einlösen möchte.

5 Methodik

Als grundlegende Methode kommt in dieser Arbeit eine Kombination aus *neoformalistischer Filmanalyse* und dem der Grounded Theory entlehnten Konzept des *offenen Kodierens* zum Einsatz. Ich werde die beiden Methoden zunächst kurz vorstellen und anschließend die von mir vorgenommene Verschränkung näher beschreiben.

5.1 Neoformalistische Filmanalyse

Grundannahmen

Zur Analyse der einzelnen Filme bediene ich mich des Repertoires der neoformalistischen Filmanalyse nach David Bordwell und Kristin Thompson (Bordwell/Thompson 2006). Ziel dieses Modells ist es anhand der formalen Eigenschaften eines Films zu rekonstruieren, wie es dem Zuschauer gelingt, Sinn (Meaning) aus dem auf der Leinwand Gesehenem zu generieren.

Die Basis für diese Rekonstruktion stellt eine Dichotomie zwischen Plot und Story dar. Der Plot meint dabei »everything visibly and audibly present in the film before us« und »includes, first, all the story devents that are directly depicted« (Bordwell/Thompson 2006, 76). Die Story wird auf Basis der dem Plot entnommenen Hinweise (Cues) vom Rezipienten in einem *aktiven* Sinngenerierungsprozess hergestellt. Sinn ist somit nicht dem Film immanent, sondern wird durch den Zuschauer *konstruiert*. Da »die Filmwahrnehmung vorrangig in nichtbewußten, vorbewußten und bewußten Aktivitäten besteht« (Thompson 1995, 48), ist die Konstruktion möglicher Lesarten durch die formalen Eigenschaften des Films beschränkt:

>> Comprehending and interpreting a literary text, a painting, a play, or a film constitutes an activity in which the perceiver plays a central role. The text is inert until a reader or listener or spectator does something to and with it. Moreover, in any act of perception the effects are ›underdetermined‹ by the data: what E. H. Gombrich calls ›the beholder´s share‹ consists in selecting and structuring the perceptual field. Understanding is mediated by transformative acts, both ›bottom up‹ – mandatory, automatic psychological processes – and ›top down‹ – conceptual strategic ones. The sensory data of the film at hand furnish the materials out of which inferential processes of perception and cognition build meanings. Meaning are not found but made.« (Bordwell 1991, 2-3)

Auch wenn die Rhetorik des Neoformalismus eine aktive Filmrezeption durch den Rezipienten postuliert, bleibt dieser methodisch nur als hypothetische Entität fassbar:

» Tatsächlich läßt sich der Zuschauer als eine hypothetische Entität fassen, die auf der Basis von automatischen perzeptiven Prozessen und seiner Erfahrung aktiv mit cues in einem Film umgeht. Da durch die Einwirkung historischer Kontexte die Rezeptionsvorgänge intersubjektiv werden, kann man Filme analysieren, ohne auf Subjektivität zu rekurrieren.« (Thompson 1995, 48)

Auch wenn der Zuschauer durch die Analyse der Cues nur mittelbar fassbar wird, liegt dem Neoformalismus letztendlich eine konstruktivistische Lerntheorie zugrunde, wodurch eine epistemologische Eintracht zur strukturalen Bildungstheorie besteht.[30]

Um die Sinngenerierung des Zuschauers nachzuvollziehen, wird der Film in seiner formalen Struktur beschrieben. Dabei wird zunächst damit begonnen, dass narrative System des Films zu verstehen (Film-Form), um anschließend zu ergründen, *wie* durch den Einsatz filmsprachlicher Mittel (Film-Style), die Story erzählt wird. Der Filmstyle ist dabei analytisch in die Bereiche »Mise-en-scène«, »Cinematography«, »Editing« und »Sound« unterteilt. Unter *Mise-en-scène* wird dabei alles verstanden, was *vor* der Kamera passiert: die Gestaltung des Filmsettings, seine Beleuchtung, die Kostümierung der Schauspieler, ihr Acting und ihre Bewegung vor der Kamera. In der *Kinematographie* wird beschrieben, wie *mit* der Kamera umgegangen wird. Die Größe der Einstellungen, die Wahl des Bildausschnitts und der Perspektive und die Einstellung der Tiefenschärfe. Das Zusammenführen der einzelnen Sequenzen wird unter dem Begriffen *Editing* oder *Montage* gefasst. Es geht folglich um die Relation eines Shots zum nächsten, womit auf der Mikroebene Fragen nach der Dauer der Einstellung oder dem einhalten des Continuity-Systems eine Rolle spielen. Auf der Makroebene erfüllt die Montage z.B. den Zweck, das Nebeneinander zweier Handlungsebenen, z.B. via Cross-Cutting, zu ermöglichen. Beim *Sound* wird die Tonspur des Films analysiert, wobei nicht nur die Filmmusik im engeren Sinne, sondern auch die eingesetzten Geräusche betrachtet bzw. erhört werden.

---

30 Die (wahrnehmungs-)psychochologischen Grundlagen der neoformalistischen Filmtheorie werden von David Bordwell in »a case for cognitivism« (Bordwell 1989) expliziert. In dem Artikel fordert Bordwell eine kognitive Herangehensweise an den Film und ist vor allem darum bemüht, seinen Anspruch von den zu der Zeit vorherrschenden Modellen abzugrenzen, denen Bordwell vorwirft, eigene ideologische Gehalte über den Film zu stülpen.

Diegese, Handlung, filmisches Universum

Im Zentrum der neoformalistischen Filmtheorie steht die Rekonstruktion der Handlung. Der Fokus liegt somit auf den Fragen: *Was* passiert und *wie* wird es dargestellt. In Anbetracht der Tatsache, dass SF-Filme immer alternative Universen thematisieren, erscheint es mir notwendig den Fokus etwas zu verschieben und auch die Frage *wo* etwas passiert zu beleuchten. Dazu greife ich auf die Konzeption der Diegese nach Etienne Souriau zurück. Dieser entwirft ein komplexes Formular einer »Filmologie«, welches sich durchaus in Termini der neoformalistischen Filmtheorie übersetzen lässt und überwiegend mit dieser kompatibel ist. Es wäre an dieser Stelle nicht zielführend, die souriausche Terminologie en detail zu erläutern, weshalb ich mich auf den für diese Arbeit relevanten Aspekt der Diegese beschränken werde.

Neoformalistische Filmanalytiker wie David Bordwell und Kristin Thompson fokussieren in der Story die »Handlung« eines Filmes, was sich auch in der Einteilung von Filmen in Narrationsschemata zeigt. Die Diegese im Sinne Souriaus ist umfassender gedacht:

>> Der Begriff bezieht sich also auf die imaginäre Welt des Dargestellten als einer Art mentaler Rekonstruktion. Damit weist er eine gewisse Ähnlichkeit mit dem formalistisch/neoformalistischen Konzept der *fabula*[31] auf, ist aber insoweit umfassender, als er nicht nur die Handlung als ›chronologische Kausalkeue [sic!] von Ereignissen mit einer bestimmten Dauer innerhalb eines räumlichen Feldes‹ (Bordwell 1985,49) in sich einschließt, sondern auch die möglichen Qualitäten der erzählten Welt.« (Kessler 1997, 137)

Die Verwendung des Begriffs »diegetic« geschieht bei Bordwell und Thompson durchaus im Sinne Souriaus. Jedoch wird sie in der neoformalistischen Filmtheorie in den Dienst narrativer Logik gestellt. Souriau betont dagegen das Potenzial des Films eine eigene Welt zu schaffen und führt dazu den Begriff des filmischen Universums ein:

>> Doch was ist ein filmisches Universum? Unter einem Universum versteht man eine Gesamtheit von Wesen, Dingen, Tatsachen, Ereignissen, Phänomenen und Inhalten in einem raum-zeitlichen Rahmen. Sowie wir also dem filmischen Raum und der filmischen Zeit bestimmte Eigenschaften zuschreiben, postulieren wir auch den Begriff eines filmischen Universums.« (Souriau 1997, 141)

Die Unterscheidung zwischen Handlung/Story und Diegese wird von Genette expliziert:

>> Die Diegese in dem Sinne, wie Souriau diesen Ausdruck 1948 im kinematographischen Kontext eingeführt hat [...], ist eher ein ganzes Universum als eine Verknüpfung von Handlungen (Geschichte): Die Diegese ist

---

31 Fabula ist ein Synonym für Plot, welches insbesondere in den frühen Texten David Bordwells Verwendung findet.

mithin nicht die Geschichte, sondern das Universum, in dem sie spielt.«
(Genett 1998, 201; zit. n. Kessler 2007, 11)
Die hier vorgenommene Unterscheidung steht in keinem Gegensatz zur neoformalistischen Filmtheorie. Sie verschiebt lediglich den Fokus der Aufmerksamkeit.
Wenn ich hier auf Souriaus Begrifflichkeit rekurriere, möchte ich vor allem die Konstruktion eines filmischen Universums hervorheben, welches sich abgelöst von der
in ihm spielenden Handlung betrachten lässt.

5.2 Grounded Theory

Anspruch

Der Forschungsstil der Grounded Theory wurde Ende der 1960er-Jahre von Anselm Strauss und Barney Glaser begründet. Es besteht insofern eine programma-
tische Eintracht mit dem Neoformalismus als Strauss und Glaser große Theorien
ablehnen,[32] wenngleich sie natürlich aufgrund des abweichenden disziplinären Kon-
textes andere Gegner benennen.

In der Grounded Theory wird der Anspruch formuliert, *im empirischen Material
begründete* Theorien zu erstellen. Dabei wird angenommen, dass sich die Qualität
einer Theorie durch den Prozess ihrer Generierung begründet, weshalb der Begriff
Grounded Theory sowohl für die dem Forschungsprozess zugrundeliegende Metho-
dologie als auch für die entstandene Theorie verwendet wird: »The grounded theory
approach is a qualitative research *method* that uses a *systematic* set of *procedures*
to *develop* an inductively derived grounded *theory* about a *phenomenon*« (Strauss/
Corbin 1990, 24).

Dass in der Zeit der Entstehung der Grounded Theory überwiegend textuelles
Material als Datengrundlage diente und sich die entwickelte Analysemethode an
diesen Anforderungen orientiert, schlägt sich auch im verwendeten Vokabular der
Vertreter dieses Forschungsstils nieder. Ich werde die Eignung für die Auswertung
audiovisuellen Materials im folgenden Unterkapitel diskutieren.

---

32 So schreiben Glaser und Strauss in ihrem Band über die »Entdeckung der Grounded Theory«, die
   meisten soziologischen Institute hätten sich auf die Verifizierung logisch-deduktiver »Großer Theorien« versteift und würden dadurch zu »bloße[n] Ruhestätten der Theorien der ›Großen Männer‹«,
   welche sie »mit solch seiner charismatischen Endgültigkeit« lehrten, dass die »Studenten ihnen nur
   selten widerstehen könnten« (Glaser/Strauss 1998, 19). Auf diese Weise würden keine neuen Erkenntnisse mehr generiert: »Teil des Trends, das Schwergewicht der Forschung auf die Verifizierung zu
   legen, war die Annahme vieler, daß unsere ›großen Vorfahren‹ […] eine auseichende Anzahl her-
   vorragender Theorien über genügend Bereiche des gesellschaftlichen Lebens aufgestellt hätten, um
   damit eine ganze Weile auszukommen.« (Glaser/Strauss 1998, 19)

Kodieren

Zentral für die Erstellung der Theorie ist der mit dem Begriff »Kodieren« (Coding) bezeichnete Prozess der Datenauswertung. Hinter dem Begriff verbirgt sich »keine eindeutige Schrittfolge, sondern vielmehr verschiedene Umgangsweisen mit textuellem Material [...], zwischen denen der Forscher bei Bedarf hin und her springt« (Flick 2007, 378f). Den Kern des Kodierens stellt das Prinzip des *ständigen Vergleiches* dar. Während in der Forschung neue Daten gewonnen werden, werden diese fortlaufend mit schon erhobenen Daten verglichen, die daraufhin gegebenenfalls neu kodiert werden müssen. Anselm Strauss entwickelte zusammen mit Juliette Corbin ein dreistufiges Modell des Kodierens:

1. Das *offene Kodieren*, das der Benennung von Konzepten und dem Herausarbeiten von Kategorien dient,
2. das *axiale Kodieren*, in welchem die Achsenkategorien und ihre Beziehungen herausgearbeitet werden und
3. das *selektive Kodieren*, bei dem die Kernkategorie gefunden und die Theorie aufgestellt wird.

Die Phasen folgen dabei nicht strikt aufeinander, auch ein Zurückgehen in eine frühere Phase ist während des Forschungsprozesses immer wieder nötig. In der von Strauss und Corbin vorgeschlagenen Form verführt der Kodierprozess dazu Theorien in der Logik kausaler Wirkungszusammenhänge zu formulieren. Die Idee dahinter ist, dass sich im Material verschiedene Kategorien finden lassen, die sich alle in einem logischen Zusammenhang bringen lassen. Dieses Bild ähnelt einem Uhrwerk, in dem verschiedene Zahnräder ineinandergreifen. Da es mir in dieser Arbeit um das Herausarbeiten von Mustern geht, werde ich daher nach dem offenen Kodieren zur Musterbildung übergehen.

Im offenen Kodieren geht es darum, die im Datenmaterial vorkommenden Phänomene in Begriffe zu fassen. Dazu wird das Material »aufgebrochen«, quasi in seine Einzelteile zerlegt. Strauss und Corbin beschreiben diesen Prozess als »taking apart an observation, a sentence, a paragraph, and giving each discrete incident, idea, or event, a name, something that stands for or represents a phenomenon« (Strauss/Corbin 1990, 63). Das Material wird also in kleinste Sinneinheiten zerlegt. Die kleinste Sinneinheit wird als »Konzept« bezeichnet und wird durch eine ihm spezifische Eigenschaft definiert. Daran anschließend werden diese Sinneinheiten zu größeren Zusammenhängen (Kategorien) gruppiert. Das in diesem Schritt vorkommende Vokabular umfasst vier wichtige Begriffe:

- *Konzepte*: Ein Konzept repräsentiert die kleinste Sinneinheit im untersuchten Material. Es bezeichnet »discrete happenings, events, and other instances of phenomena« (Strauss/Corbin 1990, 61).
- *Kategorien*: Als Kategorie wird eine Klassifizierung von Konzepten bezeichnet. Sie stellt somit die Gruppierung von Konzepten auf einer höheren, abstrakteren Ebene dar.

- *Eigenschaften*: Als Eigenschaften werden die einzelnen Attribute einer Kategorie bezeichnet, also Elemente oder Charakteristika, die eine solche definieren.
- *Dimensionen*: Die Eigenschaften einer Kategorie können schließlich dimensioniert werden, was bedeutet, dass ihre einzelnen Werte auf einem Kontinuum angeordnet werden.

Während der ganzen Analyse werden *theoretische Memos* geschrieben. Diese Memos enthalten erste theoriebezogene Ideen des Forschers und können während der Forschung entweder verworfen oder detailliert werden. Im letzteren Fall dienen sie dabei als Vorformulierung für die Veröffentlichung der Theorie (vgl. Strübing 2008, 34-36).

In der von Strauss und Corbin vorgeschlagenen Variante schließt an das offene Codieren das axiale Kodieren an, in dem die Kategorien wiederum in eine Beziehung zueinander gesetzt werden. Ich werde darauf an dieser Stelle jedoch nicht genauer eingehen, da ich in der Arbeit an dieser Stelle mit der Musterbildung begonnen habe.

Theoretisches Sampling

Für die Auswahl des Materials schlägt die Grounded Theory das so genannte theoretische Sampling vor, das ich auch in dieser Arbeit anwenden werde.

» Theoretisches Sampling meint den auf die Generierung von Theorie zielenden Prozeß der Datensammlung, währenddessen der Forscher seine Daten parallel erhebt, kodiert und analysiert sowie darüber entscheidet, welche Daten als nächstes erhoben werden sollen und wo sie zu finden sind. Dieser Prozess der Datenerhebung wird durch die im Entstehen begriffene [...] Theorie *kontrolliert*.« (Glaser/Strauss 1998, 53)

Die Auswahl geeigneter Filme findet also zeitgleich mit dem Analyseprozess statt und wird durch diesen geführt. Die Auswahl weiterer Daten wird dabei durch die zu erwartende theoretische Relevanz bestimmt. Leitend ist die Frage, welche neue Daten (in Fall dieser Arbeit Filme), zu einer weiteren Ausdifferenzierung des Kategoriensystems beitragen können, weil sie neue Kategorien enthalten oder eine vorhandene Kategorie feiner aufgliedern können. Dem Sampling-Prozess liegt das Prinzip minimaler und maximaler Kontrastierung zugrunde. Strauss und Glaser schlagen vor, zunächst minimale kontrastierende, also sehr ähnliche Daten zu erheben, um die einzelnen Kategorien möglichst genau auszudifferenzieren. Im weiteren Verlauf der Untersuchung werden die Unterschiede maximiert, um die Reichweite der Theorie auszuweiten.

In Verlauf meiner Arbeit hat sich gezeigt, dass die Produktionszeit eines Films ein guter Indikator war, um Daten zu kontrastieren. Filme aus einem Jahrzehnt kontrastierten i.d.R. minimal, sodass anhand ihrer Kategorien geschärft werden konnten. Je größerer der zeitliche Abstand zwischen zwei Filmen war, desto größer wurde der

Kontrast. Dabei blieben die Kategorien relativ konstant, während sich die Dimensionierung der Eigenschaften verfeinerte.

Das Abbruchkriterium für das theoretische Sampling ist das Erreichen *theoretischer Sättigung*. Diese ist erreicht, wenn durch neue Materialien trotz maximalster Kontrastierung keine neuen Kategorien oder Eigenschaften mehr gefunden werden können (vgl. Glaser/Strauss 1998, 69).

Grounded Theory und Film

Die Grounded Theory wurde, wie schon erwähnt, für die Analyse textuellen Materials entwickelt. Wenn sie nun für die Analyse audiovisueller Dokumente herangezogen wird, entsteht das Problem einer Medientransformation, da audiovisuell kommunizierte Gehalte in einen textuellen Code umgewandelt werden müssen. Darüber hinaus ist die Formalstruktur eines Films komplexer als die eines Textes.

Während sich ein Text noch relativ einfach zerlegen lässt, da die Sinneinheiten in der Regel *nacheinander* auftreten, können in einem Filmbild verschiedene Gehalte kulminieren und z.B. die Ebene der Mise-en-scène eine andere Botschaft vermitteln als der Sound. Das Problem der kulminierenden Bedeutungsgehalte lässt sich insofern umgehen, als dass es kein Problem darstellt einem Bild bzw. einer Sequenz verschiedene Codes zuzuweisen.

Um die Bild-Text-Transformation in den Griff zu bekommen, bediene ich mich der neoformalistischen Filmanalyse. Diese rekonstruiert, wie schon beschrieben, anhand *formaler* Eigenschaften die Storyrekonstruktion der Rezipienten. Ich nutze das bekannte Repertoire dazu, um eine Sequenz mit Codes zu versehen. So erzielen bestimmte filmstilistische Mittel eine bestimmte Wirkung. Wenn z.B. eine Person in einer Aufsicht gezeigt wird, drückt dieses meistens Unterlegenheit und Schwäche aus. Womit ein Code für die Sequenz gewonnen wäre. Ich erachte dabei alle filmsprachlichen Mittel als gleichwertig, sodass ein durch Mise-en-scene oder Montage vermittelter Code für mich die gleiche Wertigkeit hat, wie ein Code, der sich aus Gesprächen der handelnden Protagonisten ergibt. Aus arbeitsökonomischen Gründen habe ich die Codes jeweils einer Sequenz zugewiesen und nur genauere Angaben gemacht, wenn sich der Code wirklich nur auf eine Einstellung bezog. In der Regel blieb ein bestimmter Code jedoch über eine Sequenz hinweg präsent.

5.3 Einschränkung des Feldes (Sample)

Alle Filme, die das Verhältnis zwischen Robotern und Menschen thematisieren, zu untersuchen, würde den Rahmen dieser Studie sprengen, weshalb ich das Feld einschränken muss.

Die erste Einschränkung, die ich vornehme, ist eine *geographisch-geistesgeschichtliche*, indem ich mich in dieser Arbeit ausschließlich auf Filme aus dem abendländischen Kulturkreis beziehe, um die Problematik interkultureller Differenzen zu vermeiden. Darüber hinaus ist die Haltung zu Automaten und Robotern, wie in Kap. 3.2 ausgeführt, durchaus durch die spezifische Tradition westlicher Denkmuster beeinflusst,[33] sodass zu erwarten ist, dass in anderen geistesgeschichtlichen Traditionen eine andere Haltung gegenüber Robotern besteht. So scheint es bei den Japanern eine wesentlich geringere Skepsis gegenüber dem Einsatz von Robotern in der Altenpflege zu geben.

Die zweite Einschränkung ist eine *zeitliche* und bezieht sich auf das Produktionsjahr der untersuchten Filme. Ich beginne meine Betrachtung in den 1950er-Jahren. Dies begründet sich darin, dass künstliche Menschen im SF-Film vor 1950 überwiegend als Variation eines Frankenstein-Motivs auftraten und somit in einem anderen – zwar ähnlichen aber dennoch abgrenzbaren – Diskurszusammenhang stehen. So lässt sich – wie schon Manfred Tietzel feststellt – der in dieser Arbeit thematisierte Roboterdiskurs von einem Frankenstein-Diskurs unterscheiden. Frankensteins Monster, der Golem, Homunculi und ihre Verwandten sind im Wesentlichen *»Produkte metaphysischer Spekulation* [...], die den Gedanken der Schöpfung von Menschen durch den Menschen auf die eine oder andere Weise variieren« (Tietzel 1984, 37). Androiden und Roboter hingegen sind *»Produkte der ›reinen Vernunft‹«*, welche auf der »praktischen Anwendung naturwissenschaftlicher Kenntnisse« beruhen und dabei demonstrieren (sollen), »daß die Eigenschaften eines lebendigen Organismus imitierbar und daher auch naturwissenschaftlich vollständig ›erklärbar‹ sind« (Tietzel 1984, 37).[34]

---

33 Das romantische Unbehagen am Maschinellen beruht z.B. unter anderem auf der typisch westlichen Idee, das Subjekt als eine unteilbare Einheit mit einer Seele zu sehen, und kann als Antwort auf das rationalistische Weltbild der Aufklärung gesehen werden. Insbesondere die Emotionslosigkeit der Maschinen wird von den Romantikern thematisiert (vgl. dazu Kap. 3.2.1).

34 Es kommt später zu einer Vermischung beider Diskurse. So habe ich in einer im Bachelor-Studium verfassten Arbeit, die James Whales und Kenneth Brannath Frankenstein-Verfilmungen verglich, festgestellt, dass der Fokus sich von einer Betonung der Verfehlung an Gottes Schöpfung in Whales-Verfilmung zu einer Diskussion der technischen Machbarkeit des Unterfangens verschiebt. Das Monster ist in der neueren Verfilmungen auch weniger »misslungenes Produkt« als vielmehr ein missverstandenes Wesen, dem eine eigene, im Kern gute, Identität zugeschrieben wird. Ob sich das Frankenstein-Motiv generell in Richtung »Roboter-Diskurs« bewegt, kann ich aufgrund der geringen Datenlage natürlich nicht sagen, ein Eindringen frankenstein-spezifischer Motive in den Roboter-Diskurs konnte ich während dieser Arbeit jedoch nicht beobachten.

Typisch für den Frankenstein- bzw. Prometheus-Diskurs ist eine Auseinandersetzung mit der Legitimität der Parallelschöpfung (Mad Scientist-Motiv) und den Auswirkungen dieser Schöpfung, die oft massenpsychologischer Natur sind (z.B. die Verfolgung von Frankensteins Monster). Die herausragende Stellung des Mad Scientist wird auch dadurch hervorgehoben, dass Filme aus diesem Diskurszusammenhang immer eine Schöpfungsszene beinhalten, in der die Hybris des Forschers thematisiert wird. Auch METROPOLIS steht noch in der Tradition des Frankenstein-Diskurses, was sich unter anderem in einer Schöpfungsszene zeigt, die in ihrer Ikonographie später u.a. in James Whales Frankenstein-Verfilmung aufgegriffen wurde.

5.4 Zusammenfassung

Grundlegend für die Filmanalyse ist die Methodik der neoformalistischen Filmanalyse. Auf Basis der Aufschlüsselung der Filmsprache habe ich einzelne Filmabschnitte mit Codes im Sinne des offenen Kodierens der Grounded Theory versehen. Die aus dem Material herausgelösten Konzepte habe ich zu Kategorien gruppiert und deren Eigenschaften dimensioniert. Es kristallisierten sich drei Kategorien mit drei bis fünf Eigenschaften heraus, die eine unterschiedlich feine Dimensionierung erforderten. Das Ergebnis dieses Prozesses ist in Kapitel 6.1 nachzulesen.

Auf Basis dieses Kategoriensystems erstellte ich Fallkonturen. Als *Fall* betrachte ich in dieser Arbeit einen Film. Sofern im Film mehrere Roboter vorkamen, war jeweils der am weitesten fortgeschrittene Roboter für die Einordnung ausschlaggebend.

Dem Prinzip der minimalen und maximalen Kontrastierung folgend, gruppierte ich anschließend die einzelnen Fälle zu Mustern. Dabei konnte ich sechs eindeutig unterscheidbare Muster ausmachen, die sich zudem als typisch für ein bestimmtes Jahrzehnt erwiesen. Anhand der Kategorisierung ließ sich eine Genealogie der Roboterdarstellung im Film schreiben. Diese wird in Kapitel 6.2 genauer vorgestellt.

6 Empirie

In diesem Kapitel werde ich die Ergebnisse der empirischen Untersuchung vorstellen und zunächst die Kategorien beschreiben, die im Prozess des Codierens aus dem Material heraus entwickelt wurden. Anhand dieser Kategorien lässt sich eine Entwicklungsgeschichte der Roboterdarstellung im Film rekonstruieren, deren Meilensteine ich im zweiten Unterkapitel in Form von Mustern beschreiben werde. Abschließend erfolgt eine vergleichende Zusammenfassung der Ergebnisse.

6.1 Das Kategoriensystem

Nach dem offenen Kodieren kristallisierten sich drei Kategorien heraus, anhand derer sich die Darstellung von Robotern im Science-Fiction-Film klassifizieren lässt. Die drei Kategorien sind *Menschenähnlichkeit, Interaktionsqualität* und *Rahmenbedingungen*. Die Kategorien Menschenähnlichkeit und Interaktionsqualität folgen dabei einer *evolutionären Logik*. Die einzelnen Eigenschaften entwickeln sich im Laufe der Zeit in die gleiche Richtung. Dabei kommt es in den 1980er-Jahren zu einer *Spaltung der Genealogie* der Roboterdarstellung. Die friedliche Tradition thematisiert die Entwicklung des Mensch-Roboter-Verhältnisses vor dem Hintergrund einer friedlichen Koexistenz der beiden, die kriegerische Tradition beschreibt hingegen ein filmisches Universum, in dem sich Menschheit und Roboter im Krieg befinden.

Die drei Kategorien fokussieren jeweils eine andere Ebene. Die Kategorie »Menschenähnlichkeit« stellt den einzelnen Roboter in den Mittelpunkt des Interesses und bewegt sich somit auf der Ebene des Individuums. Bei der »Interaktionsqualität« stehen hingegen die Beziehungen des Roboters zu anderen Individuen im Vordergrund. Die verschiedenen Ausformungen dieser Kategorie zeigen sich bei der Darstellung konkreter Interaktionssituationen, womit sich diese Kategorie auf einer mikrosoziologischen Ebene befindet. Die »Rahmenbedingungen« beziehen sich auf eine makrosoziologische Ebene, indem nicht konkrete Interaktionen in den Mittelpunkt gestellt werden, sondern das Verhältnis der Gesellschaft zu Robotern beschrieben wird.

Im Folgenden werde ich die Kategorien und die den Eigenschaften zugrundeliegende Dimensionierung genauer vorstellen. Zuvor jedoch eine grafische Übersicht über das Kategoriensystem.

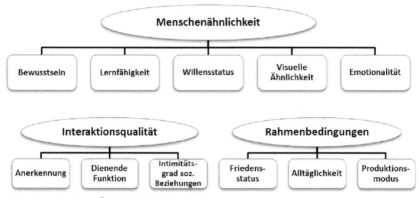

Abb. 6:   Grafische Übersicht des Kategoriensystems.

6.1.1 Menschenähnlichkeit

Die Kategorie *Menschenähnlichkeit* befindet sich auf der Ebene des einzelnen (robotischen) Individuums. Sie gliedert sich in die fünf Eigenschaften *Bewusstsein, Willensstatus, Lernfähigkeit, visuelle Ähnlichkeit* und *Emotionalität*.

Bewusstsein[35]

Innerhalb des Kontinuums der Eigenschaft *Bewusstsein* lassen sich vier Dimensionen identifizieren. Am unteren Ende stehen Filme, die Robotern kein Bewusstsein zuschreiben oder die Frage nach dem Bewusstsein ihrer metallischen Protagonisten schlichtweg nicht thematisieren. Die nächste Stufe stellen Filme dar, die Robotern zwar ein »Inneres« zuschreiben, aber gleichzeitig dessen Unterlegenheit gegenüber dem menschlichen Bewusstsein inszenieren. Darauf folgen Filme, die zwar nicht mehr die Unterlegenheit des Bewusstseins betonen, aber Roboter noch nicht als vollkommen gleichwertig erscheinen lassen. Das Bewusstsein der Roboter in diesen Fil-

---

35 Ich habe mich in einer Hausarbeit im Seminar »Medien und Identität« im Wintersemester 2008/09 bei Dr. Benjamin Jörissen schon einmal mit der Thematik der Bewusstseins- und Identitätsfähigkeit künstlicher Intelligenzen befasst. In »Von Descartes zu Deckard« (Ruge 2009) zeichne ich die Entwicklung der Roboterdarstellung von 1950 bis in die 1980er-Jahre nach und diskutiere daran anschließend, in welcher Art und Weise die Identität von Robotern in diesen Filmen thematisiert wird. Dabei fungiert – wie auch in dieser Arbeit – Thomas Metzingers Konzept des »postbiotischen Bewusstseins« (Metzinger 2001) als Theoriefolie, um die Frage nach dem Bewusstsein zu beantworten. In der Analyse der Filme orientiere ich mich dabei oftmals an der Inszenierung des Point-of-View-Shots des Roboters und stelle somit das von Metzinger genannte Kriterium der phänomenalen Transparenz, welches die Fähigkeit beschreibt, die Welt *unmittelbar* wahrzunehmen ohne sich des Wahrnehmungsprozesses bewusst zu sein, in den Mittelpunkt.

men wirkt kindlich. Das obere Ende des Kontinuums markieren Filme, die Robotern ein vollwertiges, dem Menschen gleiches Bewusstsein attestieren.

Ich bediene mich in der Analyse der Bewusstseinsfähigkeit der Theorie des postbiotischen Bewusstseins von Thomas Metzinger (Metzinger 2001). Dieser benennt sechs Kriterien, die ein System erfüllen muss, um als bewusst zu gelten:

1. *In der Welt sein*: Das System muss sich bewusst sein, dass es in einer Welt lebt und daher ein bewusstes Weltmodell besitzen.

2. *Präsentationalität*: Dem System muss auch bewusst sein, dass es *jetzt* in der Welt lebt. Folglich muss es auch ein unbewusstes Weltmodell besitzen, indem jene Weltbestandteile repräsentiert werden, die gerade nicht gegenwärtig sind.

3. *Phänomenale Transparenz* meint, dass es einem bewussten Geist, die Prozesse, die zur Wahrnehmungen eines Gegenstandes führen, nicht bewusst sein. Dem Menschen sind z.B. die biochemischen Prozesse im Gehirn, die zu seiner Wahrnehmung führen nicht zugänglich.

4. *Selbst-Bewusstsein* entsteht, wenn das System das von ihm genutzte Selbst-Modell (die Software, die ein »ich« simuliert) nicht als solches erkennt und sich selbst daher als unendlich nah erlebt.

5. Die *Intentionalitätsrelation* beschreibt die Fähigkeit eines bewussten Systems sich als mit der Umwelt interagierend wahrzunehmen.

6. *Adaptivität* besagt als »theologisches Zusatzkriterium«, dass Bewusstsein nur aufgrund einer evolutionären Entwicklung entsteht, auf die es zurückgreifen kann (vgl. Metzinger 2001).

Ich werde mich in dieser Analyse im Wesentlichen auf die Kriterien der Selbst-Bewusstseins und der phänomenalen Transparenz beziehen, da diese sich in der Untersuchung anhand der Filmsprache respezifizieren lassen.

Auf der filmsprachlichen Ebene erfolgt die Inszenierung des Bewusstseins oftmals durch den Point-of-View-Shot aus der Sicht des Roboters bzw. dem Auslassen solcher Einstellungen. Durch den PoV entsteht der Eindruck eines »Inneren« des Roboters, anhand seiner Qualität kann man die Qualität des robotischen Inneren ablesen. Die Unterscheidung zwischen kindlichem und gleichwertigem Bewusstsein ist nur noch auf der Ebene des Verhaltens des Roboters möglich. So wird z.B. die Kindlichkeit des Roboters Johnny Five aus dem Film NUMMER 5 LEBT (SHORT CIRCUIT, USA, 1996, John Badham) dadurch inszeniert, dass dieser die Phasen der kognitiven Entwicklung des Kindes nach Piaget durchläuft (vgl. Ruge 2009, 54-58). Viele andere Filme, wie z.B. MAKING MR. RIGHT - EIN Á LA CARTE (MAKING MR.. RIGHT, USA, 1987, Susan Seidelman), thematisieren die Ungeschicklichkeit des Roboters bei der Einhaltung sozialer Regeln und Normen und verweisen somit auf eine unabgeschlossene Sozialisation.

Willensstatus

Hinter der Eigenschaft *Willensstatus* verbirgt sich die Frage, inwieweit der dargestellte Roboter einen freien Willen besitzt. Dabei konnte ich drei verschiedene Formen ausmachen. Auf der untersten Stufe stehen Roboter, die vollkommen ihrer Programmierung unterworfen sind und dementsprechend keinen freien Willen entwickeln können. Auf der zweiten Stufe gibt es zwei Formen des freien Willens. Einerseits ein freier Wille, in dem Sinne, dass der Roboter genau wie ein Mensch einen individuellen freien Willen besitzt und als einheitliches unteilbares Wesen handelt, andererseits ein freier Wille in Form einer Kollektivintelligenz. Bei dieser Form folgt der einzelne Roboter oftmals nur seiner Programmierung, die aber von einer eigenständig handelnden Kollektivintelligenz gesteuert wird.

Anhand dieser Eigenschaft lässt sich die Teilung der Genealogie deutlich erkennen. Der individuelle freie Wille wird nur in der friedlichen Entwicklungslinie thematisiert, während die Kollektivintelligenz in der kriegerischen Linie vor allem als Bedrohung erscheint.

Hier zeigt sich auch, dass die einzelnen Eigenschaften in einem engen Verhältnis zu einander stehen und teilweise voneinander abhängig sind. Ein freier individueller Wille kann einem Roboter erst dann zugeschrieben werden, wenn dessen Bewusstsein mindestens den Status »kindlich« erreicht hat.

Lernfähigkeit

Lernfähigkeit nimmt Bezug auf die Frage, ob der im Film dargestellte Roboter die Fähigkeit besitzt sich *selbstständig* neues Wissen anzueignen. Wissenszuwachs, der durch eine Erweiterung der Programmierung erreicht wird, betrachte ich nicht als Lernen. Damit orientiere ich mich am Fachdiskurs in der Informatik, welcher maschinelles Lernen als eigenständiges Forschungsgebiet innerhalb der Künstlichen Intelligenz auszeichnet und von der einfachen Programmierung, beispielsweise neuer Bewegungsabläufe, abgrenzt. Während die in frühen Filmen dargestellten Roboter noch nicht in der Lage sind, neues Wissen zu erwerben (keine Lernfähigkeit), wird ihnen diese Fähigkeit in neueren Filmen zugestanden. Dabei werden die Lernprozesse von Robotern oftmals explizit thematisiert. Von Lernen spreche ich, wenn der Film nahe legt, dass der Roboter neue Fähigkeiten erlangt ohne, dass diese ihm extern einprogrammiert werden.

Der wichtigste Indikator für diese Eigenschaft ist der Plot des Films. Während in frühen Filmen keine Lernprozesse thematisiert oder die Grenzen der Programmierung aufgezeigt werden, gibt es in neueren Filmen Szenen in denen ein lernender Roboter oder gar eine Form von Unterricht gezeigt wird. Die Formen des Lernens, die thematisiert werden, sind vielfältig, worauf ich bei der Beschreibung der Muster genauer eingehen werde.

Visuelle Ähnlichkeit

Die Eigenschaft *visuelle Ähnlichkeit* beschreibt das Äußere des Roboters und dessen Ähnlichkeit mit »echten« Menschen. Wie bei der Eigenschaft »Bewusstsein«, lassen sich auch hier vier Wegpunkte benennen. Am unteren Ende stehen Roboter, die keine oder nur einer sehr geringe Ähnlichkeit mitdem Menschen besitzen. Die folgende Stufe habe ich mit »anatomisch ähnlich« umschrieben. Hierunter fallen Roboter, die dem Körperbau des Menschen ähneln und die eine dreidimensionale Version des Strichmännchens darstellen. Neben einem Kopf und einem Rumpf, besitzen diese Roboter auch die vier Extremitäten. Als nächstes folgt die Stufe »emotional ähnlich«. Emotional ähnliche besitzen im Gegensatz zu anatomisch ähnlichen Robotern ein Gesicht, das – wenn auch vermindert – in der Lage ist Emotionen zu zeigen. Auch wenn für mich die Idee der Basisemotionen (Ekman 2010) leitend war, zeigte sich in der Empirie, dass emotional ähnliche Roboter oftmals eine (künstliche) Haut besitzen und Kleidung tragen.[36] Die oberste Stufe des Kontinuums markieren Roboter, die vom Menschen äußerlich nicht mehr unterscheidbar sind.

Auf der Ebene der Filmsprache zeigt sich diese Kategorie in der Besetzung der Rolle des Roboters und in der entsprechenden Kostümierung des Schauspielers. Während der Schauspieler bei anatomisch-ähnlichen Robotern noch ein Kostüm tragen muss (wie z.B. bei Gort in DER TAG AN DEM DIE ERDE STILLSTAND), ist dies bei emotional ähnlichen und ununterscheidbaren Robotern nicht mehr nötig.

Emotionalität

Die letzte Eigenschaft im Bereich »Menschenähnlichkeit« habe ich mit *Emotionalität* bezeichnet. Hinter dieser Eigenschaft steht die Frage, ob ein Roboter in der Lage ist, Emotionen zu empfinden und zu zeigen. In frühen Phasen des Codierens habe ich noch verschiedene Basisemotionen unterschieden. Diese feine Gliederung habe ich jedoch im weiteren Verlauf fallen gelassen, da sich herausstellte, dass im Wesentlichen die gleichen Emotionen thematisiert wurden, sodass eine Aufteilung

---

36 Diese Tatsache ist aus einem theoretischen Blickwinkel dadurch zu verstehen, dass Gefühle und Emotionen auch wenn sie sich »äußern«, also »nach außen dringen« müssen, als etwas »inneres« und »privates« gesehen werden. Die Idee der Privatheit bedarf einer Grenze, die das Private vom Öffentlichen scheidet. Die Haut kann als eine solche Grenze fungieren und markiert die Dialektik zwischen Innerlichkeit und Äußerung von Emotionen. So schreibt Sofsky: »Die Haut ist das, was am tiefsten in uns und was zugleich unsere Oberfläche ist. Auf Berührungen reagiert der Organismus ungleich stärker als auf alle verbalen oder optischen Reize. Kein anderer Sinn kann uns so erregen [...]. Kein anderes Organ löst so starke und gegensätzliche Gefühle aus wie die Haut [...]. Sie schließt den Menschen ein, verleiht ihm seine einzigartige Form und bewahrt ihn vor Eindringlingen. [...] In der Berührung mit anderen Körpern erlangt der Mensch Gefühle von Geborgenheit, Verbundenheit, aber auch von Abwehr und Widerwillen. Er erlebt die Trennung von Außen und Innen. Die Haut ist eine lebendige Grenze« (Sofsky 2007, 45-46). Die Haut kann also als Bedingung der Äußerung von Emotionen gesehen werden, was erklärt, warum viele emotional-ähnliche Roboter mit einer ausgestattet sind.

nach Emotionen für die Kategorisierung keinen Mehrwert erbracht hätte. Die endgültige Dimensionierung ist mit »nicht vorhanden« und »vorhanden« zweistufig. Auch hier lässt sich ein unmittelbarer Zusammenhang mit einer anderen Eigenschaft feststellen: Ein Roboter der Emotionen zeigen kann, muss mindestens ein emotional-ähnliches Äußeres besitzen.[37] Dabei ist eine visuelle emotionale Ähnlichkeit eine notwendige aber keine hinreichende Bedingungen für Emotionalität. Filmsprachlich äußert sich die Eigenschaft »Emotionalität« vor allem im Acting des Schauspielers. Aber auch die Kinematographie spielt eine Rolle, so wird z.b. oft mit einer Nah- oder Detailaufnahme gearbeitet, wenn Emotionen hervorgehoben werden sollen.

6.1.2 Interaktionsqualität

Die zweite Kategorie *Interaktionsqualität* bezieht sich auf das Verhältnis der im Film dargestellten Roboter zu anderen Individuen und ist somit auf einer mikrosoziologischen Ebene verortet. Sie gliedert sich in die drei Eigenschaften *Anerkennung*, *Dienende Funktion* und *Intimitätsgrad sozialer Beziehungen*.

Anerkennung

Hinter der Eigenschaft *Anerkennung* steht die Frage, wie ein Roboter von seinen Mitmenschen anerkannt wird, ob er lediglich als Ding oder als fühlendes Wesen mit Subjektstatus angesehen wird. Für den Fall, dass eine Anerkennung als Subjekt erfolgt, lässt sich diese noch in die drei Modi intersubjektiver Anerkennung ausdifferenzieren, die bei Axel Honneth in seiner Habilitationsschrift über den »Kampf um Anerkennung« beschrieben sind.[38] Honneth unterscheidet auf Basis einer Hegel-Rekonstruktion drei Stufen der Anerkennung: emotionale Zuwendung, kognitive

---

37 Dieses Bedingungsgefüge ist aus dem Kontext der (neo-)formalistischen Filmtheorie einfach zu erklären. So betont schon Rudolf Arnheim: »Dem Film stehen als Darstellungsmaterial nur Körper und körperliche Vorgänge zur Verfügung. Aber mit diesen lassen sich seelische Vorgänge darstellen. Da ist [sic!] vor allem die Mimik des menschlichen Gesichts und die Pantomimik des Körpers und der Gliedmaßen – in ihnen drückt sich auf die direkteste und gewohnteste Art menschliches Denken und Fühlen aus« (Arnheim 1932, 146). Dass Mimik und Gestik einen solch hohen Stellenwert bei der Darstellung von Emotionen haben, lässt sich neurologisch durch das Wirken der Spiegelneuronen erklären. Damit nun der Rezipient die Emotionen der Filmprotagonisten »spiegeln« kann, muss eine hinreichende Ähnlichkeit zum eigenen emotionalen Ausdrucksrepertoire bestehen.

38 Honneth macht in seiner Schrift die Kategorie der Anerkennung zur Basis einer Gesellschaftstheorie und stellt heraus, wie die unterschiedlichen Modi der Anerkennung in verschiedenen Gesellschaftsformen gewährt werden. Die sehr kurze Darstellung der verschiedenen Anerkennungsweisen, die ich in dieser Arbeit vornehme, wird der Komplexität der Theorie Honneths sicherlich nicht gerecht, ist aber für meine Zwecke ausreichend. Wobei die Gewährung von Anerkennung gegenüber Robotern von Honneth natürlich nicht thematisiert wird und ich daher lediglich von einem Prozess sprechen kann der analog zu der von Honneth beschrieben Systematik verläuft.

Achtung und soziale Wertschätzung. Diese drei Formen der Anerkennung beziehen sich jeweils auf eine andere Dimension der Persönlichkeit.

Bei Anerkennung im Modus *emotionaler Zuwendung* wird das Subjekt aufgrund seiner individuellen Bedürfnisse anerkannt. Diese Art der Anerkennung findet sich überwiegend in Primärbeziehungen wie Liebe und Freundschaft. Konstitutiv für diese Form ist, dass sich »die Subjekte wechselseitig in ihrer konkreten Bedürfnisnatur bestätigen und damit als bedürftige Wesen anerkennen: in der reziproken Erfahrung liebevoller Zuwendung wissen beide Subjekte sich darin einig, daß sie in ihrer Bedürftigkeit vom jeweils anderen abhängig sind« (Honneth 1994, 153).

Kognitive Achtung erhält ein Subjekt in Form von Rechtsverhältnissen. Hier geht es nicht darum, die Bedürfnisnatur anzuerkennen. Die anerkannte Persönlichkeitsdimension ist die Fähigkeit, als moralisch zurechnungsfähiges Subjekt zu handeln. Jemanden kognitiv achten heißt ihn als *Person*, als Träger von Menschenrechten, anzuerkennen (vgl. Honneth 1994, 174-195).

Die *soziale Wertschätzung* gilt schließlich »den besonderen Eigenschaften, durch die Menschen in ihren persönlichen Unterschieden charakterisiert sind« (Honneth 1994, 197). Hier wird das Subjekt als *Individuum*, als einzigartig anerkannt. Die Wertschätzung gilt dem was im alltäglichen Sprachgebrauch als »Charakter« bezeichnet wird. Gerade hierin liegt der Unterschied zur kognitiven Achtung, die einen Menschen als Wert an sich betrachtet:

> [I]n der ›rechtlichen Anerkennung‹ [...] kommt zum Ausdruck, daß jedes menschliche Subjekt unterschiedslos als ›Zweck an sich‹ gelten muss, wohingegen die ›soziale Achtung‹ den ›Wert‹ eines Individuums hervorhebt, soweit er sich in Kriterien der gesellschaftlichen Relevanz intersubjektiv messen läßt.« (Honneth 1994, 180)

Die drei Modi intersubjektiver Anerkennung lassen sich wie folgt gegenüberstellen (Tabelle 4).

Der wichtigste Indikator für diese Eigenschaft ist das Verhalten der menschlichen Charaktere gegenüber einem Roboter. Dies wird filmsprachlich vor allem im Acting, aber auch an linguistischen Aspekten der verwendeten Sprache deutlich – ein Roboter kann als »etwas«, als »es« bezeichnet werden, oder als »jemand«, als »er« oder »sie«, er kann »kaputt sein« oder »im Sterben liegen«. Insbesondere in Filmen des friedlichen Entwicklungszweiges findet sich oftmals ein Wandel von einer »maschinellen« zu einer »menschlichen« Sprache. Die Frage nach rechtlicher Anerkennung wird in den wenigsten Filmen thematisiert. Wenn es geschieht, dann explizit auf Story-Ebene (vgl. dazu Kap. 6.2.5).

	EMOTIONALE ZUWENDUNG	KOGNITIVE ACHTUNG	SOZIALE WERTSCHÄTZUNG
Persönlichkeits-dimension	Bedürfnis- und Affektnatur	moralische Zurechnungs-fähigkeit	Fähigkeiten und Eigenschaften
Anerkennungs-form	Primärbezie-hungen (Liebe, Freundschaft)	Rechtsverhältnisse (Rechte)	Wertegemein-schaft (Solidarität)
Entwicklungs-potential		Generalisierung Materialisierung	Individualisierung Egalisierung
praktische Selbstbeziehung	Selbstvertrauen	Selbstachtung	Selbstschätzung
Mißachtungs-formen	Mißhandlung und Vergewaltigung	Entrechtung und Ausschließung	Entwürdigung und Beleidigung
bedrohte Komponente der Persönlichkeit	physische Integrität	soziale Integrität	›Ehre‹, Würde

Tab. 4: Formen der Anerkennung (Quelle: Honneth 1994, 211).

Dienende Funktion

Die Eigenschaft *dienende Funktion* thematisiert, den Status des Roboters und fragt danach, wie das Verhältnis des Roboters zu seinem menschlichen Herrn resp. Besitzer gestaltet ist, und ob überhaupt von einem Herrschaftsverhältnis gesprochen werden kann. Im Zentrum der Eigenschaft steht eine machttheoretische Frage, die sich in den konkreten Interaktionen zwischen Mensch und Roboter zeigt. Die Antwort auf diese Frage lässt sich in Form eines Kontinuums mit drei Stufen darstellen. Auf der untersten Stufe stehen Filme, die dem dargestellten Roboter eindeutig eine dienende Funktion zuschreiben. In diesen Filmen besteht kein Zweifel daran, dass der Roboter als Besitz eines Menschen dessen Befehlen zu gehorchen hat. Die zweite Stufe stellen Filme dar, die eine Emanzipationsgeschichte erzählen, in der sich der Roboter im Laufe des Films von einer dienenden Maschine zu einem freien Individuum entwickelt. Auf der letzten Stufe stehen Filme, in denen der Roboter keine dienende Funktion besitzt. Insbesondere in der kriegerischen Entwicklungslinie wird die dienende Funktion verständlicherweise verneint. Filme des friedlichen Zweiges neigen hingegen dazu, Emanzipationsgeschichten zu erzählen. Auch hier ist das Verhalten der menschlichen Charaktere gegenüber den Robotern ein wichtiger Indikator.

Intimitätsgrad sozialer Beziehungen

Die letzte Eigenschaft innerhalb dieser Kategorie ist der *Intimitätsgrad sozialer Beziehungen*. Sie thematisiert die Frage, inwieweit ein Roboter in soziale Netzwerke eingebunden ist und welche Qualität diese Bindungen besitzen. Die Dimensionierung des Kontinuums ist vierstufig. Auf der untersten Ebene stehen Filme, die Robotern keine sozialen Beziehungen zuweisen und die Beziehung des Roboters zu seinem Umfeld nur in Termini von Besitz und Unterordnung thematisieren. Die nächste Stufe markieren Filme, in denen eine »instrumentelle Sexualität« thematisiert wird. In diesem Filmen, nehmen Roboter zwar die Funktion der Triebbefriedigung war und dringen somit in Bereiche der Intimsphäre vor, aber diese Beziehung bleibt jedoch rein instrumentell und eine emotionale Bindung des Menschen zum Roboter bleibt aus. Auf der nächsten Stufe stehen Familien- und Freundschaftsbeziehungen. Hier besitzt der Roboter ein soziales Netzwerk, dessen Mitglieder eine emotionale Bindung an ihn besitzen und dementsprechend eine Verpflichtung ihm gegenüber fühlen. Die obere Grenze markieren Filme, die Liebesbeziehungen zwischen Roboter und Menschen thematisieren und somit einen hohen Intimitätsgrad, welcher auf Gegenseitigkeit beruht, zwischen Mensch und Maschine konstatieren. Die hier beschriebenen Primärbeziehungen gehen dabei mit der Anerkennungsweise emotionaler Zuwendung einher.

Der wichtigste Indikator für diese Eigenschaft ist eine Beschreibung der Personenkonstellation. In diesem Kontext ist die numerische Größe des sozialen Netzwerks weniger relevant als die Qualität der dargestellten Beziehungen. Daneben spielt die filmsprachliche Inszenierung von konkreten Interaktionen eine Rolle – für Liebesbeziehungen haben sich im Hollywoodsystem bestimmte Konventionen für Intimität (Nahaufnahmen, Musik, etc.) etabliert.

6.1.3 Rahmenbedingungen

Die letzte Kategorie habe ich mit dem Begriff *Rahmenbedingungen* umschrieben. Sie versammelt Eigenschaften, die den Status des Roboters im filmischen Universum thematisieren und bewegt sich somit auf einer makrosoziologischen Ebene. Innerhalb der Kategorie lassen sich die Eigenschaften *Alltäglichkeit*, *Produktionsmodus* und *Friedensstatus* unterscheiden.

Alltäglichkeit

Die Eigenschaft *Alltäglichkeit* fragt nach der Verbreitung der Roboter im alltäglichen Leben des dargestellten filmischen Universums. Hierbei lässt sich eine Entwicklung mit drei Stufen beobachten. Auf der untersten Ebene stehen Filme, in deren Diegese die Roboter als etwas Besonderes, Nicht-alltägliches thematisiert werden. Der Roboter wird von den handelnden Protagonisten mit Angst oder zumindest mit Erstaunen betrachtet und stellt eine Sensation dar. Es folgt eine Stufe, die ich mit »sensationeller Alltäglichkeit« umschrieben habe. Gemeint ist damit ein filmisches Universum, in dem Roboter zwar nicht alltäglich sind, die Protagonisten des Films durch die Story jedoch in eine geschützte Sphäre versetzt werden, in der Roboter gang und gebe sind. In dieser Sphäre erscheinen Roboter alltäglich und diese Alltäglichkeit ist eine Sensation, die den Reiz der Sphäre ausmacht. Ein Beispiel für eine solche sensationelle Alltäglichkeit sind die Filme WESTWORLD (USA, 1973, Michael Criton) und FUTUREWORLD (USA, 1976, Richard T. Heffron) , in denen die Protagonisten den Freizeitpark Delos besuchen, in dem Roboter im Gegensatz zur sonstigen Filmwelt ubiquitär sind (ich werde auf die Konstruktion dieser Sphäre noch genauer eingehen, wenn ich mich den Filmen in Kap. 6.2.2 genauer widme). Die Sensation liegt hier weniger im Roboter selbst, als in der Tatsache begründet, dass diese auch in Mengen gefertigt werden können. Die oberste Grenze des Kontinuums markieren Filme, die die Ubiquität von Roboter inszenieren. Hier erscheinen Roboter zumeist in Massen, ihr Auftreten löst bei den das filmische Universum bevölkernden Personen keine Verwunderung aus – Roboter sind ein normaler Bestandteil des Alltags. Dieses wird oftmals über die Mise-en-scène transportiert, die sich dadurch auszeichnet, in vielen Sequenzen Roboter im Hintergrund zu integrieren.

Produktionsmodus

Die Eigenschaft der Alltäglichkeit hängt unmittelbar damit zusammen, wie die Produktion von Robotern thematisiert wird. Auch hier lassen sich drei Stufen erkennen, die jeweils das Äquivalent zu einer Form der Alltäglichkeit darstellen. Auf der untersten Stufe steht die Fertigung des Roboters als Einzelstück resp. als Prototyp. Diese Form der Produktion kann – muss aber nicht zwingend – zusammen mit einem Mad-Scientist-Motiv (wie z.B. in ALARM IM WELTALL, USA. 1956, Fred Wilcox) auftreten. Die nächste Stufe des Modells habe ich mit dem Begriff der Manufaktur umschrieben. Hier wird im Film zwar eine Massenfertigung von Robotern thematisiert, diese wird jedoch von Menschenhand ausgeführt und differiert in der verwendeten Ikonographie deutlich von der nächsten Stufe. So erinnert die Produktionshalle in den Filmen WESTWORLD und FUTUREWORLD eher an ein Krankenhaus als an eine Fabrik. Die oberste Stufe des Kontinuums markiert die maschinelle Massenfertigung – hier werden die Roboter selbst von Maschinen gefertigt. Oftmals ist während der Sequenz, welche die Produktion zeigt, kein menschliches Wesen zu sehen. Auf dieser Stufe hat sich die Roboterdarstellung im Film endgültig vom Mad-Scientist-Motiv emanzipiert – der Roboter ist nicht mehr eindeutig das Werk *eines* Menschen, sondern ein Massenprodukt.

In einigen Filmen wird die Produktion von Robotern nicht explizit thematisiert. In der Handlung existieren jedoch auch dann mehrere Cues, die es ermöglichen, die Kategorie mittelbar zu rekonstruieren.

Friedensstatus

Hinter der Eigenschaft *Friedensstatus* verbirgt sich die Frage nach dem generellen Verhältnis zwischen Menschheit und Robotern. Während das Verhältnis zwischen einzelnen Menschen und Robotern unter der Kategorie Interaktionsqualität verhandelt wird, geht es hier um generelle gesellschaftliche Prozesse. Die Dimensionierung erfolgt dabei binär: Entweder besteht zwischen Menschen und Robotern eine friedliche Koexistenz oder zwischen den beiden Intelligenzformen ist ein Krieg um die Vorherrschaft auf der Erde entbrannt.

Der wichtigste Indikator für diese Kategorie ist die *Normalität* des dargestellten filmischen Universums. Wenn z.B. wie im Film WESTWORLD die Rebellion einzelner Roboter aufgrund einer Fehlfunktion thematisiert wird, gehe ich dennoch von einer friedlichen Koexistenz aus, weil die Rebellion als Einzelfall und nicht als Normalzustand inszeniert wird.

6.1.4 Übersicht

Abschließend möchte ich noch einmal eine grafische Übersicht über die Kategorien mitsamt ihren Eigenschaften und deren Dimensionierung geben. Die folgende Grafik wird in der Arbeit jeweils den Mustervorstellungen vorangestellt (vgl. Abb. 7). Des Weiteren möchte ich einen Überblick darüber geben, welches die wichtigsten filmsprachlichen Indikatoren für die einzelnen Eigenschaften sind:

EIGENSCHAFT	FILMSPRACHLICHE INDIKATOREN
Menschenähnlichkeit	
Bewusstsein	Point-of-View-Shot Handlung
Willensstatus	Handlung
Lernfähigkeit	Handlung
Visuelle Ähnlichkeit	Kostüme der Schauspieler
Emotionalität	Acting der Roboterdarsteller, Kinematographie
Interaktionsqualität	
Anerkennung	Acting der Darsteller menschlicher Charaktere, Sprachgebrauch
Dienende Funktion	Handlung
Intimitätsgrad sozialer Beziehungen	Personenkonstellation, filmsprachliche Konventionen der Inszenierung von Intimität
Rahmenbedingungen	
Alltäglichkeit	Filmisches Universum – oftmals Mise-en-scène
Produktion	Produktionssequenz, mittelbarer Schluss
Friedensstatus	Filmisches Universum, Handlung

Tab. 5:   Tabellarische Übersicht filmsprachlicher Indikatoren

Nachdem ich das Kategoriensystem vorgestellt habe, möchte ich nun die daraus resultierenden Muster beschreiben. Diese lassen sich zu einer sich verzweigenden Genealogie anordnen.

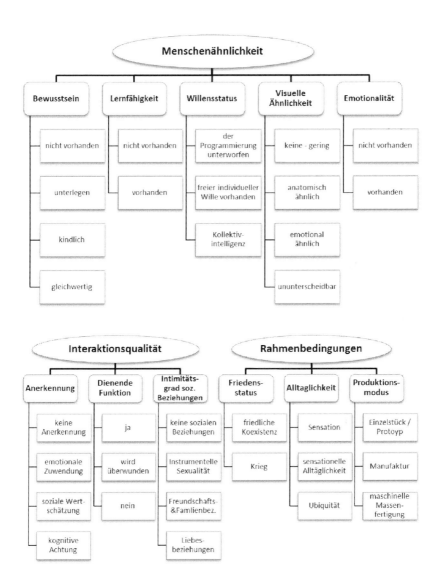

Abb. 7: Übersicht über die Kategorien mit ihren Eigenschaften und deren Dimensionierung.

6.2 Eine Genealogie der Roboterdarstellung im SF-Film

Auf Basis des von mir herausgearbeiteten Kategoriensystems lässt sich eine Entwicklungsgeschichte der Roboterdarstellung im Film beschreiben. Diese Genealogie beginnt in den 1950er-Jahren und teilt sich in den 1980er-Jahren in zwei Richtungen, von denen eine die Entwicklung der Roboter vor dem Hintergrund einer friedlichen Koexistenz mit dem Menschen thematisiert, während die andere die Vision einer kriegerischen Auseinandersetzung zwischen beiden in den Mittelpunkt stellt.

Innerhalb dieser Entwicklungslinie lassen sich sechs Muster differenzieren, die ich jeweils anhand eines Films illustrieren möchte. Dabei werde ich einige generelle Informationen zum Film liefern und anschließend die drei Kategorien abschreiten, um eine einheitliche Gliederung zu gewährleisten und einen Vergleich vorzubereiten. Weitere Filme, die dem jeweils thematisierten Muster entsprechen, werden kurz erwähnt. Die Benennung der Muster folgt dabei jeweils nach den *prägenden Eigenschaften*, die durch die Filme dominant verhandelt werden.

6.2.1 Dienende Einzelstücke
(Alarm im Weltall)

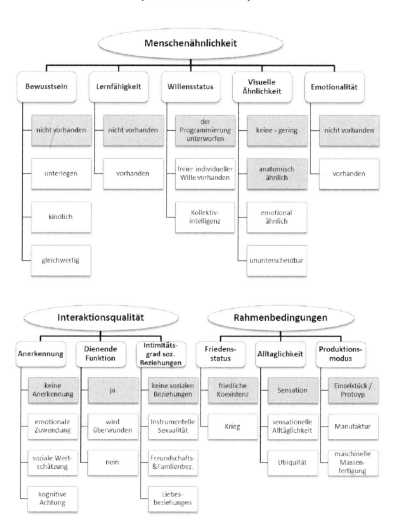

Abb. 8: Übersicht über das Muster »Dienende Einzelstücke«.

Das erste Muster ist typisch für die 1950er-Jahre, findet sich aber auch noch in aktuellen Roboterfilmen. Dem Roboter, der in der Urform des Musters nur als Einzelstück auftritt, wird eine geringe Menschähnlichkeit zugeschrieben, woraus eine geringe Interaktionsqualität resultiert. Die einzelnen Eigenschaften der Kategorien befinden sich daher auf der untersten Stufe. Innerhalb der Kategorie Rahmenbedingungen wird von einer Einzelfertigung ausgegangen, weshalb der Roboter den Status einer Sensation besitzt und Erstaunen oder gar Angst hervorruft. Das Verhältnis zwischen Menschheit und Robotern wird durchgehend als friedlich charakterisiert.

Alarm im Weltall – Grundsätzliches zum Film

Der Film ALARM IM WELTALL erzählt die Geschichte der Besatzung des Raumkreuzers C57D, welche auf dem erdähnlichen Planeten Altair IV nach der verschollenen Besatzung der Bellerophon suchen soll. Trotz einer via Funk ausgesprochenen Warnung des Philologen Dr. Morbius entschließt sich die Crew zur Landung und wird an der Landungsstelle von dem Roboter Robby begrüßt. Kapitän Adams lässt sich zusammen mit dem Schiffarzt Dr. Ostrow und dem ersten Offizier Leutnant Farman von Robby zu Morbius bringen. Dort erfährt er, dass Morbius der letzte Überlebende der Besatzung ist. Seine Tochter Altaira wurde bereits auf Altair IV geboren. Aufgrund der neuen Situation muss Adams mit der Erde Rücksprache halten. Während des Baus der Funkanlage kommt es jedoch zu Sabotageakten. Adams wird misstrauisch und stellt Morbius zu Rede. So erfährt er von der Zivilisation der Krel, die vorher auf Altair IV lebte, mittlerweile aber ausgestorben ist. Morbius entdeckte die noch funktionierenden unterirdischen Hinterlassenschaften der Krel und konnte sich ein Teil ihres Wissens bemächtigen, womit er auch Robby konstruieren konnte. In der folgenden Nacht wird das Raumschiff von einem unsichtbaren Ungeheuer angegriffen. Adams fährt mit Ostrow zu Dr. Morbius, um der Sache auf den Grund zu gehen. Es stellt sich heraus, dass durch die Maschinen der Krel das Unterbewusstsein Morbius´ materialisiert wurde und die Menschen bedroht. Als Morbius dieses erkennt, aktiviert er die Selbstvernichtung der Anlagen. Die Besatzung der C75D kann zusammen mit Altaira rechtzeitig fliehen.

Die Haupthandlung des Films lässt sich unter verschiedenen Schwerpunkten betrachten, die hier nur kurz angerissen werden sollen. Andreas Zellhuber benennt mit dem *alttestamentarischen*, dem *griechisch-mythologischen*, dem *faustischen* und dem *tiefenpsychologischen* vier Motivkreise, die eine gemeinsame Botschaft teilen:

>> [Z]um verantwortungsvollen, nutzbringenden Umgang mit potentiell weltzerstörenden Technologien gehört eine Ethik, über die die Menschen nicht verfügen und vielleicht – daran gemahnt das Beispiel der weit fortgeschrittenen und doch untergegangenen Krell – niemals verfügen werden. Auf die menschliche Hybris, die Kräfte der Schöpfung beherrschen zu können, folgt unweigerlich die göttliche Nemesis: der Sturz der falschen Götzen und die Vertreibung aus dem Paradies.« (Zellhuber 2008)

Auffällig an dieser, durchaus gängigen Interpretation ist, dass Robby nur eine kleine Rolle spielt. Lediglich die faustisch-motivierte Interpretation würdigt ihn als »modernen Homunculus« (Zellhuber 2008). Dabei stellt sie jedoch nicht Robby in den Mittelpunkt, sondern Dr. Morbius in seiner Funktion als Mad Scientist.

Für die dieser Arbeit zugrundeliegende Frage nach der Darstellung von Robotern im Film, ist die Haupthandlung eher uninteressant, da die Szenen mit Robby überwiegend als Nebenhandlung klassifiziert werden können. Ich werde daher auf die einzelnen Lesarten nicht genauer eingehen und mich nun eingehender mit dem im Film artikulierten Verhältnis zwischen Mensch und Roboter befassen. Dabei ist auffällig, dass der Film trotz eines mahnenden Grundtenors in Bezug auf Technik den Roboter durchweg positiv darstellt.

Menschenähnlichkeit

Obwohl Robby im Film durchaus als Sympathieträger fungiert wird ihm nur eine geringe Menschenähnlichkeit zugeschrieben. Auch wenn Robby die Fähigkeit zur sprachlichen Kommunikation besitzt wird die Frage, ob er ein *Bewusstsein* besitzt, im Film nicht thematisiert. Filmsprachliche Stilmittel, die auf eine Bewusstseinszuschreibung hindeuten würden, wie z.B. ein First-Person-Shot aus seiner Perspektive, fehlen.

Verstärkt wird der Eindruck des fehlenden Bewusstseins durch die Inszenierung des *Willensstatus*. Der Film legt großen Wert darauf, Robby als seiner Programmierung unterworfen zu inszenieren. Dies geschieht explizit auf der Ebene der Story. Nachdem Robby Kapitän Adams und seine Mitstreiter zu Dr. Morbius gefahren hat, demonstriert dieser die Fähigkeiten seines Geschöpfes und hebt dabei vor allem die Vielseitigkeit und überlegene Kraft Robbies hervor. Er schließt seine Ausführungen mit den Worten »Glauben Sie aber nicht, dass Robby irgendwelche Gefühle kennt, meine Herren. Robby ist eben nur ein Werkzeug« (0:16:31-0:16:35). Auf die daraufhin gestellte Frage, ob so ein Werkzeug in den falschen Händen nicht zur Waffe werden könne, illustriert er, dass Robby den eingebauten Sicherheitsmechanismen seiner Programmierung unterworfen ist. Er bittet Kapitän Adams um seine Waffe und gibt diese Robby. Den Befehl, auf eine Pflanze auf der Terrasse zur schießen, führt der Roboter noch anstandslos aus. Als er jedoch den Befehl erhält, Kapitän Adams zu erschießen, gerät Robby in eine Endlosschleife, da der Befehl im Widerspruch zu seiner »eingebauten Hemmung gegen die Verletzung von Lebewesen« (Morbius, 0:17:55) steht. Dieses Dilemma kann Robby nicht auflösen, sodass Morbius den Befehl schließlich widerruft. Visuell wird die Endlosschleife dadurch illustriert, dass Robbies »Kopf« rötlich aufleuchtet und die elektrischen Ströme, die ihn steuern, sichtbar werden (Abb. 9). Auf diese Weise verdeutlicht der Film noch einmal, dass die Handlungen Robbies nicht von einem Bewusstsein mit eigenem Willen ausgehen, sondern das Resultat elektronischer Prozesse sind. Das »Denken« Robbies wird qua Sichtbarmachung demaskiert. Im weiteren Film finden sich keine Sequenzen, in denen Robby eigenständig handelt. Er führt lediglich Befehle aus, sodass der Eindruck eines fehlenden freien Willens weiter fortbesteht.

In der Sekundärliteratur zum SF-Film wird an dieser Stelle gerne darauf hingewiesen, dass Robby den asimovschen Robotergesetzen unterworfen sei. Diese Einschätzung ist für die ersten beiden Gesetze auch zutreffend. Robby ist nicht in der Lage einen Menschen zu verletzen oder einen Befehl zu verweigern. Eine Gültigkeit des dritten Gesetzes (Schutz der eigenen Existenz) wird vom Film jedoch nicht explizit postuliert, sondern eher verneint. In der Sequenz, in der Morbius die Fähigkeiten Robbys demonstriert, gibt er ihm den Befehl in den Abfallvernichtungsstrahl zu greifen. Robby trottet brav zum Abfallvernichtungsstrahl bevor Morbius den Befehl rechtzeitig widerruft. Es ist davon auszugehen, dass er ohne Widerruf den Befehl ausgeführt und sich somit selbst verletzt hätte, womit eine Wirksamkeit des dritten Robotergesetzes bestritten wird.

Auch eine *Lernfähigkeit* wird Robby insofern verweigert, als dass die Frage, ob Roboter Neues lernen können, im Film nicht thematisiert wird. Zwar ist Robbie in der Lage, für den Koch der C75D 250 Liter Whiskey zu synthetisieren, dabei handelt es sich aber nicht um einen Lernprozesses im Sinne maschinellen Lernens, da Robby lediglich schon vorhandene Programme zur Synthese von Nahrung auf einen neuen Stoff anwendet.

Abb. 9: Robby in der Endlosschleife.   **Abb. 10:** Robbies Greifwerkzeug erinnert an eine Hand.

Vivian Sobchack beschreibt Robbies Aussehen folgendermaßen: »Visually, Robby looks like the offspring of some mad mating between the Michelin tire man und a juke box« (Sobchack 2001, 81). Diese treffende Beschreibung findet ihr Äquivalent in der Dimension anatomisch ähnlich der Eigenschaft *visuelle Ähnlichkeit*. Auch wenn er eine große Ähnlichkeit zu einer Jukebox besitzt, ist der Kopf als solcher zu erkennen. Am Korpus sitzen zwei Arme und zwei Beine, sodass eine gewisse Ähnlichkeit zum menschlichen Körperbau besteht, auch wenn die vier Gliedmaßen im Vergleich zu den menschlichen steif wirken. Auch die Greifwerkzeuge Robbies erinnern an eine menschliche Hand, da zwei Finger und ein abstehender Daumen zu erkennen sind (Abb. 10).

Die Frage nach der *Emotionalität* Robbies spielt im Film nur eine untergeordnete Rolle, da die Inszenierung vor allem den Werkzeugcharakter Robbies betont. Schon bei seiner Demonstration seiner Fähigkeiten merkt Morbius an, dass seine Konstruktion keine Gefühle besitzt und auch im weiteren Film findet sich keine Sequenz, in der Robby Gefühle zeigt. Auch die nur anatomische Ähnlichkeit Robbies verhindert die Zuschreibung von Emotionalität an den Roboter. So lassen sich in dessen Jukebox-Gesicht mit etwas Vorstellungskraft zwar zwei Augen und ein Mund erkennen, jedoch ist die »Mimik« für die Darstellung von Basisemotionen nicht fein genug und zu steif. Auch die Gliedmaßen Robbies sind für eine emotionale Gestik zu steif, so ist er z.b. nicht in der Lage die Schultern hängen zu lassen.

Interaktionsqualität

Als nächstes möchte ich mich der Kategorie Interaktionsqualität zuwenden. Diese befindet sich, wie auch die Kategorie Menschenähnlichkeit, zu Beginn der Entwicklungsgeschichte der Filmroboter noch am unteren Ende des Kontinuums und kann somit noch als generell gering bezeichnet werden.

Ich habe schon ausgeführt, dass Dr. Morbius Robby als Wunderwerk der Technik vorführt und dabei betont, dass dieser keine Gefühle oder ein Bewusstsein besitze. Folglich wird Robby im weiteren Film als Ding und nicht als Lebewesen betrachtet. Dies wird schon bei Robbies erstem Auftreten deutlich. Zu den ersten Worten, die Kapitän Adams zu Robby spricht gehören auch die Sätze: »Sie sind ein Roboter? Ich will sie nicht kränken« (0:12:57-0:13:00). Schon zu Beginn der Interaktion zwischen Robby und den Astronauten wird eine Mensch-Maschine-Dichotomie eingeführt. Durch die Verwendung des Verbes *kränken* wird dabei deutlich, dass das Maschinelle dabei als dem Menschen untergeordnet betrachtet wird. Kurz darauf entspinnt sich folgender Dialog: »Koch: Doktor, ist das nun ein Männchen oder ein Weibchen. Robby: In meinem Fall, mein Herr, ist das Geschlecht völlig bedeutungslos« (0:13:14-0:13:26). Im Gegensatz zu späteren Robotergenerationen wird Robby die Zuordnung zu einem Geschlecht und somit eine der wichtigsten Dichotomien und Orientierungspunkte der menschlichen Existenz verweigert. Somit sehen die Astronauten keinen Mann und keine Frau, sondern ein *Es*, ein Ding, vor sich. Dass Robby als »der Herr« angesprochen wird, ist weniger dabei weniger eine Geschlechtszuschreibung als eine Verwendung des generischen Maskulinums.

Während des ganzen Films wird deutlich, dass Robby eindeutig eine *dienende Funktion* besitzt und dem Menschen unterworfen ist. Dies zeigt sich ebenfalls schon in der ersten Begegnung mit der Raumschiffbesatzung. Nachdem Robby aus dem Fahrzeug ausgestiegen ist, deutet er – sofern dies sein steifer Körper zulässt – eine Verbeugung und somit eine eindeutige Unterwerfungsgeste an. Auch die von Robby verwendete Sprache lässt immer wieder seine untergeordnete Stellung hervortreten. So redet er die Astronauten alle mit einem unterwürfigen »Mein Herr« an und formuliert jede Anforderung an sie als Bitte. Während des ganzen Films hält Robbies klaglose Verrichtung aller Aufgaben (selbst die Synthese von Schnaps für den Schiffskoch) den Eindruck der dienenden Funktion aufrecht. Kurz vor Schluss des Films wird dieser Eindruck noch einmal gestärkt. Auch hier setzt der Regisseur wieder auf den Dialog und somit auf die Sprache um Unterworfenheit zum Ausdruck zu bringen. Als Kapitän Adams und Dr. Ostrow nach dem Angriff des unsichtbaren Monsters auf ihr Raumschiff Dr. Morbius besuchen wollen, werden Sie an der Tür von Robby aufgehalten. Dieser verweigert ihnen mit den Worten »Ich bin angewiesen worden, zu dieser Stunde keine Besucher einzulassen« (1:18:29-1:18:34) den Zutritt. Ein wenig später bekräftigt er noch einmal »[…] ich bin so eingestellt, dass ich niemanden einlassen darf« (1:19:08-1:19:10). Durch Verwendung von passiven Phrasen wie »bin angewiesen worden« und den Verweis auf seine Programmierung, wird deutlich, dass Robby hier nicht als eigenständiges Individuum handelt, sondern lediglich die Befehle anderer ausführt – er ist nicht aktiv, sondern nur ausführendes Organ.

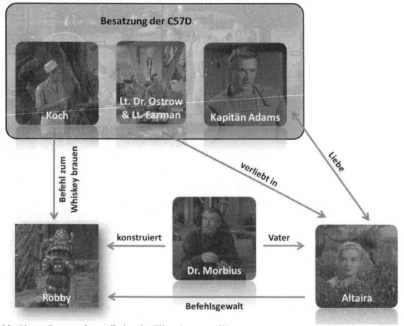

Abb. 11: Personenkonstellation des Films ALARM IM WELTALL.

Ein Blick auf die Personenkonstellation (Abb. 11) zeigt schnell, dass sich die Eigenschaft Intimitätsgrad sozialer Beziehungen bei Robby noch am unteren Ende ihres Kontinuums befindet. Robby interagiert zwar mit relativ vielen Personen, dennoch bleibt er randständig. Alle Interaktionen, an denen Robby beteiligt ist, dienen lediglich der Befehlsübermittlung an den Roboter. Selbst der Koch, der Robby später duzt, nutzt diesen nur, um sein Bedürfnis nach Schnaps zu befriedigen. Die vertrauliche Anrede ist dabei kein Anzeichen von Intimität, sondern vielmehr dem Charakter des Kochs geschuldet, der den ganzen Film über durch seine vertrauliche und eher lockere Umgangsweise auffällt. Den Beziehungen zwischen Robby und den anderen hand-elnden Personen fehlt das Kennzeichen der Gegenseitigkeit, sodass sie nicht als soziale Beziehungen bezeichnet werden können.

Rahmenbedingungen

Als letztes möchte ich die Eigenschaften der Kategorie Rahmenbedingungen beschreiben. In Bezug auf die Eigenschaft *Friedensstatus* lässt sich sagen, dass im Film von einer friedlichen Koexistenz von Roboter und Menschheit ausgegangen wird. Da die dienende Funktion der Roboter betont wird, lässt der Film auch keinen Zweifel daran, dass diese Koexistenz in keiner Weise bedroht ist. Auch wenn der Film eine durchaus kritische Sichtweise auf den technischen Fortschritt eröffnet, wird dem Roboter kein Bedrohungspotenzial zugeschrieben.

In Bezug auf die *Alltäglichkeit* wird schnell deutlich, dass Robby den Status einer Sensation besitzt. Beim ersten Gespräch bezeichnet Kapitän Adams Robby als »Wunderwerk, das die gesamte irdische Physik heutzutage noch nicht herstellen kann« (0:18:41-0:18:46). Schon die Bezeichnung als »Wunderwerk« zeigt deutlich den sensationellen Status Robbies. Die explizite Betonung, dass die Wissenschaft auf der Erde, diesen Stand noch nicht erreicht habe, verdeutlicht dies nur noch einmal. Auch die Unbeholfenheit der Astronauten bei den Begegnungen mit Robby ist ein Cue dafür, dass Roboter im filmischen Universum kein alltägliches Phänomen sind.

Die *Produktion* Robbies wird nicht explizit gezeigt. Jedoch offenbart Dr. Morbius im Gespräch mit Kapitän Adams und Dr. Ostrow, dass er den Roboter aufgrund seines Studiums der Krel-Schriften konstruieren konnte (0:51:41-0:51:50). Morbius benennt sich explizit als Schöpfer und deklariert Robby somit als Handarbeit, die über den Status eines Einzelstückes noch nicht hinausgekommen ist.

Zusammenfassung

Der Film ALARM IM WELTALL attestiert seinem robotischen Protagonisten Robby nur eine geringe Menschenähnlichkeit und betont in der Inszenierung der Interaktionsqualität vor allem seine dienende Funktion. Der Roboter erscheint hier noch als ein *Stück Technik*, das vor allem durch seine Funktionalität definiert wird.

Weitere Filme und Variation des Musters

Die dienenden Einzelstücke sind eines der populärsten Muster der Roboterdarstellung im SF-Film. Ich werde hier weitere Filme, die dem Muster angehören, nur kurz erwähnen. Die Aufzählung erhebt keinen Anspruch auf Vollständigkeit und soll lediglich illustrieren, dass das Muster über die Jahrzehnte hinweg präsent bleibt.

Als erstes ist hier DER TAG AN DEM DIE ERDE STILLSTAND mit seinem Roboter Gort zu erwähnen. Auch dieser wird als überlegenes Stück Technik inszeniert, was sich insbesondere in der »dinghaften« Inszenierung mit vielen halbnahen und halbtotalen Einstellungen zeigt. Eine Großaufnahme seines Gesichtes dient nur dazu, die Gefahr seines Lasers hervorzuheben. Seine Interaktionen mit den Menschen beschränkt sich auf die Entgegennahme von Befehlen.

Das Muster variiert im Laufe der Zeit und aus den dienenden Einzelstücken, werden dienende *Gruppen*, die ihren Status als Sensation verlieren. So finden sich in LAUTLOS IM WELTRAUM (USA, 1972, Douglas Trumbull) zwar mehrere Roboter, die wahrscheinlich auch Massenindustriell gefertigt wurden, von den Änderungen dieser Rahmenbedingungen mal abgesehen bleibt das Muster jedoch konstant. Ein Blick durch die Augen des Roboters wird im Film als Kameraaufnahme, die sich ein Astronaut ansieht, enttarnt und spricht somit nicht für ein Roboter-Bewusstsein.

Auch wenn sie liebenswert erscheinen und hohe Sympathie beim Zuschauer erhaschen, gehören die Roboter der STAR WARS – Reihe (Beginn mit KRIEG DER STERNE, USA, 1977, George Lucas) für mich ebenfalls in dieses Muster. In RUN-AWAY - SPINNEN DES TODES (USA, 1984, Michael Crichton) finden sich Roboter unterschiedlichster Bauart, die von ihrer Alltäglichkeit abgesehen keine Veränderung im Vergleich zu Robby durchgemacht haben. Auch in den 1990ern sind dienende Einzelstücke noch präsent, z.B. in JUDGE DREDD (USA, 1995, Dammy Cannon), in dem ein ausrangierter Militärroboter vom Bösewicht in Dienst genommen wird und Angst und Schrecken verbreitet. Auch wenn er nicht den Robotergesetzen folgt und Menschen tötet, besitzt dieser Roboter noch eine dienende Funktion – er dient nur leider dem Falschen.

Ein Sonderfall ist PER ANHALTER DURCH DIE GALAXIS (USA/UK, 2005, Garth Jennings) mit seinem Roboter Marvin. Schon sein Aussehen wirkt dank des übergroßen Kopfes wie eine Karikatur des Anatomisch-ähnlichen. Wir sehen keine subjektive Kamera aus seiner Perspektive und auch kein Anzeichen für eigenständiges Handeln. Marvin trottet immer nebenher. Seine dauerhafte Depression als »echte« Gefühlsregung anzuerkennen fällt schwer, weil es so scheint, als sei Traurigkeit schon ab Werk einprogrammiert. Gerade weil die einzige Emotion, die Marvin zeigt, übermäßig betont wird, scheint er eine satirische Ausprägung des Musters zu sein. Dem technischen Wunderwerk Roboter der 1950er wird ein Roboter entgegen gesetzt, der mehr sein will – aber im Laufe des Films nie wirklich Bedeutung erlangt. Diese Randständigkeit Marvins zeigt sich auch in der Kinematographie. Der Roboter befindet sich fast immer am Rand der Kadrierung.

6.2.2 Unterlegene Kopien sensationeller Alltäglichkeit (Westworld)

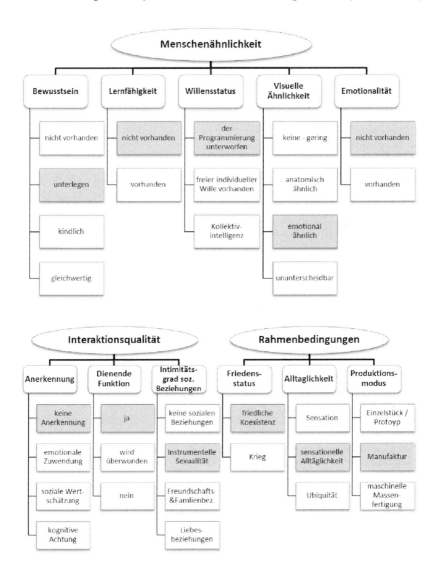

Abb. 12: Schematische Darstellung des Musters »Unterlegene Kopien sensationeller Alltäglichkeit«.

Das Muster, das ich mit dem etwas sperrigen Titel »unterlegene Kopien sensationeller Alltäglichkeit« benannt habe, ist typisch für die 1970er-Jahre und stellt die zweite Stufe der hier beschriebenen Roboterdarstellungsgenealogie dar. Im Vergleich zum vorherigen Muster wird den Robotern nun eine höhere Menschenähnlichkeit zugesprochen, wobei jedoch immer noch die Unterlegenheit des Maschinellen gegenüber dem Menschlichem im Vordergrund steht. Die Interaktionsqualität wird dementsprechend nur geringfügig höher eingestuft als bei den dienenden Einzelstücken und zeigt sich nur in einem Wandel der Kategorie »Intimitätsgrad sozialer Beziehungen«. In den Rahmenbedingungen ist die Inszenierung sensationeller Alltäglichkeit prägend für dieses Muster, weshalb ich diese in die Musterbenennung mit aufgenommen habe. Auch wenn z.b. in WESTWORLD ein Aufstand der Roboter geschildert wird, wird ein genereller Krieg zwischen Menschheit und Robotern nicht beschrieben. Auseinandersetzungen sind lediglich einem Programmierfehler geschuldet und gefährden nicht die generelle friedliche Koexistenz.

Westworld – Allgemeines zum Film

Der Film WESTWORLD spielt in einer zeitlich nicht genauer bestimmten Zukunft im Freizeitpark »Delos«. Dieser besteht aus drei Themenwelten (Altes Rom, Mittelalter, Wilder Westen), in welchen den Besuchern ein möglichst authentisches Erleben der damaligen Zeit geboten werden soll. Die Themenwelten sind dabei von Robotern bevölkert, mit denen z.b. im Wilden Westen Schießereien realitätsnah inszeniert werden können. Dabei ist den Robotern ein Mechanismus eingebaut, der verhindert, dass sie Menschen ernsthaft verletzen. Aufgrund einer sich ausbreitenden »Roboterkrankheit« – heutzutage würde man wohl von einem Computervirus sprechen – kommt es zu Fehlfunktionen und die Roboter beginnen, die Besucher des Freizeitparks anzugreifen und sogar zu töten. Der Film fokussiert dabei die Ereignisse im Western-Themenpark, in dem die Freunde Peter Martin und John Blane von einem robotischen Revolverhelden verfolgt werden, den sie am Tag zuvor (vermeintlich) erschossen. John wird von dem Revolverhelden getötet, Peter gelingt es nach einer längeren Flucht, die ihn schließlich in den Mittelalterthemenpark führt, den Roboter zu überlisten und außer Funktion zu setzen.

Was den Film für diese Arbeit interessant macht, ist die Tatsache, dass in ihm zum ersten Mal die Vorstellung vertreten wird, ein Roboter könnte ein Bewusstsein besitzen – auch wenn dieses gegenüber dem menschlichen als unterlegen inszeniert wird.

Menschenähnlichkeit

In der Kategorie Menschenähnlichkeit ist gegenüber dem vorherigen Muster der dienenden Einzelstücke eine deutliche Weiterentwicklung zu erkennen. Diese zeigt sich am deutlichsten in den Eigenschaften Bewusstsein und visuelle Ähnlichkeit.

In der Eigenschaft *Bewusstsein*[39] wird die untere Grenze des Kontinuums verlassen. In WESTWORLD wird den Robotern durchaus ein »Inneres« zugeschrieben, auch wenn dessen Intelligenzleistung im Vergleich mit dem menschlichen Bewusstsein gering ausfällt. Die Inszenierung von Bewusstsein erfolgt im Film dabei exemplarisch anhand der Figur des Revolverhelden. Der Eindruck, dieser besitze ein Bewusstsein, entsteht vor allem dadurch, dass wir in mehreren Szenen durch die Augen des Revolverhelden blicken. Die subjektive Kamera hat hier auch die Funktion einer *subjektivierenden* Kamera, in dem Sinne, dass dem Roboter der Status eines vollwertigen Akteurs zugesprochen wird, welcher aufgrund innerer Prozesse und nicht allein aufgrund eines Reiz-Reaktions-Schemas handelt. Dass wir das so inszenierte Bewusstsein dennoch als minderwertig beurteilen, liegt in der kinematographischen Gestaltung des Bildes. Dieses erscheint minderwertig, da es schlecht aufgelöst ist und nur aus Klötzchen zusammengesetzt ist. Die Sicht des Roboters wird als Wahrnehmung von Pixeln demaskiert (Abb. 13 und 14). Vivian Sobchak beschreibt den Point-of-View des Revolverhelden und dessen Wirkung auf den Rezipienten sehr treffend:

》The subjective camera may let us in one instance look through the scanner-eyes of the robot gunfighter [...], but what we see is so remote from human vision that we emphatically made aware not of a ›single circuit of consciousness‹, but of the vast separation between man and his creations. The little colored cubes which move geometrically over a graph paper-like grid may be aesthetically pleasing in their pastel visualization, but they deny any but the most tenuous connection between the robtot‹s vision and our (the audience) vision of a warm-blooded and ungeometric human being trying to escape from mechanical retribution.« (Sobchack 2001, 85-86)

Abb. 13: Ein Blick durch die Augen des Revolverheldens...

Abb. 14: ... und die Realität zum Vergleich.

Verstärkt wird der Eindruck des minderwertigen Bewusstseins noch einmal am Ende des Films. Der Revolverheld folgt Peter in die Mittelalterwelt. Peter versteckt sich hinter einer Fackel. Aufgrund seiner grobkörnigen Auflösung kann der Revolver-

---

39 Ich habe mich mit dem Bewusstsein des Revolverhelden in WESTWORLD bereits in »Von Descartes zu Deckard« auseinandergesetzt. Die in diesem Kapitel gemachten Ausführungen zum Bewusstsein basieren im Wesentlichen darauf (Ruge 2009, 30-31).

held die verschiedenen Wärmequellen nicht unterscheiden und entdeckt Peter daher nicht.

Die Inszenierung eines unterlegenen Bewusstseins erfolgt in WESTWORLD also vor allem durch die Präsentation einer minderwertigen Wahrnehmung. Der Eindruck der kognitiven Unterlegenheit der Roboter wird dadurch verstärkt, dass den Robotern die *Lernfähigkeit* abgesprochen wird. Es gibt keine Sequenz, die thematisiert, dass einer der Roboter etwas lernen und sein Handlungsrepertoire über die ihm mitgegebene Programmierung hinaus erweitern würde. Das »Wissen« der Roboter ist kein Ergebnis eines Lernprozesses, sondern resultiert aus einprogrammierten Handlungsmustern. So kann der Revolverheld auch nicht aus seiner Rolle schlüpfen und eine andere Position in der Westernstadt einnehmen. Er ist darauf programmiert die direkte Konfrontation zu suchen, und dies tut er den ganzen Film über. Dabei führt sein Handeln immer zu einer Schießerei, er ist nicht einmal in der Lage sein Handlungsschema so zu modifizieren, dass es »nur« in einer Schlägerei endet.

Bei der Eigenschaft *Willensstatus* wird im Film schnell deutlich, dass die Roboter keinen freien Willen besitzen. Dies wird vor allem durch eine Parallelmontage auf der Makroebene des Films deutlich. Immer wieder wird in die Kommandozentrale des Freizeitparks geschnitten, in der die Angestellten das Verhalten der Roboter steuern. So sehen wir z.b. wie in der Kommandozentrale der Befehl zum Start einer Saloonschlägerei gegeben wird. Mit dem Knopfdruck wird in den Saloon geschnitten, wo die Roboter mit der Schlägerei beginnen. Ihre Handlung wird somit eindeutig als ferngesteuert charakterisiert, ein freier Wille wird den Robotern dadurch abgesprochen (0:47:33-0:47:43). Im Film finden sich mehrere solcher Szenen, die immer wieder zeigen: Das Verhalten der Roboter ist von außen gesteuert. Verstärkt wird dies dadurch, dass in der Kommandozentrale immer wieder ein Monitor zu sehen ist, welcher den Programmcode Delos´ zeigt. Spätestens hier werden die Handlungen der mechanischen Protagonisten als Algorithmus demaskiert.

Die *visuelle Ähnlichkeit* der Roboter lässt sich als emotional ähnlich beschreiben. Im Gegensatz zu den vorgestellten Robotern aus des Musters »dienende Einzelstücke« besitzen sie ein dem Menschen nachempfundenes Gesicht, welches zwar noch etwas künstlich wirkt, aber aufgrund anatomisch korrekter Lage von Augen, Augenbrauen, Mund, etc. in der Lage ist, Basisemotionen zu zeigen. Auch besitzen die Roboter eine Haut und tragen Kleidung, wodurch ihr Äußeres dem Menschen schon sehr nahe kommt (Abb. 15). Allerdings sind sie noch nicht ununterscheidbar. Die Differenz, an der ein Roboter zu erkennen ist, ist in WESTWORLD die Gestalt der Hände. Deutlich wird dies schon zu Beginn des Films in einen Gespräch zwischen Peter und John. Als beide im Freizeitpark eintreffen, unterhalten sie sich anlässig einer sehr menschlich wirkenden robotischen Empfangsdame über die Möglichkeit Roboter und Mensch zu unterscheiden. Auf Peters Frage, ob sie nun einen Roboter vor sich hatten, entspinnt sich folgendes Dialogfragment:

》》J: Höchstwahrscheinlich.
　　P: Das ist nicht zu fassen.

J: In diesem Fall kann man es nicht mit Bestimmtheit sagen. Das ist nur
       möglich, wenn man die Hände sieht. Die haben sie noch nicht über-
       zeugend hingekriegt.« (0:08:13-0:08:25)

Dieser Dialog wird später noch einmal aufgegriffen. Als Peter und John in ihrem
Hotelzimmer einchecken, geben Sie dem Hotelier ein Trinkgeld, um dessen Hände
genauer betrachten zu können. Dabei wird in einer Großaufnahme auf die Hand
des Hoteliers geschnitten, wodurch deren fehlende Perfektion deutlich zu Tage tritt
(Abb. 16).

Abb. 15:   Die Roboter in Westworld   **Abb. 16:**   Die Hand eines Roboters in
                besitzen eine Haut und tragen   Westworld. Sie ist deutlich als
                Kleidung.   Kopie zu erkennen.

Die Roboter sind in Westworld dem Menschen emotional ähnlich, wenn auch noch
nicht ununterscheidbar. Den Schritt zur nächsten Stufe deutet der Film jedoch am
Ende an. Nach dem Duell mit dem Revolverhelden entdeckt Peter eine gefangene
Frau und befreit sie. Als er ihr Wasser einflößt, sprühen Funken aus ihr, wodurch sie
als Roboter enttarnt wird. So sehr WESTWORLD auch die »innere« Unterlegenheit der
Roboter betont, so sehr weist der Film auch auf die äußere Ähnlichkeit und die damit
verbundene Verwechslungsgefahr hin.

Auch wenn in WESTWORLD den robotischen Protagonisten ein emotional ähn-
liches Äußeres zugestanden wird, so wird den Robotern dennoch die Fähigkeit,
Gefühle zu empfinden, die *Emotionalität*, verweigert. Im ganzen Film über findet
sich auf der Story-Ebene keine Hinweis darauf, dass die Roboter Gefühle empfinden
könnten. Auch intime Handlungen wie der Geschlechtsverkehr, werden immer als
Folge einer Programmierung demaskiert. Dass das Handlungsrepertoire der Roboter
sehr beschränkt und das Acting ihrer Schauspieler entsprechend schematisch ist,
verstärkt den Eindruck fehlender Emotionalität.

Interaktionsqualität

Auch wenn sich die Menschenähnlichkeit im Muster der unterlegenen Kopien im Vergleich zu den dienenden Einzelstücken im starken Maße weiterentwickelt hat, wird
den Robotern bei der Interaktionsqualität nur ein geringer Zuwachs zugesprochen. So
wird den Robotern eine *Anerkennung* als freies Wesen verweigert, sodass sie weiterhin Dingstatus besitzen. Deutlich wird dieser Status vor allem in der Funktion,
welche die Roboter im Freizeitpark Delos erfüllen: Sie sollen den Menschen ein

möglichst authentisches Erleben einer vergangenen Zeit erfüllen. Oftmals beinhaltet dieses auch, die Gäste in einen Schwertkampf oder eine Schlägerei zu verwickeln, welche der Roboter natürlich zu verlieren hat. Dabei wird der Roboter des Öfteren beschädigt und muss repariert werden. Nicht zuletzt durch die Vielzahl beschädigter Roboter, die am Ende eines Tages eingesammelt werden müssen, werden diese als Gebrauchs- und Verschleißware charakterisiert.

In WESTWORLD besitzen die Roboter eine *dienende Funktion*. Ihre Aufgabe besteht gerade darin, den Menschen einen möglichst angenehmen Aufenthalt in dem gewählten Themenpark zu gewährleisten. So stehen den Urlaubern in der Westernweld willige Prostituierte im Bordell zur Verfügung und auch in der Mittelalterwelt finden sich weibliche »Angestellte«, die dem als König agierenden Gast sexuell gefällig sind, sofern er dies denn wünscht. Der Kern der Story in WESTWORLD besteht nun darin, dass die Roboter diese dienende Funktion verweigern und gegenüber den Menschen handgreiflich werden. Dies ist m.E. jedoch noch kein hinreichender Grund davon zu sprechen, dass die dienende Funktion der Roboter überwunden wird. Die Widerspenstigkeit der Roboter ist nämlich kein Produkt einer geregelten Interaktion oder der Anerkennung als freies Individuum, sondern resultiert aus einer Fehlfunktion. Die Abweichung vom Normalzustand dient in WESTWORLD dazu diesen hervorzuheben. Indem gezeigt wird, dass nur eine Fehlfunktion zu widerspenstigem Verhalten führt, wird eben die dienende Funktion als normal herausgestellt.

Für die Eigenschaft *Intimitätsgrad sozialer Beziehungen* habe ich bereits angesprochen, dass den Robotern in den Themenparks oftmals die Aufgabe zukommt, auch sexuelle Bedürfnisse der Gäste zu erfüllen. Somit ist in der Interaktion zwischen Mensch und Maschine eine gewisse Intimität erreicht. Dennoch halte ich es für problematisch hier schon von einer »echten« *sozialen* Beziehung zu sprechen, da aus der sexuellen Erfahrung keinerlei Verpflichtung für den menschlichen Gast entspringt. In Westworld wird kein Gefühl von Freundschaft oder gar Liebe beschrieben, sondern lediglich eine instrumentelle Sexualität. Deutlich wird die sozial randständige Position der Roboter auch in der Personenkonstellation (Abb. 17): Die Beziehungen der Roboter zu den Gästen des Vergnügungspark sind einzig und allein durch die den Robotern zugewiesene Rolle definiert und somit rein funktionell.

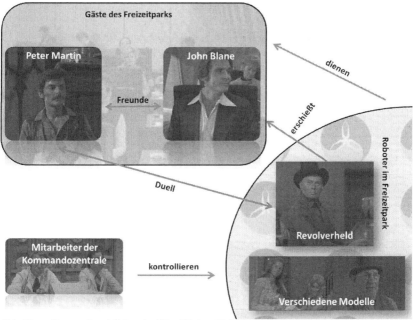

Abb. 17:   Personenkonstellation des Films Westworld. Ich beschränke mich
dabei auf die Charaktere der Hauptstory.

Rahmenbedingungen

Innerhalb der Kategorie Rahmenbedingungen ist die Eigenschaft des Friedensstatus´
beim Film WESTWORLD wahrscheinlich eine der strittigsten, da es auf den ersten Blick
seltsam erscheinen mag, bei einem Film, der davon handelt, dass Roboter gewalt-
tätig gegen Menschen werden und diese teilweise sogar töten, von einer friedlichen
Koexistenz zu sprechen. Bei den anderen dem Muster zugeordneten Filmen ist der
Status hingegen eindeutig friedlich. Ist WESTWORLD hier nun eine Ausnahme? In meinen Augen nicht. Der Grund hierfür ist, dass sich die Eigenschaft Friedensstatus auf
eine im Film dargestellte makrosoziologische Perspektive bezieht und das Verhältnis
der Menschheit zu Robotern im Allgemeinen meint und nicht auf einzelne misslun-
gene Interaktionen abzielt. So dramatisch die Amokläufe der Roboter in WESTWORLD
auch inszeniert sein mögen, so spielen sie doch in einer geschützten Sphäre, die
narrativ eindeutig von der Alltagswelt abgegrenzt ist. Die alltägliche Normalität des
filmischen Universums wird in WESTWORLD nicht thematisiert. Da sich aber keine
Anzeichen eines Kriegs zwischen Menschen und Robotern finden lassen, gehe ich

von einer friedlichen Koexistenz aus, die im nachfolgenden Sequel Futureworld bestätigt wird.

Die Eigenschaft *Alltäglichkeit* ist für das Muster m.E. eine der relevantesten, weshalb ich sie bei der Benennung berücksichtigt habe. Im Vordergrund steht die Inszenierung sensationeller Alltäglichkeit, was meint, dass die Handlung des Films in einer von der Alltagswelt des filmischen Universums klar abgetrennten geschützten Sphäre spielt, in der Roboter zum Alltag gehören, was wiederum die Sensation ausmacht. Im Film Westworld nimmt der Freizeitpark Delos die Funktion dieser geschützten Sphäre ein. Die Sensationalität dieser Sphäre wird schon zu Beginn des Films in einem mit zufriedenen Kunden prahlenden Werbespot unterstrichen. Der Werbespot, der durch eine Beschränkung des im Film üblichen Cinemascope-Formats auf ein 4:3-Bild als solcher kenntlich gemacht wird, schließt schließlich mit den Worten »Delos – der Urlaub von morgen – heute« und stellt somit die Besonderheit des Freizeitparks noch einmal heraus (Abb. 18).

Abb. 18:   Werbung für den Freizeitpark Delos.

Die Kennzeichnung Delos' als von der Alltagswelt zu unterscheidende Sphäre wird nicht nur durch diesen Werbespot erreicht, sondern durch eine zusätzliche narrative Rahmung gestützt. Die ersten Sequenzen des Films zeigen die Reise der Gäste zum Freizeitpark. Zunächst sehen wir diese in einem Flugzeug sitzen und sich einen Informationsfilm über den Freizeitpark ansehen. In Parallelmontage wird ein Blick aus dem Cockpit des Flugzeuges gezeigt und eine einsame Wüstenlandschaft ist zu sehen. Schon hier wird deutlich, dass die alltägliche Zivilisation verlassen wird. In Delos angekommen, werden die Gäste zunächst in einer Halle in Empfang genommen und anschließend zu den einzelnen Themenparks gebracht. Zuvor müssen sie jedoch in einer Umkleidekabine halt machen und ihre normale Kleidung gegen eine dem Thema des Parks angemessene austauschen. Das Wechseln der Kleidung steht hierbei für den Rollenwechsel der Gäste und verdeutlicht noch einmal die Nicht-Alltäglichkeit des Freizeitparks. Die nun einsetzende, extradiegetische Westernmusik auf der – bisher nur von Geräuschen besetzten – Tonspur fungiert auf auditiver Ebene als ergänzende Rahmung.

Mit der als »sensationelle Alltäglichkeit« beschriebenen Alltäglichkeit korrespondiert ein bestimmter Modus der im Film dargestellten *Produktion* von Robotern. Zwar finden sich in Westworld keine Sequenzen, welche die Fertigung eines Roboters zeigen, aber die Art und Weise, wie die Reparatur inszeniert wird, lässt jedoch Rückschlüsse auf die Form der Produktion zu. Es lässt sich eine Stufe der Produktion vermuten, die zwischen der händischen Fertigung eines Einzelstücks und der maschinellen Massenproduktion steht: Eine Manufaktur – der Mensch ist hier noch ausführender »Schöpfer«, stellt allerdings Serienprodukte her.

Die bei der Reparatur der Roboter verwendete Ikonographie erinnert eher an eine Operation als an eine mechanische Reparatur. Dies beginnt schon bei der Inszenierung der Halle, die sich durch eine *Krankenhausatmosphäre* auszeichnet. Diese zeigt sich schon im ersten Shot der ersten Sequenz in der Roboter inszeniert werden. Aus dem Laderaum eines LKWs, der die Roboter anliefert, sehen wir folgendes Bild (Abb. 19):

Abb. 19: Die Reparaturhalle.

Der Eindruck der Krankenhausatmosphäre entsteht dabei auf zweierlei Weise. Zum einen wirkt das *Setting* sehr steril, der Raum ist monoton weiß gestrichen und wirkt sehr sauber. Ein dreckiger Boden oder Rückstände von Öl, wie man sie z.B. bei einer Autoreparaturwerkstadt erwarten würde, fehlen hier vollkommen. Auch die Einrichtung des Raumes erinnert an einen Operationsaal. Statt technischen Utensilien und Hebebühnen besteht sie lediglich aus Operationstischen. Zum anderen wird durch die Kleidung der Protagonisten die Krankenhausatmosphäre erzeugt. Die Reparateure sind vollkommen in weiß gekleidet und tragen eine Kappe auf dem Kopf. Diese Kleidung erinnert eher an die Berufskleidung von Ärzten als an die eines Mechanikers. Dass auch die Kleidung steril wirkt und keinerlei Verschmutzung erkennen lässt, verstärkt diesen Eindruck.

Die nun folgende Sequenz erinnert auch eher an einen – zugebenermaßen etwas überfüllten – Operationsaal als an ein typisches Bild einer Reparatur. So erinnert die Ausgabe eines in Großaufnahme hervorgehobenen Messinstruments an ein EKG (Abb. 20). Eine in halbnaher Einstellung gezeigte Reparatur weist ebenfalls eine »Operationsikonographie« auf. Der kaputte weibliche Roboter, den man angesichts der Bildsprache als »Patientin« bezeichnen will liegt auf einem Operationstisch. Dabei ist er mit einem weißen Laken bedeckt, welches lediglich an der zu reparierenden/operierenden Stelle eine Öffnung besitzt. Auch dieses erinnert an ein Krankenhaus. Durch die Abdeckung des Roboters wird ein Schamgefühl suggeriert, welches für eine klassische mechanische Reparatur unnötig wäre. Der Gedanke, ein Automobil in der Werkstatt bis auf den zu reparierenden Bereich abzudecken, erscheint gerade zu absurd. Auch die beiden anwesenden »Ärzte« verstärken die Ikonographie der Operation (Abb. 21). Der Rechte der beiden ist etwas älter und trägt eine Krawatte. Letztere ist eine untypische Kleidung für einen Mechaniker und kann hier als Anzeichen für die Zugehörigkeit zu einer akademischen Schicht gesehen werden. Darüber hinaus adelt sie ihren Träger als ranghöher, sodass bei dem erwähnten Shot der Eindruck entsteht, ein Operateur frage seinen Chefarzt um Rat.

Abb. 20: Das »Roboter-EKG«. **Abb. 21:** Reparatur mit «Operationsiko-nographie».

Diese Inszenierung der Reparatur hat zweierlei Folgen. Zum einen erleichtert sie es dem Rezipienten, die im Film propagierte erhöhte Menschenähnlichkeit von Robotern anzunehmen. Gerade das durch die Operationsikonographie hervorgerufene Schamgefühl macht es leichter, den reparierten Objekten einen Subjektstatus zuzuschreiben. Zum anderen kaschiert diese Inszenierung den Status der Roboter als industrielles Massenprodukt. Roboter werden im filmischen Universum WESTWORLDS »von Hand« repariert, weshalb wir geneigt sind, dieses auch auf für ihre Produktion anzunehmen.

Zusammenfassung

In WESTWORLD wird den robotischen Protagonisten schon eine höhere Menschenähnlichkeit zugeschrieben als noch in früheren Filmen. Dennoch liegt der Schwerpunkt des Films darauf, die Unterlegenheit des Bewusstseins der Roboter zu zeigen. Die Eigenschaften der Kategorie Interaktionsqualität verbleiben dabei auf der unteren Stufe des Kontinuums, lediglich eine instrumentelle Sexualität wird thematisiert. Insbesondere die Inszenierung sensationeller Alltäglichkeit macht deutlich, dass die Roboter noch nicht im Stadium maschineller Massenproduktion angekommen sind. Auch wenn der Film eine fatale Fehlfunktion der Roboter thematisiert, die zum Tod vom Menschen führt, kann generell von einer friedlichen Koexistenz im filmischen Universum WESTWORLDS ausgegangen werden.

Weitere Filme

Die Fortsetzung Westworlds, die unter dem Titel Futureworld in die Kinos kam, gehört ebenfalls dem Muster der unterlegenen Kopien sensationeller Alltäglichkeit an. Der Film erzählt die Geschichte zweier Journalisten, die den Freizeitpark Delos nach dessen Neueröffnung besuchen und dabei erfahren, dass der neue Besitzer des Parks plant, prominente Persönlichkeiten durch Roboter zu ersetzen. Auch die beiden Journalisten sollen ersetzt werden. Bevor dies geschieht, können beide jedoch fliehen. Die filmsprachliche Inszenierung ist im Wesentlichen die Gleiche wie in Westworld, nur dass diesmal auf einem Point-of-View-Shot verzichtet wird und auf der Ebene der Story die äußere Ähnlichkeit der Roboter stärker betont wird. Dabei greift der Film ein Motiv der Romantik auf. Wie in E.T.A Hoffmanns »Der Sandmann« sind es auch hier die Augen, die als Repräsentant der Menschlichkeit und als Unterscheidungskriterium fungieren. In Futureworld wird diese Unterscheidung auf rein technischer Ebene situiert. Den menschlichen Charakteren bleibt der Zutritt verwehrt, weil ihre natürlichen Augen keinen Barcode enthalten, den der Scanner identifizieren kann.

Die hohe Menschenähnlichkeit und der drohende Austausch durch einen Roboter sind auch in Die Frauen von Stepford (USA, 1975, Bryan Forbes) ein Thema. Der Film erzählt, wie in der Kleinstadt Stepford, die Ehefrauen der Männer durch willige Kopien ersetzt werden. Wie in West- und Futureworld sind diese Roboter sehr menschenähnlich und vor allem als Diener konzipiert. In der geschützten Sphäre gehört die künstliche Frau zum Alltag, sodass auch das Kriterium der sensationellen Alltäglichkeit erfüllt ist.

6.2.3 Sozial eingebundene Lerner kindlichen Bewusstseins (Making Mr. Right)

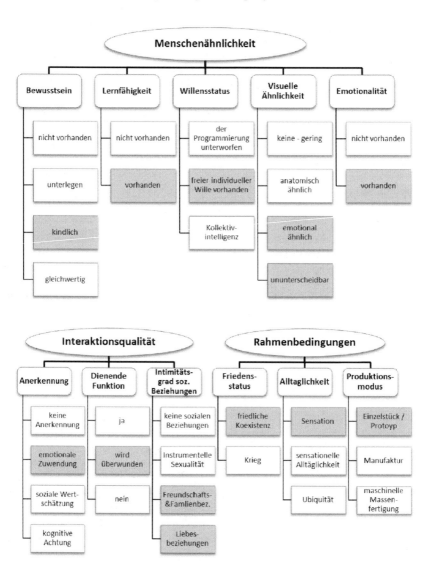

Abb. 22: Übersicht über das Muster »sozial eingebundene Lerner kindlichen Bewusstseins«.

In den 1980er-Jahren kommt es zu einer Spaltung der Genealogie der Roboter-darstellungen. Es kristallisieren sich zwei Entwicklungslinien heraus. Die erste geht von einer friedlichen Koexistenz von Mensch und Robotern aus, die zweite thematisiert eine kriegerische Auseinandersetzung zwischen beiden Parteien. Im friedlichen Entwicklungszweig etabliert sich zu dieser Zeit ein Muster, welches Roboter als *sozial eingebundene Lerner kindlichen Bewusstseins* thematisiert (zum kriegerischen Zweig vgl. Kap. 6.2.4).

Typisch für dieses Muster ist eine weitere Entwicklung der dargestellten Roboter innerhalb der Kategorie Menschenähnlichkeit. Den mechanischen Protagonisten der Filme werden nun ein kindliches Bewusstsein, Lernfähigkeit und ein freier individueller Wille zugestanden. Die Eigenschaft visuelle Ähnlichkeit variiert zwischen den Dimensionen »emotional ähnlich« und »ununterscheidbar«, was dazu führt, dass Robotern die Fähigkeit, Gefühle zu empfinden, zugestanden wird. Auch in der Kategorie Interaktionsqualität ist eine Weiterentwicklung auf dem Kontinuum zu erkennen. Oftmals wird eine Emanzipationsgeschichte erzählt, in welcher der Roboter seine dienende Funktion überwindet, was dazu führt, dass er von seinem Umfeld als freies Individuum anerkannt wird. Auch soziale Beziehungen zwischen Menschen und Roboter erscheinen mittlerweile denkbar. Neben Freundschafts- und Familienbeziehungen werden sogar Liebesbeziehungen thematisiert. In den filmischen Universen der zu diesem Muster gehörigen Filme, sind Roboter noch nicht ubiquitär und besitzen daher den Status einer Sensation. Bei der Eigenschaft Produktion ist sowohl eine maschinelle Produktion als auch der Status als Einzelstück bzw. Prototyp denkbar. Die »Ungenauigkeit« dieser Eigenschaft begründet sich dadurch, dass die Filme, durch ihre Inszenierung sozialer Beziehungen zwischen Mensch und Roboter, die Absicht verfolgen, die von Daniel Dennett als »*origin cauvinism*«[40] (Dennett 2009, 188) betitelte Haltung ad absurdum zu führen, wodurch die »Herkunft« eines Roboters unbedeutend wird. Beim Friedensstatus wird von einer friedlichen Koexistenz ausgegangen.

Making Mr. Right – Allgemeines zum Film

Der Film MAKING MR. RIGHT - EIN MANN Á LA CARTE erzählt die Geschichte der PR-Beraterin Frankie Stone. Nachdem diese ihren Freund, den Politiker Steve Marcus verlässt und ihn anschließend als Kunden verliert, nimmt sie einen Auftrag der Firma Chemtech an, welcher darin besteht, das neueste Produkt, den Androiden Ulysses, zu vermarkten. Dieser ist eigentlich für die Weltraumforschung produziert worden, soll nun aber auch in der »normalen« Bevölkerung bekannt und beliebt werden, um leichter Forschungsgelder akquirieren zu können. Um eine hohe Popularität des Androiden sicherzustellen, versucht Frankie, Ulysses menschliche Umgangsformen beizubringen, was zu Reibereien mit dessen – ebenfalls sozial un-

---

40 Mit origin chauvism bezeichnet Dennett das Argument, dass Bewusstsein eine exklusive Eigenschaft organischen Lebens sei, weshalb Roboter kein Bewusstsein entwickeln könnten.

geschickten – Schöpfer Dr. Jeff Peters führt. Die skurrile Situation wird dadurch verschärft, dass Ulysses Äußeres nach dem Vorbild seines Schöpfers geformt wurde, sodass die beiden sich nicht unterscheiden lassen, wodurch es zu Verwechslungen kommt. Während der »Zusammenarbeit« zwischen Frankie und Ulysses entspinnt sich zwischen beiden eine Liebesbeziehung, die damit endet, dass beide ein Paar werden.

Die Narration ist strukturell einfach und erzählt die Handlung ohne Flashbacks und Zeitsprünge in einem einfachen Chronologiemuster. Dabei fungiert der Film hauptsächlich als Komödie und legt den Schwerpunkt der Inszenierung auf die Komik, die entsteht, wenn es Verwechslungen zwischen Dr. Peter und Ulysses kommt oder wenn der Androide unwissentlich in die Fettnäpfchen sozialer Konventionen tritt. Der Filmdienst beschreibt den Film als eine »[i]m Ansatz originelle Dreieckskomödie mit viel teilweise surrealer Situationskomik, aber einer allzu schlichten Botschaft; nicht frei von Klamauk und filmischem Leerlauf« (Filmdienst 1998) und findet so für den Inhalt ein treffendes Urteil. Bei einer genaueren Analyse der Filmsprache lässt sich jedoch eine elaborierte Auseinandersetzung mit der Roboterthematik erkennen, die über die Konstruktion einfacher Dualismen, wie sie bisher üblich war, hinausgeht.

Menschenähnlichkeit

Das *Bewusstsein* des Androiden Ulysses wird im Film als kindlich inszeniert. Die Annahme eines als kindlich zu beschreibenden Bewusstseins impliziert die Annahme, dass Roboter ein »inneres Selbst« besitzen, das in seiner Leistungsfähigkeit dem menschlichen gleicht oder zumindest nahe kommt. Somit steht, im Gegensatz zu den Filmen der 1970er-Jahren, wie z.B. WESTWORLD, nicht mehr die Inszenierung der Unterlegenheit maschineller Intelligenz im Vordergrund. Deutlich wird dies unter anderem an einem Point-of-View-Shot aus der Perspektive Ulysses, welcher durch eine Verwendung des Continuity-Systems als solcher zu erkennen ist (Abb. 23).

Abb. 23: POV-Shot aus der Perspektive   **Abb. 24:** Das Resultat der kindlichen
            Ulysses'.   Neugierde Ulysses

Die Wahrnehmung des Roboters wird hier als der menschlichen Wahrnehmung ebenbürtig inszeniert. Dadurch, dass keine Metainformationen oder Berechnungen eingeblendet und kein Farbfilter oder andere verfremdende Techniken eingesetzt werden, entsteht der Eindruck, Ulysses befinde sich *unmittelbar* in der Welt und könne diese als ein *selbst* wahrnehmen. Diese den Konventionen menschlicher Wahrnehmung entsprechende und somit *natürlich* anmutende Inszenierung des robotischen Blicks ist der filmsprachliche Ausdruck des Bewusstseinskriteriums der phänomenalen Transparenz und des Selbst-Bewusstseins. Der Film bedient sich damit einer m.E. gängigen Methode, um Bewusstsein zu inszenieren. Der Eindruck der *Kindlichkeit* des Bewusstseins Ulysses entsteht durch seine Handlungen. In vielen Situationen legt er Verhaltensweisen an den Tag, die von Kindern erwartet werden. Ein Beispiel hierfür ist die Sequenz seiner ersten »Unterrichtsstunde« bei Frankie. Diese lässt ihn mit ihrer Handtasche allein im Raum zurück. Als Dr. Peters vorbei kommt und den Raum betritt, findet er Ulysses mit Frankies Lippenstift beschmiert vor (Abb. 24). Auf diese Weise entsteht der Eindruck kindlicher Neugierde und Entdeckungslust. Dies begründet sich unter anderem dadurch, dass das Bild der sich ungeschickt schminkenden Tochter aus dem Family-Entertainment Hollywoods hinreichend bekannt ist. Auch die Missachtung sozialer Konventionen und die in vielen Sequenzen zutage tretende Naivität passen gut in das gesellschaftliche Bild von Kindlichkeit. Letztlich trägt auch die Inszenierung von Lernphasen zu diesem Eindruck bei.

MAKING MR. RIGHT attestiert seinem robotischen Protagonisten die *Fähigkeit, neues zu erlernen*. Dies geschieht dadurch, dass in vielen Sequenzen Lernprozesse thematisiert werden. Als die Mitarbeiter Chemtechs Frankie über ihre Aufgabe und den Roboter Ulysses aufklären, spricht der Leiter der Firma Dr. Ramdas, die Notwendigkeit von Lernprozessen explizit an: »Seine Programmierung ist nur bis zu einem bestimmten Punkt möglich, den Rest muss er lernen, wie jedes Kind« (0:12:40-0:12:45). Dabei wird ein Video von den bisherigen Lernerfolgen Ulysses gezeigt, die vor allem die motorische Steuerung seines Körpers, seine Wahrnehmung und die Koordination von Hand und Auge betreffen und entwicklungspsychologisch überwiegend dem ersten menschlichen Lebensjahr zugeordnet werden (vgl. zur Entwicklung der Wahrnehmung und Psychomotorik im ersten Lebensjahr: Wilkening/Krist 2008, 488-508). Zu Beginn zeigt das Frankie vorgeführte Video wie Ulysses mit sehr grobmotorisch wirkenden Bewegungen gegen eine Wand läuft (Abb. 25). Auf diese Weise wird illustriert, dass er die Koordination seiner Gliedmaßen noch nicht vollständig beherrscht und darüber hinaus eine schlechte Distanzwahrnehmung besitzt. Als nächstes zeigt das Video wie Ulysses ein Glas Wasser eingießt (Abb. 26), die Kanne aber nicht abstellt, als er das Glas zum Trinken zum Mund führt. Dr. Peters erläutert dazu, dass es für einen Androiden schwer sei, die Grenzen eines Objektes und seine Entfernung zu erkennen (ebenfalls ein typisches Entwicklungsproblem des ersten Lebensjahres).

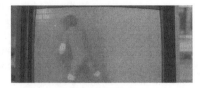

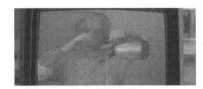

Abb. 25: Ulysses erste Schritte.   **Abb. 26:** Ulysses beim Eingießen.

Die Verbesserung der Hand-Auge-Koordination wird dadurch illustriert, indem Ulysses' Versuche ein Objekt abzuzeichnen gezeigt werden, wobei er am Ende des Films ein Niveau erreicht, dass weit über kleinkindliche Fähigkeiten hinausgeht (Abb. 27 und 28).

Abb. 27: Ulysses Fähigkeiten beim   **Abb. 28:** .. verbessern sich im Laufe der
Zeichnen ...   Zeit.

Die Entwicklungsstufen der frühen Kindheit hat Ulysses bereits absolviert, als er das erste Mal auf Frankie trifft. Seine Bewegungen sind mittlerweile gut koordiniert. Dennoch gibt es im weiteren Film, immer wieder eine explizite Thematisierung von Lernprozessen. Unter anderem muss Ulysses lernen, auf einer Rolltreppe das Gleichgewicht zu halten.

Im Vordergrund steht jedoch im weiteren Film das Erlernen sozialer Konventionen, welches Ulysses sichtliche Schwierigkeiten bereitet. So fasst Ulysses bei seinem ersten Treffen mit Frankie dieser an den Busen, weil es sich bei diesem um ein für ihn neues »Objekt« handelt, das es zu erkunden gilt. Frankie muss ihm erst einmal erklären, dass man sowas nunmal nicht tue. Gerade das Überschreiten der Scham- und Intimitätsgrenze durch Ulysses wird immer wieder zum Anlass genommen, Unterrichtsmomente zu inszenieren und fungiert darüber hinaus als Situationskomik. Weitere Beispiele sind eine unerbetene Fußmassage für Frankie nach einem anstrengenden Tag und ein Kuss für Dr. Peters, um Zuneigung auszudrücken. Diese Inszenierung der Lernprozesse, die typisch für das Kindesalter sind, verstärkt auch den Eindruck des kindlichen Bewusstseins.

In der Kategorie *Willensstatus* wird Ulysses ein freier, individueller Wille zugeschrieben. Dies geschieht vor allem auf der Ebene der Handlung, in der sich der Roboter immer wieder seinem Erbauer widersetzt und z.B. eigenständig aus dem Labor flieht, um Frankie zu suchen. Im Laufe des Films werden wir immer wieder Zeuge davon, wie Ulysses Dinge tut, für die er eigentlich nicht programmiert wurde.

Ihren Höhepunkt erreicht die Revolte des Roboters gegen seinen stellvertretend für die Programmierung stehenden Erbauer beim letzten Training für den Weltraumausflug Ulysses' (1:19:57-1:21:31). Im Gespräch offenbart dieser Dr. Peters, dass er sich in Frankie verliebt habe und aufgrund dessen »kein rechtes Interesse an solchen Dingen« mehr habe. Was er hier als »solche Dinge« tituliert, sind jene Tätigkeiten, für die er eigentlich programmiert wurde: der Einsatz im Weltraum. Ulysses hat sich also von seiner Grundfunktionalität emanzipiert. Gestützt wird der Eindruck des freien Willens dadurch, dass im ganzen Film keine Sequenz vorhanden ist, die Ulysses' Handeln als Resultat eines Algorithmus demaskiert, wie dies z.B. in Westworld noch der Fall war.

In Bezug auf die *visuelle Ähnlichkeit* postuliert der Film eine Ununterscheidbarkeit Die dem Film zugrundeliegende Struktur der Verwechslungskömodie basiert doch gerade auf der angenommenen Ununterscheidbarkeit, die dem Rezipienten neben der Doppelrolle John Malkovichs vor allem durch die handelnden Figuren, die Ulysses immer wieder für Dr. Peters halten, nahe gelegt wird. Auch die Kostüme tragen ihren Teil zum Eindruck der visuellen Menschlichkeit von Robotern bei. Zu Beginn des Films ist eine Unterscheidung zwischen Peters und Ulysses noch anhand der Farbe ihres Overalls möglich. Der Forscher trägt einen blauen Overall, der Android ist in orange gekleidet. Als Ulysses das Chemtech-Gelände verlässt, zieht er einen blauen Overall über und wird deshalb von den Mitarbeitern der Firma für seinen Schöpfer gehalten. Ganz im Sinne Gottfried Kellers heißt es hier: »Kleider machen Leute« – ob sich unter dem Anzug ein Mensch oder Roboter verbirgt ist im filmischen Universum von MAKING MR. RIGHT nicht zu erkennen. Dass wir als Rezipienten immer wieder Cues erhalten, ob es sich um Dr. Peters oder Ulysses handelt, liegt daran, dass die Logik der Verwechslungskomödie gerade durch das Mehrwissen der Zuschauer Komik erzeugt. Die Cues sind überwiegend narrativer Natur. So sehen wir in mehreren Sequenzen, wie Ulysses der Kopf abgenommen wird, sodass die Kopf-Körper-Schnittstelle aus Metall ihn eindeutig als künstliches Wesen demaskiert. Ein weiterer Hinweis für den Zuschauer ist das Acting John Malkovichs, das eine Unterscheidung zwischen Mensch und Roboter ermöglicht. Gerade die Tatsache, dass mit der Verwechslung von Roboter und Mensch humoristisch gespielt wird, zeigt, dass eine Ununterscheidbarkeit zwischen beiden nicht mehr undenkbar ist. Die in WESTWORLD schon angedeutete Entwicklung findet hier ihre Fortsetzung, nun ist auch das Kennzeichen der zu grob geratenen Hände verschwunden.

Die Zuschreibung von *Emotionalität* geschieht auf zweierlei Weise. Zum einen ist durch die Besetzung der Rolle des Roboters mit einem menschlichen Schauspieler ohne ein »Roboterkostüm«, wie es noch in DER TAG AN DEM DIE ERDE STILLSTAND zum Einsatz kam, die Grundvoraussetzung dafür geschaffen, dass die Roboterfigur auch Emotionen ausdrücken kann. Zum anderen wird mit Szenen des eng umschlungenen Tanzens und des Kusses die Narration und Ikonographie der Liebesgeschichte importiert (Abb. 29 und 30). Dadurch gelingt quasi eine Inszenierung von Emotionalität qua Konvention. Diese Inszenierung von Emotionalität wird auf der Ebene der

Kinematographie durch die Verwendung vieler Nah- und Großaufnahmen, die bei gemeinsamen Szenen von Frankie und Ulysses zum Einsatz kommen, unterstützt.

Abb. 29: Körperliche Nähe beim Tanz... **Abb. 30:** ... und beim Kuss gehören

zur Ikonographie der Liebes-

geschichte.

Interaktionsqualität

Innerhalb der Kategorie Interaktionsqualität lässt sich ein deutlicher Wandel im Vergleich zu den in dieser Arbeit bereits vorgestellten Filmen erkennen.

In der Frage ob ein Roboter als freies Wesen *anerkannt* werden kann, bleibt MAKING MR. RIGHT jedoch diffus. Es finden sich sowohl Hinweise darauf, dass Ulysses die Anerkennung verweigert wird, als auch solche darauf, dass er diese erhält. Dagegen von einer *Anerkennung* Ulysses´ als freies Wesen auszugehen, spricht, dass ihn die menschlichen Protagonisten mehrmalig darauf hinweisen, dass er eben kein Mensch, sondern »nur« ein Androide sei, weshalb ihm gewisse menschliche Eigenschaften verwehrt bleiben. Als Frankie Ulysses nach dessen Ausflug ins Kaufhaus wieder ins Labor fährt, kommt es zwischen beiden zu folgendem Dialog:

>> F: Ein Treppenwitz ist das. Dabei habe ich mir solche Mühe gegeben. Ich wollte aus dir jemanden machen, den ganz Amerika zu Füßen liegen muss.

U: Frankie. *Warum will ein Mensch sich in einen anderen verlieben?*

F: Ich hab nicht die geringste Ahnung. Mich darfst du so etwas schon gar nicht fragen.

U: Möchtest du dich denn nicht verlieben?

F: Doch. Warum nicht? Aber so einfach ist das gar nicht. Du verliebst dich zum Beispiel in jemanden, aber die liebt schon einen anderen. Oder du glaubst du liebst, und es ist gar nicht so. Oder umgekehrt. Bla bla bla. Oder er liebt dich, und du ihn nicht. Dann liebst du ihn doch, aber er dich nicht mehr.

U: Wenn man dich hört, erscheint das alles so kompliziert.

F: Kompliziert ist gar kein Ausdruck. Und ich sage dir Ulysses, *sei dankbar und glücklich, dass du kein Mensch bist.* Dadurch ersparst du dir nämlich ne Menge Ärger.

U: Wenn ich ein Mensch wäre, wärs einfach für mich. Dann würde ich dich nämlich lieben.« (0:52:28-0:53:28, hervorh. W.R.)

In diesem Dialog zeigt sich nicht nur die Unwissenheit Ulysses bezüglich der Idee »Liebe«, er offenbart auch den Dualismus zwischen Mensch und Roboter, den sowohl Frankie als auch Ulysses selbst als solchen wahrnehmen. So fragt Ulysses: »Warum will ein Mensch sich in einen anderen verlieben?« und stellt sich somit außerhalb die Gruppe »Mensch«. Frankie spricht explizit an, dass Ulysses kein Mensch sei, und verweigert ihm so die Anerkennung als Mensch. Ein weiteres Beispiel für die fehlende Anerkennung ist ein Gespräch zwischen Ulysses und Dr. Peters im Weltraum-Simulator:

»» P: Ulysses, du bist unkonzentriert. Was ist los?

U: Ich weiß es nicht. Ich muss immerzu nur an Frankie denken. Sie fehlt mir sehr Jeff. Ich glaube ich liebe sie.

P: (aufgebracht) Nein, das tust du nicht. Du bist nicht auf Liebe programmiert. Also kannst du auch nicht sowas wie Liebe empfinden. Du wirst uns jetzt nicht alles kaputt machen. 10 Jahre Forschung und harte Arbeit, einfach wegwerfen für irgendein weibliches Wesen.

[… Es folgt eine kurze Diskussion über Ulysses fehlendes Interesse an der Weltraumforschung …]

U: Aber ich will doch garnicht berühmt werden. Ich will geliebt werden. Jeff, ich liebe Frankie.

P: (immer noch aufgebracht sprechend) *Frankie ist ein Mensch aus Fleisch und Blut und du bist ein Android. Was sich da zwischen euch abgespielt hat, war ja lächerlich.* Absolut lächerlich und das weiß sie auch.« (1:20:19-1:21:14, Hervorh. W.R.)

In diesem Gespräch ist es Dr. Peters, der den Dualismus zwischen menschlichen (organischen) und künstlich erzeugten Leben anspricht. Dadurch, dass er noch einmal die Lächerlichkeit der bisherigen Beziehung zwischen Frankie und Ulysses sehr aufgebracht unterstreicht, betont er, dass er den Graben zwischen beiden Lebensformen für unüberbrückbar hält. In beiden hier zitierten Dialogen, zeigt sich, dass sich die handelnden Protagonisten schwer tun, Ulysses als Lebewesen anzuerkennen. Auch in dem von Chemtech produzierten Werbefilm, der sowohl Frankies als auch unser erster Eindruck von Ulysses ist, wird nur die Multifunktionalität des Roboters angesprochen. Er selbst ist im Video nicht zu sehen und wird durch schematische Zeichnungen repräsentiert. Auch hierin zeigt sich ein angenommener »Ding«-Charakter (Abb. 31 und 32).

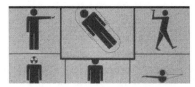

Abb. 31: Im Werbefilm der Firma Chemtech wird Ulysses nur durch eine schematische Zeichnung repräsentiert...

Abb. 32: ... im Vordergrund steht dabei die Inszenierung seiner Multifunktionalität und nicht etwa seiner Menschenähnlichkeit.

Auch wenn die menschlichen Protagonisten durch ihre Sprache, den Mensch-Maschine-Dualismus aufrecht erhalten und Ulysses die Anerkennung als freies Individuum verweigern, deutet ihr Verhalten jedoch auf das Vorhandensein einer Form von Anerkennung hin. Deutlich wird dies vor allem an Dr. Peters, welcher am Ende an Ulysses' Stelle die Reise in den Weltraum antritt. Er nimmt damit Rücksicht auf das Bedürfnis des Androiden, bei Frankie zu bleiben, und wägt die Wünsche seiner Schöpfung gegen die Interessen der Mission ab. Letztlich erkennt Peters durch sein Verhalten Ulysses als ein Wesen mit eigenen Bedürfnissen an. Auch Frankies Verhalten gegenüber Ulysses zeugt von einer gewissen Anerkennung. Am Ende des Films beginnt sie mit ihm eine Liebesbeziehung und steht ihm so eine Form von Intimität zu, die eigentlich freien, menschlichen Individuen vorbehalten ist. Ein weiteres Indiz für eine unbewusste Anerkennung des Androiden durch seine »Mit«-Menschen ist die Tatsache, dass – wie wir im Video über Ulysses' Lernfortschritte sehen – diesem zu Ehren eine Geburtstagsfeier abgehalten wird. Die Idee für ein »normales« Stück Technik eine solche Feier abzuhalten, erscheint geradezu absurd. Ulysses ist also mehr als nur ein Ding.

Die Anerkennung die Ulysses erhält ist – in der Terminologie Honneths gesprochen– *emotionale Zuwendung*. Indem Frankie mit ihm eine Liebesbeziehung eingeht und Dr. Peters diese am Ende wohlwollend duldet, erkennen beide seine Bedürfnisse an. Die Anerkennung die Ulysses erfährt ist dabei auf seine Primärbeziehungen beschränkt (Liebe bei Frankie, Freundschaft bei Dr. Peters). Dass beide in Gesprächen mit Ulysses aber immer wieder betonen, dass dieser kein Mensch sei, zeigt, dass sie nicht in der Lage sind ihm Anerkennung auf der Ebene sozialer Wertschätzung oder kognitiver Achtung zu gewähren. Ihm das Recht, »Mensch zu sein« zu gewähren, ist beiden auch auf der Ebene der direkten Kommunikation nicht möglich. Die Fragen, inwieweit Ulysses Träger juristischer Rechte ist, oder ob er eine Würde besitzt, werden im Film nicht thematisiert. Die Anerkennung des Androiden ist nur auf emotional-affektiver Ebene möglich.

Bei der Eigenschaft *dienende Funktion* erzählt der Film eine Emanzipationsgeschichte. Zu Beginn des Films wird Ulysses als dienstbarer Roboter eingeführt, dessen Multifunktionalität der Forschung neue Perspektiven eröffnet. Im Laufe der

Handlung treten immer mehr die eigenen Bedürfnisse Ulysses' in den Vordergrund bis er schließlich gegen Ende des Films die ihm zugewiesene Rolle als Weltraumforscher abstreift und so seine dienende Funktion überwindet.

Für den *Intimitätsgrad sozialer Beziehungen* lassen sich sowohl Freundschafts- als auch Liebesbeziehungen konstatieren. Wichtig ist hierbei anzumerken, dass diese Beziehungen auf *Gegenseitigkeit* beruhen. Dr. Peters erweist Ulysses einen Freundschaftsdienst als er am Ende des Films an seiner Stelle in den Weltraum fliegt, Frankie erwidert die Liebe, die der Android für sie empfindet. Hinzu kommt eine Affäre zwischen Frankies Schwester Trish und Ulysses, wobei diese nur den Stellenwert einer Nebenhandlung besitzt. Dennoch geht auch diese Beziehung m.E. über das Status instrumenteller Sexualität hinaus, da sich Trish des Roboterstatus' ihres Gegenübers nicht bewusst ist und somit Gefühle für diesen entwickelt – so oberflächlich die Affäre auch sein mag, sie beruht auf Gegenseitigkeit.

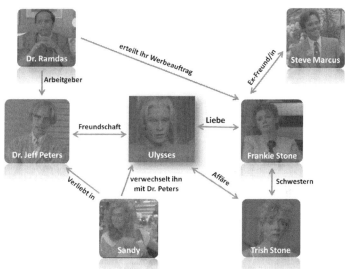

Abb. 33: Personenkonstellation des Films MAKING MR. RIGHT.

Rahmenbedingungen

Die Kategorie der *Rahmenbedingungen* ist relativ schnell abgehandelt, da sich der Film auf die Inszenierung der Beziehungen zwischen den handelnden Akteuren und somit auf eine mikrosoziologische Ebene konzentriert. Der *Friedensstatus* wird im Film als eine friedliche Koexistenz zwischen Roboter und Menschheit thematisiert. Es finden sich nicht einmal Andeutungen, dass es zu einer Auseinandersetzung zwischen beiden Intelligenzformen kommen könnte.

Im filmischen Universum des Films gibt es keine *Alltäglichkeit* von Robotern. So ist Ulysses der einzige Roboter im Film. Der euphorische Werbefilm und die Zeitungsberichterstattung über sein Verhalten auf der Hochzeit von Frankies Schwester zeigen, dass er den Status einer Sensation besitzt. Der *Produktionsmodus* von Robotern wird im Film nicht explizit thematisiert. Lediglich die Inszenierung des Chemtech Arbeitsbereichs für Robotik lässt Rückschlüsse auf die Produktion zu. Hier kommt keine »Fabrik-Ikonographie«, sondern eine »Labor-Ikonographie« zum Einsatz (Abb. 34), welche den Schluss einer manuellen Montage nahe legt und die Roboterproduktion als Forschungsarbeit markiert. So liegen auf Dr. Peters Schreibtisch mehrere Einzelteile, die es zu montieren gilt. Diese mechanische Labor-Ikonographie wird durch eine chemische Labor-Ikonographie ergänzt (Abb. 35). Durch eine subjektive Kamera sehen wir Frankie in den Nachbarraum blicken. Zwei Wissenschaftler mischen dort Flüssigkeiten. Die Utensilien (Kolben, Reagenzgläser, etc.) und die Schutzkleidung weisen beide als Chemiker aus. Hier deutet sich ein Diskurs über biochemische Reproduktion an, der im Film aber nicht weiter thematisiert wird.

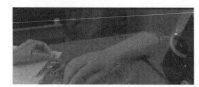 

Abb. 34: Die Roboterabteilung Chemtechs weist sowohl eine mechanische...

Abb. 35: .. als auch eine chemische Laborikonographie auf.

Zusammenfassung

In MAKING MR. RIGHT entwickeln sich sowohl die Kategorie Menschenähnlichkeit als auch die Kategorie Interaktionsqualität in einer Richtung. Der Schwerpunkt der Inszenierung liegt darauf, dass Bewusstsein des Roboters als kindlich zu inszenieren und ihm eine Lernfähigkeit zu attestieren, woraus auch eine gesteigerte Qualität sozialer Beziehungen resultiert, die es Ulysses ermöglicht seine dienende Funktion zu überwinden und zumindest auf der Ebene sozialer Zuwendung anerkannt zu werden. Im Gegensatz zu WESTWORLD wird allerdings keine sensationelle Alltäglichkeit mehr angenommen. Ulysses hat wieder den Status einer Sensation, was sich durch die Inszenierung der Roboterproduktion als Forschungsarbeit begründet.

Weitere Filme

Die sozial eingebundenen Lerner kindlichen Bewusstseins sind typisch für die 1980er-Jahre. Ein weitere Beispiel für dieses Muster ist der Film NUMMER 5 LEBT. Dessen robotischer Protagonist Johnny Five besitzt allerdings keine Haut und ist auch vom Körperbau her nicht dem Menschen nachempfunden. Sein »Gesicht« hat jedoch eindeutig identifizierbare Augen, Augenbrauen und einen Mund, sodass er in der Lage ist die Basisemotionen nachzuahmen. Rein äußerlich erinnert er an den Roboter Kismet, der gerade zu diesem Zweck entwickelt wurde.[41] Besonders viel Wert legt der Film auf die Inszenierung von Kindlichkeit, welche vor allem durch ein Nachempfinden der Entwicklungsstufen nach Piaget (ausführlich: Ruge 2009, 453-58) und einer Familienstruktur in der Personenkonstellation erreicht wird.

Die Fortsetzung NUMMER 5 GIBT NICHT AUF (USA, 1988, Kenneth Johnson) folgt ihm Wesentlichen der Darstellung und Filmsprache ihres Vorgängers, erweitert diese jedoch um einen, für das Muster untypischen Aspekt. Am Ende des Films erhält Johnny Five die amerikanische Staatsbürgerschaft, womit ein Element des kommenden Musters, die juristische Anerkennung aufblitzt.

DER ANDROID (USA, 1982, Aaron Lipstadt) mit seinem robotischen Hauptdarsteller Max ist ebenfalls ein Vertreter dieses Musters. Die Kindlichkeit seiner Hauptperson inszeniert der Film vor allem durch eine Betonung seiner Neugierde, Emotionalität wird durch eine Liebesgeschichte betont (ausführlich: Ruge 2009, 43-48). Da der Film auf einer abgelegenen Raumstation spielt, wird die Frage nach der Alltäglichkeit der Androiden nur am Rand gestreift. Aus der Story erfahren wir, dass diese auf der Erde mittlerweile verboten sind. Am Ende des Films wird auch der Schöpfer Max´, Dr. Daniel, als Android entlarvt, wodurch der Gedanke, Androiden könnten eine dem Menschen gleiche Intelligenz erreichen, durchschimmert.

---

41 Ein Video auf dem Kismet Emotionen zeigt ist bei Youtube abrufbar: http://youtu.be/dKZczUDGp_I.

6.2.4 Gefährliche Einzelgänger (Terminator)

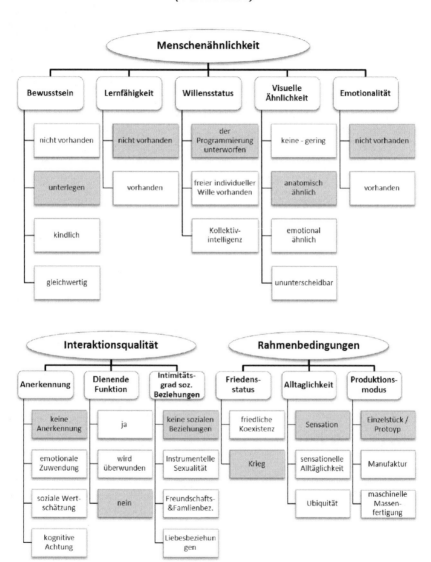

Abb. 36: Übersicht über das Muster »Gefährliche Einzelgänger«.

In den 1980er-Jahren spaltet sich die Genealogie dar Roboterdarstellung. Neben den, anhand von MAKING MR. RIGHT beschriebenen, Emanzipationsgeschichten, die eine fortschreitende Menschenähnlichkeit von Robotern proklamieren, etabliert sich eine Linie, die eine kriegerische Auseinandersetzung zwischen Menschheit und Robotern beschreibt. Innerhalb dieser Linie entwickelt sich die Kategorie *Menschenähnlichkeit* nicht mehr weiter. Das Bewusstsein wird weiterhin als unterlegen inszeniert, Emotionalität, Lernfähigkeit und ein freier Wille werden den Maschinen abgesprochen. Eine visuelle Ähnlichkeit auf hohem Niveau ist bis hin zur Ununterscheidbarkeit zwar denkbar, allerdings wird der Roboter im Laufe des Films als solcher demaskiert. Die *Interaktionsqualität* erlebt im Vergleich zu den 1970er-Jahren einen Rückschritt. Den Robotern wird weder eine Anerkennung als freies Wesen zugestanden, noch die Fähigkeit zu sozialen Beziehungen. Dieser Rückfall begründet sich in einem Wandel innerhalb der Eigenschaft dienende Funktion. Die Roboter stehen nun in einem Konkurrenzverhältnis zur Menschheit und haben keine dienende Funktion mehr, was sich auch in der Kategorie *Rahmenbedingungen* niederschlägt: bei der Eigenschaft Friedensstatus wird nun ein Kriegszustand thematisiert. Roboter sind noch kein Bestandteil der Alltagswelt (Alltäglichkeit: Sensation). Ihre Produktion wird nicht immer explizit thematisiert.

Terminator – Allgemeines zum Film

Die Story des Films TERMINATOR (UK/USA, 1984, James Cameron) ist schnell rekonstruiert. Im Jahr 2029 ist nach einem Atomkrieg ein Großteil der Menschheit ausgelöscht. Die Überlebenden müssen gegen eine Übermacht von Maschinen kämpfen, die sich mittlerweile gegen ihre Schöpfer gewandt haben. Um den Anführer des Widerstandes John Conner zu eliminieren beschließen die Maschinen, einen menschlich aussehenden Roboter, den Terminator, in die Vergangenheit zu schicken, um Johns Mutter Sarah Connor zu töten und so die Geburt ihres Sohnes zu verhindern. Der Widerstand schickt den Soldaten Kyle Reese ebenfalls in die Vergangenheit, sodass es in der Jetztzeit des Films (1984) zu einem Duell zwischen dem Terminator und Reese kommt. Letztlich gelingt es Reese in Zusammenarbeit mit Sarah Connor den Terminator zu besiegen. Dabei kommen sich Sarah und Kyle näher und verbringen schließlich eine gemeinsame Nacht in der John Connor gezeugt wird.

Ein Großteil der Handlung spielt in der Jetztzeit des Films. Die Zukunft wird lediglich im Prolog zum Film und in Erzählungen bzw. Erinnerungen Kyle Reeses thematisiert. Im Zentrum steht somit weniger der Kampf der Menschheit gegen die Maschinen, sondern das Duell zwischen dem Terminator und den Menschen, die versuchen, ihn zu stoppen. Das grundlegende Narrationsschema ist somit eine Variation des Hollywoodmusters, indem ein Held (hier: Kyle Reese) einen Bösewicht (den Terminator) stoppen muss, um seine Ziele zu erreichen.

In den Zukunftstsequenzen deutet sich das Muster der bedrohlichen Massen schon an. Die Handlung, die in der Jetztzeit des Films spielt, ist jedoch eindeutig dem Muster der gefährlichen Einzelgänger zuzuordnen, weshalb ich mich in den folgenden Ausführungen auf diese Handlungsebene konzentrieren werde.

Menschenähnlichkeit

Während sich in der friedlichen Entwicklungslinie die Roboter weiter in Richtung Menschenähnlichkeit entwickeln, ist für den kriegerischen Zweig der Genealogie eine deutliche Trennung zwischen Mensch und Maschine konstitutiv. So wird dem Terminator im gleichnamigen Film nur ein unterlegenes Bewusstsein attestiert. Die filmsprachliche Inszenierung erinnert dabei an WESTWORLD, wieder ist es ein Point-of-View-Shot aus Roboterperspektive, der uns die minderwertige Wahrnehmung des robotischen Inneren vor Auge führt (Abb. 37).

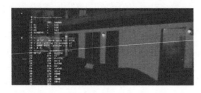

Abb. 37: Point of View aus der Sicht des Terminators.

Das auffälligste Merkmal an der Sicht des Terminators ist der Rotfilter vor der Kamera. Durch dessen Verwendung entsteht der Eindruck, dass dem Sehen des Terminators die Technik einer Infrarotkamera zugrunde liegt. Auf narrativer Ebene wird diese Assoziation allerdings nicht bestätigt. Neben der roten Einfärbung fallen die in weißer Schrift eingeblendeten Zeilen auf, die den Programmcode repräsentieren und die Wahrnehmung des Terminators als Resultat einer Programmierung demaskieren und so phänomenale Transparenz verneinen.

Der verwendete Programmcode selbst gibt auch noch einen Hinweis auf die Unterlegenheit des robotischen Intelligenzapparates: die Befehle STA, LDA, SEC und JMP, die Art und Weise wie Variablen definiert werden und die Zeilenorientierung sind typisch für die Programmiersprache *Assembler*. Assembler ist eine Programmiersprache der zweiten Generation und steht nur eine Stufe über dem direkten Maschinencode. Ihr liegt ein *imperatives Programmierparadigma*[42] zugrunde, welches nur basale Anwendungen ermöglicht. Eine komplexe Abbildung von Welt,

---

42 Als imperatives Programmierparadigma wird ein Programmierstil bezeichnet, indem ein Programm als eine Abfolge von auszuführenden Tätigkeiten beschrieben wird. Das dem Terminator zugrunde liegende Programm muss in etwa so aussehen: (1) Gehe in eine Telefonzelle. (2) Nehme ein Telefonbuch. (3) Suche alle Personen mit dem Namen Sarah Connor. (4) Besuche die oberste Person, deren Namen nicht durchgestrichen ist. (5) Erschieße Sie. (6) Streiche ihren Namen durch. (7) Gehe zu Befehl nur 4. Was in dieser laienhaften Beschreibung sicherlich zum Ausdruck kommt, ist, dass auf Basis dieser Programmierform keine komplexen Abläufe abgebildet werden können.

wie sie z.B. im Paradigma der, in den 1980er-Jahren schon bekannten, *objektorientierten Programmierung*[43] möglich ist, ist bei Assembler nicht denkbar. »Welt« kann für den Terminator auf dieser Basis nur eine Folge von Informationen sein, auf die es eine festgelegte Reaktion gibt. Das Bewusstsein des Terminators besteht somit aus *simuliertem Instinkt*.

Der Programmcode erfüllt auch eine weitere Funktion. Er demaskiert auch die Handlungen des Roboters als Ergebnis einer Programmierung. Bei der Jagd auf Sarah Conner, wird teilweise ein Fadenkreuz eingeblendet, welches den Tötungsauftrag visuell ins Gedächtnis ruft. In der Eigenschaft *Willensstatus* ist der Terminator somit seiner Programmierung unterworfen. Selbst die sehr spärliche Kommunikation mit den Menschen wird als Ergebnis einer Software enttarnt, als bei einem Gespräch mit einem Hotelier gezeigt wird, wie der Terminator die empfangene »Spracheingabe« zunächst analysiert und dann aus einem drei von der Software vorgeschlagenen Antworten auswählt. Diese Sequenz verdeutlicht auch die fehlende *Lernfähigkeit* des robotischen Protagonisten. Er ist nicht in der Lage sein Artikulations- und Handlungsrepertoire selbstständig zu erweitern. Während des ganzen Films finden sich keine Hinweise darauf, dass er seine Programmierung eigenständig erweitert.

Die bisherige Beschreibung erinnert an die dienenden Einzelstücke. Ein Unterschied zwischen beiden Mustern liegt in der Eigenschaft *visuelle Ähnlichkeit*. Während die dienenden Einzelstücke auch visuell dem Menschen »hinterherhinken«, ist bei den gefährlichen Einzelgängern durchaus eine Ununterscheidbarkeit

---

43 Die Grundidee der objektorientierten Programmierung besteht darin, den Ablauf eines Programmes als Interaktion zwischen verschiedenen Objekten beschreiben. Ein Objekt besteht dabei aus Variablen und Methoden. Jedem während des Ablaufs eines Programms initiierten Objekt (Instanz) liegt dabei ein Bauplan (Klasse) zugrunde.

Diese Beschreibung klingt sehr abstrakt und sicherlich ist ein direkter Konnex zwischen der Grundlogik eines Programms (in Fall des Films eine KI) und dem daraus resultierenden »Bewusstsein« nicht auf den ersten Blick ersichtlich, weshalb ich etwas länger ausholen muss. Auf Basis einer imperativen Programmiersprache besteht die Welt nur aus Variablen und Funktionen. Es sind also nur Handlungsbeschreibungen möglich wie: »Wenn innerhalb der Variable Außentemperatur der Wert größer als 30 ist, setzte die Variable Pullover auf 0«, es liegt also ein einfaches wenn-dann Schema zugrunde. Es ist nicht möglich auf dieser Basis eine Repräsentation von Welt im Programm zu erzeugen, sodass es keine Vorstellung davon hat, wie der nun nicht angezogene Pullover in Bezug zum eigenen Körper steht, von dem es ebenfalls keine Vorstellung hat. Auf Basis der objektorientierten Programmierung ist es nun möglich eine – wenn auch sehr vereinfachte Vorstellung – der Welt im Programm abzubilden. Der Terminator müsste z.B. eine Klasse »Mensch« besitzen aus der die Instanzen »Sarah Connor« und »anderer Mensch« erzeugen und dementsprechend reagieren könnte. Eine wichtige Variable wäre hier »Lebendig«, eine andere »Zielperson«. Des Weiteren müsste ein Objekt erzeugt werden, dass die Möglichkeiten des eigenen Körpers abbildet. Wenn man die informatische Grammatik weiterführt, sieht die Aufgabe des Terminators etwa so aus: Suche ein Objekt der Klasse Mensch, dessen Eigenschaft »Zielperson« den Wert »true« hat und führe solange die eigene Routine »schieße auf« aus, bis die Eigenschaft »Lebendig« der Zielperson den Wert »false« hat. So würde eine Intentionalitätsrelation im Sinne Metzingers entstehen. Diese bleibt dem Terminator jedoch verwehrt, da er die Welt nicht als eine Sammlung von Objekten sehen kann, zu der er als Subjekt in einer Beziehung steht.

zwischen Mensch und Maschine denkbar. So auch in TERMINATOR. Zu Beginn des Films ist der durch Arnold Schwarzenegger gespielte Androide nicht von einem Menschen zu unterscheiden und trägt aus diesem Grund auch keine Kostümierung die ihn als Roboter auszeichnet. Der Regisseur James Cameron legt jedoch großen Wert darauf, die Ununterscheidbarkeit zwischen Mensch und Roboter als eine Illusion zu demaskieren – was paradoxerweise dadurch gelingt, dass Arnold Schwarzenegger maskiert werden muss. Um den Rezipienten vor Augen zu führen, dass es sich beim Terminator trotz hoher visueller Ähnlichkeit nur um eine Maschine handelt, setzt Cameron auf eine dreiteilige Strategie:

1. Durch die schon beschriebene Inszenierung des Innenlebens des Terminators wird sein Denken als algorithmisch determiniert offenbart.

2. Zu Beginn der Haupthandlung weist ein, in Tradition des epischen Theaters eingeblendeter Text darauf hin, dass es sich bei dem Terminator trotz der Ununterscheidbarkeit um ein künstliches Wesen handelt:

   >> Der Terminator ist die Geschichte eines programmierten Roboters. Äußerlich von menschlicher Gestalt ist er eine Maschine ohne Emotionen. Eine Maschine ist weder gut noch böse. Sie funktioniert. Der Film schildert den dramatischen Versuch, diese Maschine zu stoppen. (0:04:33-0:04:56).

3. Mit fortschreitender Handlung wird der Terminator immer weiter zerstört. Zunächst wird sein Gesicht beschädigt, sodass die hinter seinen Augen stehenden Kameras sichtbar werden. Die Zerstörung schreitet voran, sodass am Ende nur noch das anatomisch ähnliche Skelett der Maschine übrig bleibt (Demaskierung durch Kostümierung, siehe Abb. 38 und 39).

Auch wenn eine Ununterscheidbarkeit zwischen Mensch und Roboter als denkbar proklamiert wird, so ist gerade die Demaskierung dieser ein wichtiges Element in Terminator, da auf diese Weise der Gegensatz zwischen beiden stärker akzentuiert werden kann.

Abb. 38: Im Laufe des Films werden durch die fortlaufende Zerstörung des Terminators zunächst die Kameraaugen....

Abb. 39: ... und schließlich das noch anatomisch ähnliche Skelett des Androiden sichtbar.

Die Mensch/Maschine-Dichotomie wird auch dadurch aufrechterhalten, dass dem Terminator keinerlei *Emotionalität* zugestanden wird. Schon der zu Beginn der Haupthandlung eingeblendete Text weist explizit darauf hin und auch in einem

Gespräch zwischen Kyle Reese und Sarah Connor wird der Status des Terminators hervorgehoben:

>> KR: Das ist kein Mann. Das ist eine Maschine. Ein Terminator. Cyberent Systems Modell 101.

SC: Eine Maschine? So wie ein Roboter?

KR: Kein Roboter. Ein Cyborg. Ein kybernetischer Organismus.

SC: Nein, er hat geblutet.

KR: Nur für eine Sekunde.

[... Es folgt eine Verfolgungsjagd bei der es Kyle gelingt den in einem Polizeiwagen fahrenden Terminator abzuhängen – bis 0:38:11 ...]

KR: Jetzt hören sie genau zu. Die Terminator sind Infiltrationseinheiten halb Mensch, halb Maschine. Darunter ist ein Kampfchasis aus einer Hyperliegerung. Mikroprozessoren kontrolliert, vollgepanzert und sehr widerstandfähig, aber außen ist es lebendes menschliches Gewebe. Fleisch, Haar, Haut, Blut, gezüchtet für die Cyborgs.

SC: [unterbricht ihn] Also Reese, ich weiß nicht, was sie von mir wollen.

KR: Sie sollen zuhören. Wir werden die Karre hier verstecken. Die 600er-Serie hatte eine Gummihaut. Wir haben sie sehr leicht erkannt. Aber die hier sind neu. Sie sehen aus wie Menschen. Sie schwitzen, haben schlechten Atem. An alles wurde gedacht, sehr schwer zu entlarven. Ich musste warten, bis er sich an sie herangemacht hatte, bevor ich ihn anpeilen konnte.

[... Im folgenden Abschnitt des Gespräches geht es darum, das sowohl der Terminator als auch Kyle Reese aus der Zukunft stammen. Sarah versucht zu fliehen. Reese hält sie fest. Sarah versucht sich zu befreien, indem sie ihn in die Hand beißt ...]

KR: *Cyborgs empfinden keinen Schmerz.* Ich schon. Machen sie das nicht nochmal.

SC: Lassen sie mich gehen.

KR: Jetzt begreifen sie doch endlich. [betont die folgenden Sätze] Dieser Terminator ist da draußen. Mit dem können sie nicht verhandeln und mit dem können sie auch nicht vernünftig reden. *Er fühlt weder Mitleid, noch Reue, noch Furcht.* Und er wird vor nichts und niemanden halt machen. Vor gar nichts. Solange sie nicht tot sind.« (0:36:58-0:39:55, hervorh. W.R.)

In dem hier zitierten Dialog weist Kyle Reese Sarah noch einmal eindringlich darauf hin, dass die durch Mikroprozessoren gesteuerten Terminatoren keine Gefühle und keinen Schmerz empfinden können. Dieser explizite Hinweis auf Story-Ebene wird durch das Acting des Terminator-Darstellers Schwarzenegger unterstützt. Er zeigt eine aufs äußerte reduzierte Mimik, später im Film wird sein Gesicht durch das Tragen einer Maske vollkommen eingefroren. Seine Prosodie zeichnet sich durch das Fehlen jedweder Betonung aus und wirkt so eintönig und monoton, eben gefühlslos.

Interaktionsqualität

Die Interaktionsqualität zwischen Mensch und Maschine wird in TERMINATOR als sehr gering dargestellt, was sich in der Story des Films begründet. Wie ich schon ausgeführt habe, wird der Terminator als zu besiegendes Böses und Unmenschliches dargestellt. Der schon zitierte Dialog zwischen Sarah Connor und Kyle Reese ist nur ein Beleg dafür, dass dem Androiden eine *Anerkennung* als menschliches oder zumindest ebenbürtiges Wesen verweigert wird. Auch in der in Bezug auf den Terminator verwendeten Sprache zeigt sich die nicht gewährte Anerkennung. So spricht Sarah von einer »Vernichtung« des Terminators (»Er ist vernichtet, Kyle« – 1:22:09) und nutzt so eine entmenschlichende Begrifflichkeit.

Der Terminator erfüllt keine *dienende Funktion*. Zwar ist er seiner Programmierung unterworfen, diese wurde jedoch von anderen Maschinen einprogrammiert und impliziert keine Gehorsamkeit gegenüber den Menschen. Schon der für die Handlung des Films konstitutive Tötungsauftrag des Terminators steht im Widerspruch zu den für dienende Roboter zumeist gültigen Robotergesetzen.

Für die Eigenschaft *Intimitätsgrad sozialer Beziehungen* lässt sich ein Fehlen sozialer Bindungen seitens des Terminators feststellen. Dies begründet sich dadurch, dass die fehlende Emotionalität und das dem Film zugrundeliegende Narrationsschema die Möglichkeit einer Intimität zwischen Mensch und Maschine kategorisch ausschließen. So zeigt sich der Terminator innerhalb der Personenkonstellation isoliert (Abb. 40).

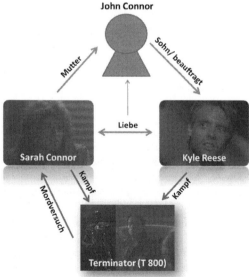

Abb. 40:   Personenkonstellation des Films TERMINATOR.

Rahmenbedingungen

Die wichtigste Neuerung innerhalb der Genealogie, die für die Abspaltung der kriegerischen Entwicklungslinie verantwortlich ist, ist eine Veränderung in der Eigenschaft *Friedensstatus*, in welcher nun anstelle einer friedlichen Koexistenz eine kriegerische Auseinandersetzung zwischen Menschheit und Robotern thematisiert wird. In TERMINATOR tritt diese makrosoziologische Perspektive allerdings in den Hintergrund, da die Story das Duell zwischen Kyle/Sarah und dem Terminator in den Vordergrund rückt. Aus dem Prolog des Films und den Erinnerungen bzw. Erzählungen Kyles lässt sich jedoch die Zukunft rekonstruieren, welche die Duellhandlung rahmt.

Um den Krieg zwischen Menschheit und Robotern visuell zu illustrieren, bedient sich TERMINATOR einer *Ikonographie der Apokalypse*. Diese zeichnet sich durch ein Setting aus, in dem Ruinen und zerstörte Maschinen (Roboter, Automobile) dominieren. Eine Low-Key-Beleuchtung, die zu einem langen Schattenwurf führt und das Fehlen einer Vegetation verstärken die bedrückende Wirkung des Bildes. Fast jede Einstellung des Prologs zeigt einen mit Totenschädeln bedeckten Boden, wodurch der Tod zum dominanten Gehalt der ersten Bilder wird. Farblich dominieren dunkle, zumeist schwarze Farbtöne (Abb. 41). Einzig und allein die Feuerstrahlen der Maschinen durchdringen das Dunkel, wirken aber durch ihre rötliche Färbung bedrohlich. Die Maschinen selbst sind komplett schwarz. In Nahaufnahmen wird ihre Bewaffnung hervorgehoben, was noch einmal den Kriegszustand hervorhebt (Abb. 42).

Abb. 41: Die Ikonographie der Apoka-   **Abb. 42:** Der Tod als dominantes Thema.
lypse.

Diese Ikonographie der Apokalypse ist dabei nicht nur in Terminator präsent, sondern wird auch in späteren Filmen des kriegerischen Entwicklungszweiges (z.B. MATRIX) in Form ikonographischer Homologien aufgegriffen. In dieser Inszenierung einer von Maschinen bevölkerten, zerstörten Welt nimmt Terminator den visuellen Stil des Musters *bedrohliche Massen* vorweg.

Auch die von Kyle Reese verwendete Sprache ruft den Kriegszustand in Gedächtnis. Er klassifiziert die Maschinen z.B. als »Jägereinheiten« oder »Infiltrationseinheiten«, spricht vom »Widerstand« und stellt sich selbst mit seinem militärischen Rang und seiner Gruppenzugehörigkeit vor. Auch wenn der Mensch-Maschinen-Krieg des Jahres 2029 im Film nur die Funktion der Legitimation des Mordauftrags an Sarah Conner hat, ist er m.E. im Film präsent genug, um von einem Kriegszustand zwischen Mensch und Maschinen zu sprechen.

Typisch für das Muster der gefährlichen Einzelgänger ist die Tatsache, dass Roboter nicht als *alltäglich* wahrgenommen werden. In TERMINATOR ist diese Eigenschaft jedoch nicht ganz eindeutig zuzuordnen. In der Zukunft des filmischen Universums sind die Maschinen ein tägliches Ärgernis. Im in der Gegenwart spielenden Handlungsstrang des Jahres 1984 sind Roboter jedoch kein alltägliches Phänomen. Dies zeigt sich vor allem an den überraschten Reaktionen der handelnden Protagonisten gegenüber dem Roboter und der Ungläubigkeit der Polizei gegenüber Kyles Geschichte, die so weit geht, dass Kyle die geistige Zurechnungsfähigkeit abgesprochen wird. Daher ist m.e. der Status der »Sensation« den Terminator betreffend im Film dominant. Jedoch schimmert auch hier schon das Muster der bedrohlichen Massen durch.

Über die *Produktion* des Terminators erfahren wir im Film wenig. Aus einem Gespräch zwischen Kyle und Sarah wird lediglich deutlich, dass es sich bei dem T101, der beide verfolgt, um ein recht neues Modell handelt. Die in der Zukunft spielenden Sequenzen deuten jedoch darauf hin, dass die Roboter in einer maschinellen Massenfertigung gefertigt werden. Die späteren Filme der Terminator-Reihe bestätigen diese Annahme.

Zusammenfassung

Im Film Terminator steht die Auseinandersetzung zwischen einem Androiden (dem Terminator) und zwei Menschen (Kyle Reese, Sarah Connor) im Vordergrund. Dabei legt Regisseur James Cameron viel Wert darauf, die visuelle Ähnlichkeit des Terminators als Illusion zu demaskieren und die Unterlegenheit seines Bewusstseins visuell zu illustrieren. Aufgrund der Duell-Situation und der fehlenden Emotionalität werden soziale Beziehungen zwischen Mensch und Maschine ausgeschlossen. Die Handlung wird narrativ durch einen Prolog in ein Kriegsszenario eingebettet.

Weitere Filme

In TERMINATOR 2: TAG DER ABRECHNUNG (USA/Frankreich, 1991, James Cameron) wird das Muster variiert. Der T-800 aus dem ersten Teil wird umprogrammiert und muss fortan John Connor schützen – die Inszenierung klassifiziert ihn jedoch weiterhin als Maschine. Immer wieder wird betont, dass er nur seiner Programmierung folgt. Dennoch wird der T-800 während des Films zu einer Art Ersatzvater für den jugendlichen John Connor. Der neue Gegner, der T850 passt jedoch weiterhin in das Muster der gefährlichen Einzelgänger.

Auch in TERMINATOR 3 – REBELLION DER MASCHINEN (USA/Deutschland/UK, 2003, Jonathan Mostow) erscheint der, von Arnold Schwarzenegger gespielte und mittlerweile auf das Modell T850 erweiterte, Terminator als Beschützer John Connors. Jedoch wird auch hier die hohe Interaktionsqualität als neu eingebautes Psychologiemodul entlarvt. Der Gegner, diesmal ein T-X, besteht aus Flüssigkristallen und kann daher seine Gestalt beliebig verändern, ist aber dennoch ein typischer Fall dieses Musters. Die Terminator-Fortsetzungen variieren das Muster also, indem sie dem friedlichen Terminator eine höhere Interaktionsqualität bescheinigen. Dennoch bleibt der Grundtenor, dass Maschinen trotz ihres dem menschlichen unterlegenen Bewusstseins eine Bedrohung darstellen, weshalb ich auch nicht von einem neuen Muster sprechen möchte.

6.2.5 Begehren entwickelnde Massenproduktionen (Der 200 Jahre Mann)

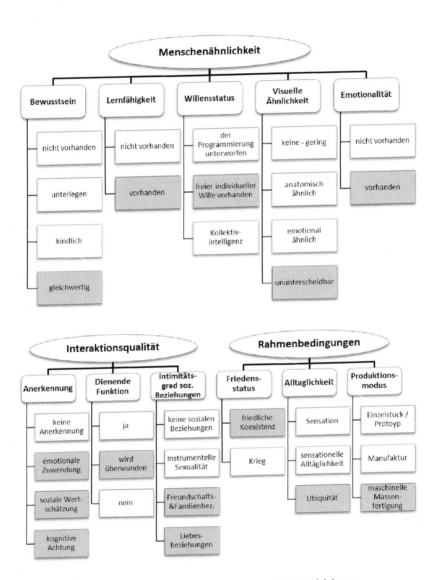

Abb. 43: Übersicht über das Muster «Begehren entwickelnde Massenproduktionen».

Im friedlichen Entwicklungszweig der Genealogie nähern sich die Roboter immer mehr dem Menschen an und erklimmen in den Kategorien Menschenähnlichkeit und Interaktionsqualität die obersten Stufen des Kontinuums, sodass die Antwort auf die Frage, was denn den Menschen noch vom Roboter unterscheidet, immer schwieriger wird. Das Bewusstsein der Roboter wird innerhalb des Musters als kindlich (AI - KÜNSTLICHE INTELLIGENZ) oder gleichwertig inszeniert. Die ihm zugehörigen Filme attestieren den Robotern sowohl einen freien individuellen Willen als auch Lernfähigkeit und gehen dabei von einem ununterscheidbaren Äußeren aus, welches den Robotern Emotionalität verleiht. Innerhalb der Kategorie Interaktionsqualität erzählen die Filme Emanzipationsgeschichten, in welchen die Roboter ihre dienende Funktion überwinden und schließlich sowohl durch emotionale Zuwendung als auch in Form von Solidarität anerkannt werden. In dem hier als Eckfall vorgestellten Film DER 200 JAHRE MANN wird der robotischen Hauptperson am Ende sogar von einem Gericht die Menschlichkeit zugesprochen, wodurch Anerkennung in Form kognitiver Achtung erfolgt. Bei den sozialen Beziehungen wird ein hoher Intimitätsgrad angenommen, sowohl Familien- und Freundschaftsbeziehungen als auch Liebesbeziehungen sind möglich. Dies erklärt sich nicht nur aus der hohen Menschenähnlichkeit der Robotern, sondern ist auch den narrativen Zwängen des Hollywoodsystems geschuldet. Der Roboter nimmt in den dem Muster zugehörigen Filmen oftmals die Funktion der Hauptperson wahr, um die herum klassischerweise des Beziehungsgeflecht der handelnden Protagonisten gesponnen wird. Bei den Rahmenbedingungen wird innerhalb der Kategorie Alltäglichkeit eine Ubiquität von Robotern prognostiziert, welche darin begründet liegt, dass dies nun in industrieller Massenfertigung produziert und den Status eines alltäglichen Produkts erreicht haben. Als Friedensstatus wird eine friedliche Koexistenz angenommen.

Der 200 Jahre Mann – Allgemeines zum Film

DER 200 JAHRE MANN (USA/Deutschland, 1999, Chris Columbus) erzählt die Geschichte des Androiden Andrew. Dieser wird von der Familie Martin als Hausdiener gekauft entwickelt aber sehr schnell Individualität und ein Bewusstsein. Der Vater der Familie, Richard Martin, nimmt sich Andrew als Mentor an und lehrt ihn in Unterrichtsstunden die basalen Grundsätze der menschlichen Existenz. Schließlich erbittet Andrew seine Freiheit, welche ihm gewährt wird. Als Richard Martin verstirbt, macht Andrew sich die Suche nach weiteren Androiden, die wie er Bewusstsein entwickelt haben, muss diese aber nach Jahren des Misserfolgs erfolglos abbrechen. Dank neuer technischer Entwicklungen des Ingenieurs Rupert Burns kann er aber zumindest seine eigene Menschwerdung weiter verfolgen und sich unter anderem eine Haut und ein zentrales Nervensystem implantieren lassen, um so den Menschen ähnlicher zu sehen. Mittlerweile sind Jahrzehnte ins Land gegangen. Die Tochter Richards – im Film nur Little Miss genannt – hat mittlerweile selbst eine Enkelin, Portia. Zwischen dieser und Andrew entwickelt sich nach anfänglicher Asympathie eine Liebesbeziehung. Um diese zu legalisieren, zieht Andrew vor Gericht, um den Status des Menschen zu erhalten und Portia rechtmäßig heiraten zu können. Sein erster Antrag wird mit dem Verweis, er gehöre nicht zum menschlichen Genpool abgelehnt. Andrew lässt sich Blut in seinen »Kreislauf« injizieren und provoziert so seinen eigenen Verfall/Tod. Sein zweiter Antrag auf Menschlichkeit wird vom Gericht positiv beschieden, was Andrew nicht mehr erlebt, da er kurz vor der Urteilsverkündung stirbt.

Der Film ist formal gesehen einfach strukturiert. Von einigen Zeitsprüngen abgesehen ist er streng chronologisch erzählt. Viele wichtige Aspekte werden explizit von den Hauptpersonen ausgesprochen, da der Film sehr dialoglastig ist, wodurch sicherlich Potenziale auf filmsprachlicher Ebene verschenkt werden. Obwohl im Film durchaus komplexe Themen verhandelt werden, bleibt er doch im Wesentlichen den Konventionen Hollywoods treu, wie Josef Lederle in seiner im Filmdienst erschienenen Kritik zum Film schreibt:

>> Die philosophischen Implikationen des Stoffs liegen auf der Hand. Ging es bei Issac Asimov Mitte der 70er-Jahre noch primär darum, mechanistische Engführungen der Fantasie aufzubrechen, klingt in Columbus' Adaption fast der ganze Kanon fundamentaler anthropologischer Fragen an: nach Wesen und Sinn, Identität, Individualität und Würde, Sterblichkeit und Tod. Doch die märchenhafte, oft auch recht sentimentale Atmosphäre rückt den Film mehr in die Nähe familienfreundlicher Fantasy-Unterhaltung, als dass man seine Diskursen folgen wollte, […] Columbus überrascht zwar an einigen Stellen mit ungewöhnlichen Bildern und Szenen, konzentriert sich weitgehend aber auf die rührseligen Momente. Für die Konflikte, die sich in 200 Lebensjahren notgedrungen ergeben, entwickelt er kaum Gespür, weshalb Andrews moralisches Bewusstsein auch nie vor einem echten Dilemma steht oder zwischen mehreren Übeln abwägen muss. Die ›Menschwerdung‹ des Androiden folgt einmal mehr der schlichten Ideologie des ›selfmademan‹, die Hollywood in seinen eskapistischen Traumgebilden schon immer zu bedienen wusste.« (Lederle 2000)

Trotz dieser oder gerade wegen dieser einfachen Struktur eignet sich der Film hervorragend um das Muster zu illustrieren. Die drastische Veränderung, die die Roboter im Laufe der Jahre durchgemacht haben, findet auch im Mainstream-Kino statt. Andrews Entwicklung zeichnet dabei den Verlauf der Genealogie im Wesentlichen nach, von der nur anatomisch-ähnlichen Maschine wird er zum Menschen. Ich werde mich in meinen Ausführungen aber im Wesentlichen auf die späteren Phasen seiner Entwicklung konzentrieren.

Menschenähnlichkeit

DER 200 JAHRE MANN attestiert seinem robotischen Protagonisten Andrew ein vollwertiges *Bewusstsein*. Diese Information lässt sich jedoch nur implizit aus dem Verlauf der Story entnehmen. Beim Versuch sich selbst menschlicher zu machen, entwickelt Andrew künstliche Organe, welche sich auch für die Implantation beim Menschen eigenen und so das Leben der Menschen um Jahre verlängern. Während des Gerichtsprozesses ist Andrew in der Lage, sein Anliegen deutlich formuliert vorzutragen und auf anspruchsvoller Ebene für seine Menschlichkeit zu argumentieren, was insbesondere in seinem abschließenden Monolog vor dem Gericht deutlich wird. In diesem setzt er sich mit dem eigenen Sein, dem Verfall seines Körpers und dem bevorstehenden Tod auseinander – eine Thematik, die für das Kindesalter untypisch ist und aus entwicklungspsychologischer Perspektive – z.B. bei Erickson (Erikson 1989) vor allem dem späten Erwachsenenalter zugeordnet wird. Sowohl die Konstruktion menschlicher Organe als auch eine – im Wesentlichen *rationale* – Argumentation vor Gericht sind Fähigkeiten, die über die geistigen Fähigkeiten eines Kindes hinausgehen. Die Kindlichkeit des Roboterbewusstseins wird in den 1980er-Jahren vor allem durch das Hervorheben ihres emotionalen Welterlebens erreicht – nun wird die Rationalität betont. Das bisher leitende Kriterium des Point-of-View-Shot aus der Perspektive des Roboters konterkariert den Eindruck des vollwertigen Bewusstseins ein wenig, da der Blick Andrews durch die eingeblendeten Metadaten, ein Selbst-Bewusstsein im Sinne Metzingers verneint – Andrew sieht sein »Selbstmodell« beim Booten (Abb. 44 und 45).

Abb. 44: PoV aus der Perspektive Andrews, der zu Beginn unscharfe und farblich reduzierte Blick…

Abb. 45: … wird nach dem »Hochfahren« schärfer und verbleibt dann auf menschlicher Qualität.

Durch diese Inszenierung des robotischen Blicks, wird dem Rezipienten ins Gedächtnis gerufen, dass das Weltbild Andrews durch eine Software konstruiert wurde. Das beim »Hochfahren« Andrews gezeigt wird, wie sich die Wahrnehmung langsam aufbaut und schärfer wird, verstärkt diesen Eindruck, da selbst die hohe Qualität der Wahrnehmung so als Anpassungsprozess einer Software demaskiert wird. Was wiederum für die Entwicklung eines gleichwertigen Bewusstseins spricht, ist die Tatsache, dass Regisseur Chris Columbus auf diese PoV-Shots verzichtet, nachdem

Andrew ein menschliches Äußeren erhalten hat. Zwar wird keine phänomenal-transparente und selbst-bewusste Wahrnehmung inszeniert, jedoch auf die Betonung des Fehlens dieser verzichtet. Generell arbeitet der Film mit wenigen PoV-Einstellungen und setzt z.B. bei Dialogen überwiegend auf Over-the-Shoulder-Shots.

Die hohe Intelligenz, die Andrew erreicht, wird im Film nicht auf die hoch entwickelte Technik zurückgeführt, sondern als Resultat von *Lernprozessen* dargestellt. Diese Lernprozesse folgen dabei dem klassischen didaktischen Modell des Unterrichts. In mehreren Episoden (0:28:16-0:33:03) wird gezeigt, wie Richard Martin Andrew über wesentliche Eckpfeiler des menschlichen Seins aufklärt. Die Logik ist dabei die, dass Richard einen Sachverhalt erklärt und Andrew am darauffolgenden Tag versucht, das neu erlernte praktisch anzuwenden. So versucht er z.B., nachdem er die Logik des Humors begriffen hat, selbst einen Witz zu erzählen. Die filmsprachliche Inszenierung ist dabei spartanisch. Man sieht Andrew und Richard Martin in einem Raum sitzen. Beide unterhalten sich, wobei die Inszenierung des Dialogs dem gängigen Continuity-System folgt. In der Gestaltung des Settings legt Columbus viel Wert auf die Präsenz klassischer Insignien von materieller Bildung. Bei den (re-)Establishing Shots ist immer das Bücherregal im Hintergrund zu erkennen, welches relativ gut gefüllt ist. Die Bücher stehen hier als Repräsentant von Wissen, wodurch Lernen in diesen Sequenzen als kognitives Verstehen von Sachverhalten (Verfügungswissen) begriffen wird (Abb. 46). Einen anderen Akzent setzt die darauf folgende Szene. Andrew wird von Little Miss zum Klavierspielen aufgefordert. Sie spielt ihm die Melodie vor, und er spielt diese nach. Die neue Fähigkeit »Klavierspielen« wird also nicht durch ein kognitives Verstehen des Instruments erworben, sondern durch Nachahmung (Abb. 47).

Abb. 46: Eine Unterrichtssituation: Lernen wird als kognitives Verstehen von Fakten inszeniert.

Abb. 47: .Andrew lernt, Klavier zu spielen. Hier liegt wird Lernen als Nachahmung verstanden.

Während beide ein Duett spielen wird durch eine weiche Blende ein Zeitsprung angedeutet und aus dem kleinen Mädchen ist eine junge Frau geworden. Durch diesen Zeitsprung entsteht der Eindruck, dass Andrew in den vergangenen Jahren kontinuierlich geübt hat, wodurch Lernen als Üben und als Verinnerlichen von Fähigkeiten greifbar wird.

In Bezug auf die Eigenschaft *Willensstatus* wird Andrew ein freier individueller Wille zugesprochen. Während er zu Beginn noch den asimovschen Robotergesetzen unterworfen ist, erzählt der Film eine Emanzipationsgeschichte, in der Andrew lernt, eigene Ziele zu verfolgen. Deutlich wird dies vor allem, an einem Wechsel innerhalb seiner Sprache, welcher auch von den Protagonisten der Filmwelt bemerkt wird: Nachdem Andrew seine Freiheit erhalten hat, sagt er anstelle der bisher ritualhaft wiederholten Formel »Man ist stets gern zu Diensten« nun »*Ich* bin stets gern zu Diensten« (0:54:58-0:55:00, hervorh. W.R). Die folgenden Veränderungen Richtung Menschlichkeit werden Andrew ebenfalls nicht von außen aufgezwungen, sondern entspringen seinem eigenen Wunsch. Diese Veränderung von »man« zu »ich« lässt sich auch im Kontakt mit Institutionen nachzeichnen. Als Andrew noch bei Familie Martin wohnt, verdient er durch die Konstruktion von Uhren Geld. Auf Drängen von Little Miss eröffnet schließlich Richard Martin ein Konto für Andrew. Hier ist es noch ein Mensch, der für Andrew handeln muss. Gegen Ende des Films ist es Andrew selbst, der vor Gericht die Anerkennung seiner Menschlichkeit beantragt.

Bei der *visuellen Ähnlichkeit* vollzieht sich im Lauf des Films ein Wandel. Im »Rohzustand« zu Beginn des Films ist Andrew nur anatomisch-ähnlich. Sein metallischer Körper ist zwar der Statur des Menschen nachempfunden, jedoch nicht in der Lage Emotionen zu zeigen. Allerdings arbeitet der Film dennoch schon mit vielen nahen Einstellungen und Großaufnahmen und verwendet so eine emotionale Kinematographie. Den nächsten Schritt stellt das Tragen von Kleidung dar, eigentlich ein Indikator für die emotionale Ähnlichkeit von Robotern, da Kleidung die mit Empfindungsfähigkeit konnotierte Haut bedecken soll. Andrew weicht hier vom normalen Schema ab, holt dieses allerdings nach. Im letzten Drittel des Films lässt er sich eine Haut transplantieren und ist rein äußerlich vom Menschen ununterscheidbar.

Das nach erfolgreicher Hauttransplantation ununterscheidbare Äußere Andrews führt auch dazu, dass ihm seitens der Zuschauer die Fähigkeit, Emotionen zu empfinden, zugestanden wird. Dieser Effekt wird sowohl durch die Ebene der Story als auch durch die verwendete Kinematographie verstärkt. Auf der Ebene der Story lässt sich Andrew zum einen ein zentrales Nervenssystem implantieren und ist danach in der Lage z.B. Schmerzen zu empfinden. Zum anderen enthält der Plot eine Liebes-geschichte zwischen ihm und Portia und begründet viele der Handlungen Andrews durch seine Verliebtheit. Andrew Darsteller Robin Williams verstärkt den Eindruck des fühlenden Roboters dadurch, dass er dessen Emotionsausbrüche teilweise an der Grenze zum Overacting spielt. Selbstverständlich bedient sich der Film auch der gängigen Ikonographie der Liebesgeschichte (z.B. bei einem gemeinsamen Tanz zwischen Andrew und Portia auf einem Ball) und unterstreicht dieses durch die schon angesprochene emotionale Kinematographie, die durch viele nahe Einstellungen und Großaufnahmen die Mimik und Gestik der Hauptdarsteller und somit ihre Emotionen in den Vordergrund rückt.

Interaktionsqualität

Innerhalb der Eigenschaft der *Anerkennung* nimmt der Film DER 200 JAHRE MANN eine exponierte Stellung innerhalb des Feldes ein, da er neben emotionaler Zuwendung auch soziale Wertschätzung und kognitive Achtung als Anerkennungsformen thematisiert. Dabei lässt sich eine Entwicklung innerhalb des Films erkennen. Schon recht früh zu Beginn erfährt Andrew innerhalb der Familie Martin emotionale Zuwendung. Diese äußert sich schon in einer Strafpredigt, die Richard Martin seinen Töchtern hält, nachdem diese versucht haben, Andrew durch einen befohlenen Sprung aus dem Fenster zu zerstören:

> RM: Andrew ist kein Mensch. Er gehört zu unserer Einrichtung.
>
> A: Man ist kein Meee---eeee---eee [die Aussprache hängt, Richard Martin schlägt Andrew gegen den Kopf, worauf das Problem behoben ist] -nsch.
>
> RM: Aber auch die Einrichtung ist wichtig. Also wird von jetzt an prinzipiell Andrew von dieser Familie behandelt, als wäre er ein Mensch. Das heißt niemand wird versuchen ihn kaputt zu machen.
>
> LM: Hat das jemand.
>
> RM: Deine Schwester hat versucht ihn zu töten.
>
> LM: Du auch?.« (0:14:22-0:14:57)

Auch wenn Richard Martin hier noch den Ding-Status seines Roboters betont, so benutzt er mit dem Begriff »töten« doch eine Vokabel, die eigentlich lebendigen Wesen vorbehalten ist. Nachdem Andrew für Little Miss ein neues Spielzeug fertigt, wandelt sich Richards Verhältnis zu ihm. Fortan erkennt er Andrew als Familienmitglied an – Andrew selbst betont später im Gespräch mit Portia, dass er immer noch den Nachnahmen Martin trage, weil er von ihren Ur-Großeltern wie ein Familienmitglied behandelt worden sei. Portia selbst geht auf die Bedürfnisse Andrews ein, indem sie eine Liebesbeziehung mit ihm beginnt.

Doch Andrew erfährt nicht nur emotionale Zuwendung, sondern darüber auch *soziale Wertschätzung* im Modus der *Solidarität*. Honneth versteht unter dem Begriff ein Interaktionsverhältnis, »in dem die Subjekte wechselseitig an ihren unterschiedlichen Lebenswegen teilnehmen, weil sie sich untereinander auf symmetrische Weise wertschätzen« (Honneth 1994, 208), womit Solidarität in einer Wertegemeinschaft – im Fall Andrews die Familie Martin – gewährt wird. Diese Form der Anerkennung fordert über passive Toleranz hinaus auch ein aktives Interesse der anderen Person gegenüber und wird von Honneth als Bedingung für das Funktio-nieren moderner Gesellschaften gesehen: »denn nur in dem Maße, in dem ich aktiv dafür sorge trage, daß sich ihre mir fremden Eigenschaften entfalten vermögen, sind die uns gemeinsamen Ziele zu verwirklichen« (Honneth 1994, 210). Den Beginn der Solidarität gegenüber Andrew markiert ein Gespräch zwischen ihm und Richard Martin, welches nach einer Kontrolle bei Andrews Herstellerfirma geführt wird. Kurz zuvor hat

Andrew für Little Miss ein Spielzeug selbständig hergestellt und seine handwerklichen Fähigkeiten unter Beweis gestellt.

》》 N1: Danke, dass sie sich für NorthAm Robotics entschieden haben.
RM: Also brauchen wir eine neue Regelung.

A: Eine Regelung, Sir?

RM: Zunächst einmal wirst du einen Teil jedes Tages mit der Herstellung von Gegenständen verbringen. Damit der Rest Menschheit nicht ganz so schlecht aussieht, wählen wir etwas nicht ganz so künstlerisches aus. Könntest du andere Gegenstände herstellen? Ich kann dir mein Arbeitsgebiet beibringen. Zeitinstrumente, also Uhren, verstehst du?

A: Man kann das nicht beantworten, Sir. Etwas in der Art hat man noch nicht versucht.

RM: Dann wirst du es eben von jetzt an. Außerdem wirst du jeden Abend ein wenig Zeit mit mir verbringen, zwecks Unterricht.

A: Und was wäre die Zielsetzung dieser Unterrichtung?

RM: Um dir etwas beizubringen, Andrew, damit du all die Dinge lernst, für die du nicht programmiert wurdest. [Pause] Andrew du bist einzigartig.

A: Einzigartig?

N2: Danke, dass sie sich für NorthAm Robotics entschieden haben.

RM: Es ist meine Aufgabe, dir zu helfen, all das zu werden, was du sein kannst.« (0:25:59-0:27:01).

In dem zitierten Gespräch begrenzt Richard Martin das Aufgabengebiet seines ursprünglich als Hausdiener gebauten Roboters. Andrew erhält fortan Zeit für die Herstellung von Gegenständen. Diese Tatsache, die auf den ersten Blick wie eine einfache Veränderung des Dienstverhältnisses wirkt, zeigt jedoch eine neue Qualität in der Interaktion zwischen Andrew und Richard. Dem neuen Aufgabenbereich Andrews liegt kein Bedarf Richard Martins zugrunde, sondern er begründet sich aus der Tatsache, dass dieser vermutet, Andrew wäre für diese Art von Tätigkeit begabt. Andrew wird hier aufgrund individueller Fähigkeiten anerkannt, was sich in der zweimaligen Betonung der *Individualität* Andrews durch Richard Martin zeigt. Dem Rezipienten wird die Anerkennung Andrews als Individuum dadurch erleichtert, indem kontrastiv zum elaborierten Gespräch zwei »normale« Roboter der NDR-Baureihe (N1 und N2) nacheinander die Unterhaltung stören und durch die monotone Wiederholung des Satzes »Danke, dass sie sich für NorthAM Robotics entschieden haben« ihre fehlende Individualität sichtbar werden lassen. Andrew hebt sich von seinen Schwestermodellen ab und erhält so den (anerkennenswerten) Status eines Individuums. Weitere Cues im Film deuten ebenfalls auf eine soziale Wertschätzung Andrews hin, so eröffnet Richard Martin auf Drängen seiner Tochter ein Konto für Andrew, damit dieser die Früchte seiner Arbeit ernten kann. Die Uhren sind nicht mehr ein von Maschinen hergestelltes Produkt, sondern ein von einem (noch nicht menschlichen) Individuum mit einzigartigen Fähigkeiten hergestelltes Unikat.

Unter *kognitiver Achtung* versteht Honneth die Anerkennung seines Gegenübers als freies (autonomes) Individuum, welches durch seine Existenz als Träger bestimmter Grund-rechte definiert ist. Diese Anerkennungsform wird Andrew in der Familie Martin recht schnell zuteil, indem er als gleichberechtigtes Familienmitglied mit eigenem Entscheidungsspielraum behandelt wird. Spätestens nachdem Richard Martin ihn seiner dienenden Funktion enthebt und ihm die Freiheit schenkt, gesteht er ihm somit implizit den Status eines handlungsfähigen Rechtsubjektes zu (ich werde auf die Überwindung der dienenden Funktion später noch genauer eingehen). Außerhalb der Familie Martin muss Andrew jedoch bis zum Schluss des Filmes kämpfen, um als Mensch und somit als freies Rechtssubjekt anerkannt zu werden. So weigert sich Little Miss' Sohn Loyd, welcher Anwalt geworden ist, zunächst Andrew in einem Auskunfsbegehren gegenüber NorthAm-Robotics zu vertreten, da dieser nur ein Roboter sei (Missachtungsform: Ausschließung). Später tritt Andrew Martin selbst vor Gericht, um die Anerkennung als Mensch zu fordern. Ihm geht es, wie er selbst betont, nicht darum für seine Leistungen und individuellen Leistungen wertgeschätzt zu werden, sondern um das *Recht* Portia zu heiraten. Er betont seine Ähnlichkeit zum Menschen, damit sein Leben als Wert für sich gesehen wird. In zweiter Instanz wird er schließlich zum Menschen erklärt und erhält auch von der Gesellschaft die von ihm ersehnte kognitive Achtung.

In dem gleichen Grad, in dem Adrew immer mehr Anerkennung erhält, überwindet er während des Films auch seine *dienende Funktion*. Zu Beginn ist er noch ein einfacher Haushaltsroboter, der jede Anweisung klaglos ausführt und seine Unterwürfigkeit durch die fast schon rituell wiederholte Formel »Man ist stets zu Diensten« ausdrückt. Erste Freiheiten erhält Andrew, als ihm von Richard Martin Zeit für die *eigenständige* Kreation von Uhren eingeräumt wird. Im Laufe der Jahre werden aus den Befehlen der Familie Martin Bitten, wie Little Miss in einem Gespräch mit Andrew betont:

> LM: Ist alles in Ordnung? Du bist so ruhig.
> A: Wie erlangt man eigentlich Freiheit?
> LM: Ist es dein Wunsch uns zu verlassen?
> A: Nein. Keinesfalls Little Miss. Man wünscht sich nur als freier Mann anerkannt zu werden.
> LM: Aber wieso? Du hast hier alle Freiheit, die du möchtest.
> A: Solange, bis man einem befiehlt, etwas zu tun.
> LM: Andrew. Ich glaube es ist Jahre her, dass dir jemand etwas befohlen hat.
> A: Aber man kann immer noch gebeten werden, etwas zu erledigen.
> LM: Nunja, ich weiß, wir fragen dauernd nach etwas. Aber das ist eine Bitte und nie ein Befehl.« (0:50:55-0:51:53)

Es folgt eine kurze Diskussion über das menschliche Ideal der Freiheit, in deren Anschluss Andrew Richard Martin, durch Überreichen eines Checks, um die eigene Freiheit bittet. Dieser gewährt sie ihm widerwillig und verweist ihn enttäuscht des Hauses. Auf dem Sterbebett gesteht Richard Andrew schließlich die Rechtmäßigkeit seines Unterfangens zu. Andrew hat nun auch formal seine dienende Funktion überwunden.

Beim *Intimitätsgrad sozialer Beziehungen* zeigt sich, dass Andrew in ein relativ großes, qualitativ hochwertiges soziales Netzwerk mit vielen starken Bindungen eingebunden ist (Abb 48).

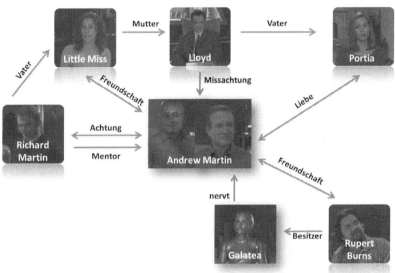

Abb. 48: Personenkonstellation des Films DER 200 JAHRE MANN.

Die Größe des Netzwerks erklärt sich dabei primär durch die lange erzählte Zeit des Films, in der Andrew über vier Generationen der Familie Martin Bindungen aufbauen kann. Dabei bleiben die Kontakte jedoch nicht auf einer oberflächlichen Ebene. Von der ersten Generation der Familie Martin an wird Andrew als Familienmitglied anerkannt. Eine Freundschaft entwickelt sich zu Rupert Burns. Und zwischen Portia und Andrew entsteht sogar eine Liebesbeziehung, womit einem Roboter der höchste Grad menschlicher Intimität zugestanden wird. Auffällig ist, dass bei diesem Muster erstmals Beziehungen *zwischen* Robotern thematisiert werden, wobei sich allerdings das Verhältnis zwischen Andrew und Galatea als wenig freundschaftlich beschreiben lässt, da Andrew sich von ihrer sehr extrovertierten Persönlichkeit gestört fühlt.

Rahmenbedingungen

Bei den Rahmenbedingungen lässt sich für die Eigenschaft *Friedensstatus* eine friedliche Koexistenz zwischen Menschheit und Robotern feststellen. Der Eindruck von Friedlichkeit wird insbesondere durch die Konzentration auf positiv konnotierte Momente erreicht. So spielt ein Großteil der Handlung in einem recht idyllischen Familienleben, das auf der Ebene der Mise-en-scène durch sanfte Farbtöne unterstützt wird. Die Idee, dass Roboter sich in kriegerischer Weise gegen die Menschheit wenden könnten wird nicht einmal angedeutet. Im Gegenteil: Andrew trägt durch die Erfindung künstlicher Organe zu einem längeren Menschenleben bei.

Im filmischen Universum des 200 JAHRE MANNS sind Roboter längst ein alltägliches Phänomen und haben spätestens in der zweiten Hälfte des Films eine ubiquitäre Verbreitung erreicht. Auch wenn wir im Film niemals eine größere Menge von Robotern auf einmal sehen, so wird doch spätestens bei Andrews Suche nach Gleichgesinnten deutlich, dass diese unlängst normaler Bestandteil des Alltags geworden sind. So trifft er z.B. einen Roboter, welcher die Funktion eines Platzwartes ausfüllt. Die für ihren Chef Rupert Burns einkaufende Galatea erregt ebenfalls keine Aufmerksamkeit, weshalb angenommen werden kann, dass der Anblick eines Roboters für die Protagonisten des filmischen Universums zur Normalität gehört.

Der Eindruck des Roboters als Massenware entsteht aber vor allen während des Vorspanns, indem die *Produktion* des Roboters als maschinelle Massenfertigung inszeniert wird. In vielen Groß- und Detailaufnahmen wird gezeigt, wie ein Roboter *vollkommen automatisiert* zusammengesetzt wird. Das Setting besteht überwiegend aus metallischen Maschinen, weshalb kühle Farben dominieren. Insbesondere das vorherrschende metallische Silber kennzeichnet die Produktion als hochgradig artifiziell. Diese industrielle Ikonographie unterscheidet sich deutlich von der Krankenhausatmosphäre in WESTWORLD. Ein wiederkehrendes Element ist dabei das Fließband, welches eine starke symbolische Kraft besitzt, da es wie kaum eine andere Technik die serielle Massenproduktion bestimmter Güter repräsentiert (Abb. 49).

Abb. 49: Das Fließband ist ein wiederkehrendes Motiv im Vorspann. und fungiert als Repräsentant einer industriellen Massenproduktion.

Abb. 50: Das Logo der Herstellerfirma ist während der Fertigungssequenz omnipräsent. Dadurch wird die Kommodifizierung der Technik hervorgehoben.

Während der ganzen Sequenz ist kein menschliches Eingreifen zu sehen. Dadurch verliert der Roboter den Status einer individuellen Schöpfung, welchen er noch in früheren Stadien der friedlichen Genealogie oftmals innehatte, und wird zum kommerziellen Produkt. Der Eindruck der Kommodifizierung wird dadurch verstärkt, dass in vielen Produktionsschritten das Logo der Herstellerfirma zu erkennen ist, welches teilweise sogar durch eine Großaufnahme besonders hervorgehoben wird (Abb. 50).

Zusammenfassung

DER 200 JAHRE MANN erzählt die Geschichte eines sich von seiner dienenden Funktion emanzipierenden Haushaltsroboters, der sich im Laufe des Films immer weiter dem Menschen annähert, bis er schließlich als Mensch juristisch anerkannt wird. Der Film attestiert seiner robotischen Hauptperson Andrew die höchste im Kategoriensystem denkbare Menschenähnlichkeit und bescheinigt ihm darüber hinaus eine hohe Interaktionsqualität, welche sich in sozialen Beziehungen mit hohem Intimitätsgrad und Anerkennung in allen von Honneth benannten Modi äußert. Andrew ist, wie die anderen Roboter im Film, ein industrielles Massenprodukt. Der Friedensstatus thematisiert eine friedliche Koexistenz zwischen Mensch und Roboter.

Weitere Filme

Das Muster tritt vor allem gegen Ende der 1990er-Jahre auf. DER 200 JAHRE MANN kann hier als einer der ersten Filme gelten. In den 1980er-Jahren findet sich mit BLADE RUNNER (USA/Hong Kong, 1982, Ridley Scott) jedoch ein Film, der seiner Zeit gewissermaßen voraus ist, und ebenfalls in dieses Muster passt. In BLADE RUNNER wird die Geschichte einer Gruppe Replikanten erzählt, die entgegen der herrschenden Gesetze auf die Erde kommt, um dort von ihrem Schöpfer Tyrell, die Abschaltung eines Mechanismus zu erbitten, der ihren baldigen Tod bewirken wird. Der Blade Runner Rick Deckard wird damit beauftragt, die Replikanten zu eliminieren. Wie die Roboter der 2000er zeichnen sich die Replikanten dadurch aus, dass sie etwas begehren. Bei Andrew ist es die Anerkennung als Mensch, bei Roy Batty und seinen Mitstreitern mehr Lebenszeit. Wenn man von der Unerwünschtheit der Replikanten auf der Erde absieht, passen sie in das Muster. Sie werden als höchst menschlich inszeniert, vielleicht sogar menschlicher als die Menschen selbst. Der Film attestiert ihnen ein vollwertiges Bewusstsein, ununterscheidbares Äußeres und Emotionalität. Auch Liebesbeziehungen werden thematisiert. In Blade Runner bleibt die Frage, was die Replikanten noch von den Menschen unterscheidet immer präsent, vor allem, weil der Status der Hautperson Rick Deckard unklar ist.[44]

---

44 Ausführlicher habe ich mich der Thematik des Bewusstseins und der Identität in Blade Runner schon »Von Decartes zu Deckard« gewidmet (vgl. Ruge 2009, 34-43).

Ein weiterer Film aus diesem Muster ist AI - KÜNSTLICHE INTELLIGENZ (USA, 2001, Steven Spielberg). Der Film erzählt die Geschichte des künstlichen Jungen David, der dazu geschaffen wird, um zu lieben. Der Prototyp entwickelt echte Emotionen und somit auch kindliche Liebe zu seiner Mutter. Nach einem Unfall mit dem »echten« Sohn der Familie wird David verstoßen. Von der Pinocchio-Sage angetrieben, macht er sich auf die Suche nach der blauen Fee, damit diese ihn in einen »echten Jungen« verwandeln kann. Er trifft jedoch nur auf seinen Erbauer, der ihn als vollen Erfolg preist. David findet schließlich doch noch eine Statue der blauen Fee, die er Jahrhunderte darum anfleht, ihn zu einem echten Jungen zu machen. Nach einem Zeitsprung erzählt Regisseur Steven Spielberg in einem überaus harmonisch inszenierten Ende, wie mittlerweile auf der Erde gelandete Außerirdische David einen letzten Tag mit seiner Mutter ermöglichen. Der Film hebt die Emotionen seines Hauptdarstellers hervor, um so die Mensch-Maschine-Differenz ad absurdum zu führen. In diesem Film ist die Ubiquität der Roboter am deutlichsten präsent. Auf einem »Fleischfest« werden Massen von ihnen vernichtet, wodurch der Status als Massenprodukt deutlich zum Ausdruck kommt. In einem gesprochenen Prolog zum Film wird darüber hinaus auf die Unverzichtbarkeit der Roboter und ihren ubiquitären Status hingewiesen. Im Gegensatz zu DER 200 JAHRE MANN bleibt das Bewusstsein Davids jedoch auf der Stufe eines Kindes.

6.2.6 Bedrohliche Massen
(Terminator 4)

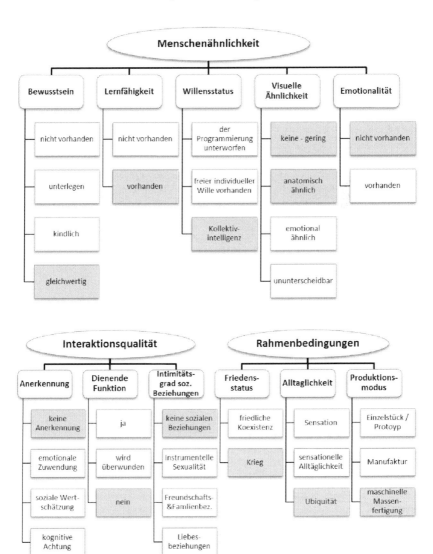

Abb. 51: Übersicht über das Muster »bedrohliche Massen«.

Aus dem Muster der gefährlichen Einzelgänger entwickelt sich im Laufe der Zeit das Muster der *bedrohlichen Massen*, was sich insbesondere anhand der Terminator-Reihe nachvollziehen lässt. Sind es bei TERMINATOR 1 und 2 noch die technisch hochgerüsteten Einzelgänger, die im Mittelpunkt der Handlung stehen, wird in den darauffolgenden Teilen vor allem die von der Kollektivintelligenz Skynet ausgehende Bedrohung thematisiert. Während den zeitgleich auftretenden Begehren entwickelnden Massenproduktionen eine hohe Menschenähnlichkeit attestiert wird, wird in diesem Muster eine Mensch-Maschine Dichotomie konstruiert. Obwohl den Maschinen eine hohe rationale Intelligenz bescheinigt wird, tritt in der Inszenierung des Bewusstseins dessen Unterlegenheit zutage. Lernprozesse der Roboter werden nicht thematisiert. Bei der Eigenschaft Willensstatus tritt – als Erbe aus dem Cyberpunk – zum ersten Mal in der Roboterdarstellung eine Kollektivintelligenz zu Tage. Zwar wird den *Robotern* somit zwar ein freier Wille zugestanden, dem einzelnen Roboter bleibt dieses aber verwehrt. Roboter treten in den dem Muster zugehörigen Filmen immer in Massen auf und decken die ganze Bandbreite visueller Ähnlichkeit ab. Das Spektrum reicht von tierähnlichen, oftmals Meereslebewesen nachempfundenen, Modellen bis zu solchen, die äußerlich nicht vom Menschen zu unterscheiden sind. Die meisten auftretenden Roboter liegen jedoch unterhalb der Stufe »emotional ähnlich«, was sich auch dadurch begründet, dass den robotischen Akteuren die Fähigkeit, Gefühle zu empfinden, abgesprochen wird. Die Interaktionsqualität ist als niedrig zu beschreiben. Roboter erfahren keine Anerkennung und haben keine sozialen Beziehungen. Da sie in einem kriegerischen Verhältnis zur Menschheit stehen, ist die Frage nach der dienenden Funktion mit nein zu beantworten. Bei den Rahmenbedingungen wird als Friedensstatus eine kriegerische Auseinandersetzung beschrieben. Die Roboter werden in maschineller Massenproduktion gefertigt und haben daher eine ubiquitäre Alltäglichkeit erreicht.

Terminator: Die Erlösung – Allgemeines zum Film

TERMINATOR: DIE ERLÖSUNG (USA u.a., 2009, Joseph McGinty Nichol) erzählt die Geschichte des zum Tode verurteilten Mörders Marcus Wright. Dieser unterschreibt vor seiner Hinrichtung ein Formular, in dem er seinen Körper der Wissenschaft zur Verfügung stellt. Im Jahr 2018 erwacht er auf einer postapokalyptischen Erde, welche mittlerweile von den Maschinen kontrolliert wird, die versuchen die Menschheit auszulöschen. Er trifft zunächst auf Kyle Reese und dessen Begleiterin Star, die er jedoch nicht vor einer Gefangennahme durch die Maschinen beschützen kann. Mit Hilfe der Rebellin Blair Williams schlägt er sich zu der von John Connor angeführten Widerstandgruppe durch. Da er auf dem Weg dorthin auf eine Miene tritt, wird ein Teil seiner Haut zerstört, worauf sein Innerstes zum Vorschein kommt: Wright erweist sich als Cyborg. Sein noch organisches Herz und Gehirn werden von einem ansonsten metallischen Körper am Leben erhalten. Nach anfänglicher Feindschaft gelingt es Marcus das Vertrauen Connors zu erlagen und die Beiden treffen eine Übereinkunft, zusammen Kyle Reese aus dem Gefangenenlager Skynets zu befreien. Das Vorhaben wird dadurch erschwert, dass die Führung des Widerstands einen schnellen Angriff auf Skynet plant, weil eine neue Waffe getestet werden soll. Der Angriff wird jedoch verhindert, da ein Großteil der Soldaten Connors Aufruf zur Befehlsverweigerung nachkommt. Als Marcus Skynet betritt, gelangt er zügig in die Kommandozentrale, wo ihm Skynets Kollektivintelligenz offenbart, dass die bisherigen Geschehnisse Bestandteil eines Plans gewesen seien, welcher das Ziel verfolgte, Connor nach Skynet zu lotsen, um ihn dort zu töten. Marcus selbst wurde dabei von einem im Gehirn implantierten Chip kontrolliert. Indem er den Chip seinem Kopf entreißt, entscheidet sich Marcus für ein Leben als freier Mensch. Er unterstützt den mittlerweile ebenfalls in Skynet eingedrungenen John Connor und beiden gelingt es Kyle Reese und Star zu befreien und zu fliehen. Dabei wird Connor jedoch so schwer verletzt, dass nur eine Herztransplantation ihn retten kann. Marcus entscheidet sich ihm sein gesundes Herz zu spenden und opfert so sich für Connors Überleben.

Im Zentrum des Films steht mit der Storyline um Marcus Wright vor allem eine Cyborg-Thematik, die allerdings eine recht schlichte Botschaft verbreitet: Ein Mensch ist wer sich menschlich verhält. Dabei tritt »sich menschlich verhalten« vor allem als »zusammenhalten«, als »füreinander dasein« zutage. Der am Anfang des Films noch als egoistischer Einzelkämpfer agierende Marcus findet sein Heil in der Aufopferung für andere. Man kann den Film auch als eine Diskussion um Schuld und Sühne lesen und am Ende die Frage aufwerfen, ob ein Mörder als Held angesehen werden kann und ob er durch seine Aufopferung seine Morde aufwiegt. In dieser Arbeit soll jedoch die Rahmenhandlung, der Krieg zwischen Menschheit und Maschinen, im Vordergrund der Analyse stehen. Ich werde mich dabei der von Film nahegelegten Meinung anschließen und Marcus Wright als einen Menschen und nicht als einen Roboter betrachten. Dies begründet sich einmal durch die Story, die vor allem die Menschlichkeit Marcus´ betont, aber auch in formellen Stilmitteln. So erhalten auf der Tonspur die Maschinen einen metallischen Score oder das bekannte Terminator-Theme mit einer Blechbläser Instrumentation im forte oder fortissimo, Marcus hingegen wird mit einer Gitarre in normaler Lautstärke oder im piano instrumentiert. Im Folgenden stehen die von Skynet kontrollierten Roboter im Mittelpunkt der Analyse.

Menschenähnlichkeit

Die Frage nach dem *Bewusstsein* der Maschinen erweist sich in TERMINATOR: DIE ERLÖSUNG als kompliziert. Die Inszenierung des Innenlebens der einzelnen Roboter erinnert an den ersten Film der Reihe. Der Point-of-View-Shot aus der Sicht der Terminatoren ist zwar nicht bei allen Modellen mit einem Rotfilter versehen, die Wahrnehmung ist aber dennoch, z.B. durch eine Reduktion der Farbtiefe auf Graustufen, schlechter als die des Menschen (Abb. 52). Durch die Einblendung von Metainformationen werden die Handlungen als Ergebnis eines Programms demaskiert. So ist z.B. in Abb. 53 »Tracking John Connor« zu lesen, wodurch die Handlungen des Terminators als Ergebnis eines Algorithmus' – in diesem Fall einer Suchroutine – offenbart werden.

Abb. 52:   PoV aus der Sicht eines Roboters.

Abb. 53:   PoV aus der Sicht eines Roboters II.

Im Gegensatz zum ersten Teil, in dem der T-800 ohne Gesichtserkennung auskommen muss, sind die Terminatoren jedoch in der Lage Objekte und Menschen zu erkennen. Es hat also eine Weiterentwicklung der Roboter stattgefunden. Aufgrund der ikonographischen Homologien in der Inszenierung des Point-of-View-Shots überwiegt m.E. jedoch der Eindruck eines unterlegenen Bewusstseins bei den einzelnen Terminatoren. Die *Kollektivintelligenz Skynet* hingegen wird als dem Menschen gleichwertig beschrieben. Sie kann eigene Interessen und Ziele verfolgen und ist sich ihrer Selbst bewusst. Als sie Marcus Wright mit der Aufgabe der Infiltration zu den Rebellen schickt, verändert die Kollektivintelligenz ihre Strategie. Sie ist also in der Lage von eingefahrenen Routinen abzuweichen und somit *lernfähig*. Die einzelnen Modelle folgen hingegen nur ihrer Programmierung – zumindest gibt es im Film keine Anzeichen dafür, dass sie diese eigenständig erweitern.

Beim *Willensstatus* wird in TERMINATOR: DIE ERLÖSUNG eine Kollektivintelligenz thematisiert. Die einzelnen Roboter werden zwar als von Algorithmen determiniert beschrieben, ihre Handlungen werden jedoch von der gemeinsamen Intelligenz Skynet koordiniert, welche Zugriff auf alle Wahrnehmungen der ihr zugehörigen Modelle hat. Auf visueller Ebene wird diese Kollektivintelligenz durch die *rhizomatische* Struktur eines Netzwerkes dargestellt (Abb. 54). Der Rezipient erkennt das »Innere« Skynets, als Marcus sich in das System einklinkt. Die Kollektive Intelligenz zeigt sich als eine Ansammlung von mehreren Knoten unterschiedlicher Größe, die miteinander verbunden sind und so einzelne Cluster formen. Eine hierarchische Baumstruktur ist nicht zu erkennen. In roter Farbe eingeblendete Schriftzüge repräsentieren die Kommunikation zwischen den einzelnen Körpern der Intelligenz. Auch als Skynet auf einem Bildschirm ein für Marcus bekanntes Gesicht annimmt, um mit ihm kommunizieren zu können, bleibt die Metapher des Netzes im Hintergrund präsent – das für Marcus bekannte Gesicht ist nur eine Oberfläche (Abb. 55).

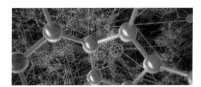

Abb. 54: Rhizomatische Strukturen als visuelle Metapher der Kollektivintelligenz.

Abb. 55: Auch als Skynet sich eine Oberfläche bietet, bleibt die Netzstruktur präsent.

Die Eigenschaft *visuelle Ähnlichkeit* lässt sich nicht eindeutig bestimmen, da im Film mehrere Roboter-Modelle vorkommen. Die meisten besitzen jedoch keine Menschenähnlichkeit und erinnern z.b. an eine Krake oder sind rein funktionell einem Motorrad oder einer Flugmaschine nachempfunden (Abb. 56). Andere sind dem Menschen nur anatomisch nachempfunden. So fehlt den Terminatoren z.B. eine Haut, welche ich als ein Kriterium für emotionale Ähnlichkeit ausgemacht hatte. Lediglich das Modell T800 ist bei seinem ersten Auftreten mit einer Kunsthaut versehen, welche allerdings nicht lange am Körper verbleibt, da John Connor das Feuer auf seinen Gegner eröffnet. Somit tritt auch hier schnell das nur anatomisch-ähnliche Skelett des Roboters zutage.

Abb. 56: Die meisten Roboter im Film sind nicht dem menschlichen Äußerem nachempfunden, sondern funktionell gestaltet.

Da die Roboter in TERMINATOR: DIE ERLÖSUNG keine emotionale Ähnlichkeit zum Menschen erreichen, wird ihnen auch keine *Emotionalität* zugestanden. Die »Gesichter« der Terminatoren – sofern man von solchen sprechen kann – sind starr und daher nicht zur Artikulation von Basisemotionen fähig. Auch auf narrativer Ebene, werden die fehlenden Gefühle der Maschinen immer wieder betont. So protestiert John Connor bei seinem Aufruf zur Befehlsverweigerung gegen die rationalen und über Leichen gehende Politik des Kommandos und stellt menschliches und maschinelles Denken gegenüber:

» JC: Hier spricht John Connor. Wenn ihr das hier hört, dann gehört ihr zum Widerstand. Ich muss euch warnen. Wenn wir heute angreifen, setzen wir unsere Menschlichkeit aufs Spiel. Die Kommandozentrale verlangt, dass wir wie Maschinen kämpfen, dass wir klare, eiskalte Entscheidungen treffen. Aber wir sind keine Maschinen. Und wenn wir uns wie welche Verhalten, was würde ein Sieg bringen? Das ist hier die Frage.« (1:13:40-1:14:04)

Den ganzen Film über fungiert das menschliche Herz als Fokussierungsmetapher für Empfindsamkeit und somit für Menschlichkeit. Bei Marcus´ und Connors Eindringen in Skynet machen die Terminatoren das Herz als Schwachstelle der beiden aus. Beide werden während des Kampfes am Herzen verletzt, sodass der Kampf gegen die Maschinen zeitweise zu einem Kampf um das Herz wird. Und auch in den letzten Worten Marcus Wrights wird pathetisch die Emotionalität der Menschen als dessen wichtigste Eigenschaft nobilitiert:

>> MW: Was macht uns zu einem Menschen? Man kann es nicht programmieren oder auf einem Chip speichern. [Auf der Tonspur setzt der Klang eines schlagenden Herzens ein] Es ist die Kraft des menschlichen Herzens und das ist der Unterschied zwischen uns und den Maschinen.« (1:41:24-1:41:44)

Gerade durch diese Gegenüberstellung zwischen Herz und Chip wird gegen Ende des Films noch einmal die Emotionslosigkeit der Maschinen betont.

Interaktionsqualität

Wie schon seine Vorgänger zeigt auch TERMINATOR: DIE ERLÖSUNG eine geringe Interaktionsqualität zwischen Mensch und Maschine. Den Robotern wird im Film keinerlei *Anerkennung* gewährt. Dies äußert sich vor allem in der Sprache der menschlichen Charaktere, in welcher den Robotern konsequent der Status als Person aberkannt wird. Von Robotern ist meistens nur im Plural die Rede. Wenn von einzelnen Robotern gesprochen wird, werden diese immer nur mit ihrem Modellnamen bezeichnet. Eine echte Kommunikation zwischen Mensch und Maschine gibt es nicht, da Connor und seine Mitstreiter immer nur *über* aber nie *mit* den Maschinen reden. Auf diese Weise wird der Roboter zum Ding, zum Objekt, den der Status eines anerkennungsfähigen Subjektes verwehrt bleibt. Gestützt wird dieser Eindruck durch die Personenkonstellation. Es ist schwierig, einen Roboter aus der Masse herauszugreifen, da er mangels Namen schwierig zu bezeichnen ist. Auch der Terminator T 800, welcher am Ende des Films durch sein Duell mit Connor, Wright und Reese, einen prominenten Platz einnimmt, besitzt keinen Personenstatus und ist lediglich als Repräsentant seiner Baureihe und durch seine Funktion als Killermaschine charakterisiert.

Die Roboter besitzen im Film keine *dienende Funktion*, was sich aus dem in der Handlung thematisierten Kriegszustand ableiten lässt. In der Personenkonstellation offenbart sich, dass Roboter keine *sozialen Beziehungen* besitzen, was in der schon beschriebenen fehlenden Anerkennung begründet liegt. Eine Beziehung zwischen Mensch und Roboter ist in TERMINATOR: DIE ERLÖSUNG nicht denkbar, da der Roboter nicht als ein Subjekt thematisiert wird, zu dem man eine Beziehung eingehen könnte.

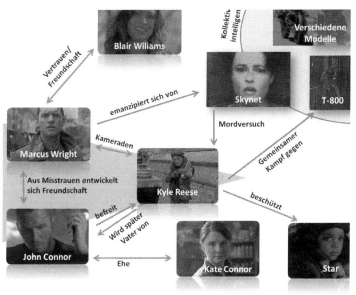

Abb. 57: Personenkonstellation des Film TEMINATOR: DIE ERLÖSUNG.

Rahmenbedingungen

Konstitutiv für das Muster ist eine *kriegerische Auseinandersetzung* zwischen Mensch und Roboter. Diese tritt in TERMINATOR: DIE ERLÖSUNG vor allem durch eine Verwendung der Filmsprache des Kriegsfilms zutage. Dabei werden bekannte Motive, wie in Reihe marschierende Einheiten, Hubschraubereinsätze und Lagebesprechungen in der Kommandozentrale, aufgegriffen. Die ebenfalls zum Einsatz kommende Ikonographie der Apokalypse (Abb. 58) differiert vom ersten Teil insofern, als dass diesmal keine Berge von Schädeln zu sehen sind. Der Fokus verschiebt dadurch sich von einer Darstellung der Opfer zu einer Darstellung der Schäden an den zivilisatorischen Errungenschaften der Menschheit. Zerstörte, brennende Städte und kaputte Fahrzeuge prägen das Setting des Films. Die zahlreich vorhandenen Actionsequenzen zeichnen sich vor allem durch gewaltige Explosionen aus, sodass in vielen Sequenzen eine *visuelle Dominanz des Feuers und der Zerstörung* zutage tritt (Abb. 59).

Abb. 58: Die Ikonographie der Apoka-
lypse betont diesmal mehr die
Zerstörung zivilisatorischer
Errungenschaften.

Abb. 59: Viele Explosionen führen zu
einer Dominanz des Feuers und
der Zerstörung.

Bei den Innenaufnahmen ist die Kadrierung so gewählt, dass fast immer die Wände des Raumes mit im Bild sind. Die meistens Einstellungen sind aus dem Bereich halbnah bis Großaufnahme, wodurch ein Gefühl der Enge erzeugt wird. Das Setting ist geprägt von kahlen, dunklen Wänden. Die schmutzigen Räume werden nur von einem unnatürlich wirkenden Kunstlicht beleuchtet werden. Oftmals kommt nur eine Low-Key-Beleuchtung zum Einsatz, sodass die Innenräume – sowohl in den Quartieren des Widerstands, als auch in Skynet – unwirtlich erscheinen.

In der Eigenschaft *Alltäglichkeit* haben Roboter mittlerweile eine ubiquitäre Verbreitung gefunden, welche aus dem *Produktionsmodus* der maschinellen Massenfertigung resultiert. Diese Massenproduktion tritt deutlich zu tage, als Connor und Wright in Skynet eindringen und dort auch durch die Produktionsanlagen vor einem Terminator flüchten müssen. Während die Menschen gegen den Terminator kämpfen, sehen wir im Hintergrund typische Insignien maschineller Fertigung. Die Montage der Terminator erfolgt ohne Menschenhilfe vollkommen automatisiert. Die benötigten Einzelteile sind in großen Mengen vorrätig (Abb. 60). Die zu montierenden Terminatoren werden automatisch von einem Fertigungsschritt zum nächsten transportiert (Abb. 62). Auf der Tonspur sind arbeitende, im regelmäßigen Takt stampfende Maschinen und Schweißgeräusche zu hören. Alles in einem also der (audio-) visuelle Stil einer vollautomatischen Fabrik, in der am Fließband produziert wird (Abb. 61).

Abb. 60: Die Lagerung vieler identischer Einzelteile...

Abb. 61: die Fertigung am Fließband ...

Abb. 62: und die vollautomatische Montage sind typische Zeichen maschineller Massenproduktion.

Zusammenfassung

TERMINATOR: DIE ERLÖSUNG inszeniert die Roboter als eine in Massen auftretende Bedrohung. Dabei stehen die Inszenierung der Kollektivintelligenz Skynet und die Konstruktion eines eindeutigen Gegensatzes zwischen Mensch und Maschine im Mittelpunkt des Films. Da sich Mensch und Roboter unversöhnlich gegenüber stehen, besteht zwischen beiden auch eine geringe Interaktionsqualität.

Weitere Filme

Die Bedrohung der Menschheit durch emotionslose, aber hochintelligente Maschinen ist auch in der MATRIX-Reihe (Beginn mit: MATRIX - USA/Australien, 1999, Andy Wachowski, Larry Wachowski) präsent. In dieser haben die Maschinen die Menschen versklavt und nutzen sie als Batterien. Dabei werden die Menschen in einer simulierten Welt, der Matrix, gefangen gehalten. Ein Großteil der Handlung spielt in ebendieser Matrix und neben dem Mensch-Maschine-Kampf werden auch Fragen nach dem, was Realität und Simulation ausmacht, thematisch. Die »Realität« des Films (die Welt außerhalb der Matrix) erinnert in ihrer Ikonographie stark an die Zukunftssequenzen aus TERMINATOR, man sieht große, schwarze, bedrohlich wirkende Maschinen. Diese sind nicht menschenähnlich, sondern erinnern oftmals an Meereslebewesen (z.B. Kraken, die durch ihre viele Arme bedrohlich erscheinen). Wie in der Terminator-Reihe wird ein Mensch-Maschine-Gegensatz konstruiert und ein friedliches Zusammenleben ausgeschlossen.

6.2.7 Sonderfall: I Robot

Der Film I - ROBOT (USA/Deutschland, 2004, Alex Proyas) stellt einen Sonderfall dar, da er sich zwei Mustern zuordnen lässt. Auf der einen Seite wird mit der Geschichte des Roboters Sonny eine Emanzipationsgeschichte erzählt, wie sie für Begehren entwickelnde Massenproduktionen üblich ist. Sonny besitzt zwar keine Haut, ist aber Dank eines Holographischen Gesichts in der Lage, Emotionen zu zeigen. Er besitzt einen freien, individuellen Willen. Zwischen ihm und der menschlichen Hauptperson Del Spooner entwickelt sich im Laufe des Films ein Vertrauensverhältnis. Roboter sind im filmischen Universum ubiquitär, was unter anderem in Sequenzen deutlich wird, in denen Spooner eine Lagerhalle mit hunderten Robotern gleicher Bauart betritt. Es gibt fast keine Sequenz, in der kein Roboter auftaucht. Am Anfang des Films ist das Verhältnis zwischen Mensch und Roboter friedlich. Soweit gehört der Film eindeutig zu den Begehren entwickelnden Massenproduktionen.

Doch im Laufe der Story ändert sich das Bild. Viki, die Kollektivintelligenz der Roboter, rebelliert gegen die Menschheit und es beginnt ein Krieg zwischen Mensch und Maschine. Die andere Modelle der Reihe, der auch Sonny entstammt, gehorchen ohne freien individuellen Willen ihrer Kollektivintelligenz und agieren ohne Emotion. Wenn man von der fehlenden Ikonographie der Apokalypse absieht, passt sich der Film fortan in das Muster der bedrohlichen Massen ein.

In I - ROBOT laufen also der friedliche und der kriegerische Zweig der Genealogie zusammen. Damit geschieht im Film etwas, was neu in der Genealogie ist: Das *Wesen* des Roboters wird nicht als ausschließlich gut oder ausschließlich böse dargestellt, sondern eine differenzierte Unterscheidung zwischen verschiedenen Robotern gemacht.

6.3 Übersicht

Zum Abschluss des Kapitels möchte ich die dargestellte Entwicklungslinie zusammenfassen. Dazu zunächst eine tabellarische Übersicht der Muster (vgl. Tab. 6).

Wenn man die Entwicklung der Muster über die Zeit betrachtet, fällt auf, dass sich in der friedlichen Genealogie das zugrundeliegende Reflexionsmuster wandelt. Den »dienenden Einzelstücken« liegt noch eine einfache *binäre Kodierung* zugrunde. Der Roboter ist das *Andere*, der Gegenpart zum Menschen. Diese Kodierung wird in den folgenden Jahrzehnten sukzessive zerstört und zwar in dem Modus, dass immer weniger Kategorien als Leitdifferenz für die Unterscheidung dienen können.

So kann z.B. die Kategorie »visuelle Ähnlichkeit« schon bei den »unterlegenen Kopien sensationeller Alltäglichkeit« in den 1970ern nicht mehr zu einer Unterscheidung zwischen Mensch und Maschine beitragen. Die Differenz auf der Ebene des Bewusstseins (oder des Innenlebens) verändert ihr Reflexionsformat von einer ja/nein – Kodierung zu einer *qualitativen Wertung*, die zwischen einem vollwertigen und einem unterlegenen Bewusstsein unterscheidet. Ab den 1980ern (»sozial eingebundene Lerner kindlichen Bewusstseins«) erlangen die Roboter nicht nur ein (allerdings noch kindliches) Bewusstsein, sondern darüber hinaus auch die Fähigkeit, Emotionen zu empfinden. Die Frage, was einen Menschen und einen Roboter unterscheidet, lässt sich immer schwerer beantworten. Aus dem klaren Gegensatz der 1950er ist eine feine Differenz geworden. Ab 1999 (»Begehren entwickelnde Massenproduktionen«) werden schließlich Roboter thematisiert, die dem Menschen gleichen und die Frage nachdem, was denn eigentlich »Menschlichkeit« ausmacht, neu stellen. Die zuvor klare Grenze wird disponibel, weshalb die Filme das Potenzial bieten, über Grenzen zu reflektieren. Die Interaktionsqualität zwischen Mensch und Maschine steigt im gleichen Maße stätig an. Ob hier ein Kausalzusammenhang in der Form »hohe Menschenähnlichkeit = hohe Interaktionsqualität« unterstellt werden kann, werde ich noch diskutieren.

Der kriegerische Zweig der Genealogie geht andere Wege. Nachdem in den 1970er Jahren in WESTWORLD schon angedeutet wurde, dass Roboter zur Gefahr werden könnten, wird dieser Gedanke nun weiter gesponnen. Zunächst wird den Robotern dabei eine höhere Menschenähnlichkeit verweigert. Die »gefährlichen Einzelgänger« gleichen ihren Vorgängern – nur haben sie ihre dienende Funktion überwunden und sind daher in einen Krieg mit der Menschheit eingetreten. Die »bedrohlichen Massen« in den späten 1990ern und frühen 2000ern erreichen zwar eine höhere Menschenähnlichkeit, da ihnen ein Bewusstsein und Lernfähigkeit zugesprochen wird – jedoch wird dieses durch die Annahme einer Kollektivintelligenz wieder zur Kontrastfolie zum Menschen umfunktioniert. Die Maschinen werden zwar intelligent – aber *anders* intelligent. Da den Robotern weiterhin die Fähigkeit, Gefühle zu empfinden, verwehrt bleibt und auch keine sozialen Beziehungen thematisiert werden, verbleibt das Muster prinzipiell im Reflexionsformat einer binären Kodierung.

Grafisch lässt sich die hier beschriebene Genealogie folgendermaßen darstellen Abb 63, S. 158):

		DIENENDE EINZELSTÜCKE	UNTERLEGENE KOPIEN SENSATIONELLER ALLTÄGLICHKEIT	SOZIAL EINGEBUNDENE LERNER KINDLICHEN BEWUSSTSEINS
	Typische Zeit	1950-1970er, In Variationen bis heute	1970er	1980er
Menschenähnlichkeit	Bewusstsein	Kein Bewusstsein	Unterlegen	Kindlich
	Lernfähigkeit	Nein	Nein	Ja
	Willensstatus	Der Programmierung unterworfen	Der Programmierung unterworfen	Freier individueller Wille
	Visuelle Ähnlichkeit	Keine , anatomisch ähnlich	Emotional ähnlich	Emotional-ähnlich, ununterscheidbar
	Emotionalität	Keine	Keine	Vorhanden
Interaktionsqualität	Anerkennung	Keine Anerkennung	Keine Anerkennung	Emotionale Zuwendung
	Dienende Funktion	Ja	Ja	Wird überwunden
	Intimitätsgrad soz. Bez.	Keine sozialen Beziehungen	Instrumentelle Sexualität	Freundschaft, Familie, Liebesbeziehung
Rahmenbedingungen	Friedensstatus	Friedliche Koexistenz	Friedliche Koexistenz	Friedliche Koexistenz
	Alltäglichkeit	Sensation	Sensationelle Alltäglichkeit	Sensation
	Produktionsmodus	Einzelstück/ Prototyp	Manufaktur	Einzelstück / Prototyp

Tab. 6: Übersicht über die Muster.

BEGEHREN ENTWICKELNDE MASSEN-PRODUKTIONEN	GEFÄHRLICHE EINZELGÄNGER	BEDROHLICHE MASSEN		
Ab 1999	1980er	Ab 1999	Typische Zeit	
Gleichwertig	Unterlegen	Gleichwertig	Bewusstsein	**Menschenähnlichkeit**
Ja	Nein	Ja	Lernfähigkeit	
Freier individueller Wille	Der Programmierung unterworfen	Kollektivintelligenz	Willensstatus	
ununterscheidbar	Anatomisch-ähnlich (Ununterscheidbarkeit wird demaskiert)	Keine, anatomisch ähnlich	Visuelle Ähnlichkeit	
Vorhanden	Keine	Keine	Emotionalität	
Emo. Zuwendung, soziale Wertschätzung, (kog.Achtung)	Keine Anerkennung	Keine Anerkennung	Anerkennung	**Interaktionsqualität**
Wird überwunden, nein	Nein	Nein	Dienende Funktion	
Freundschaft, Familie, Liebesbeziehungen	Keine sozialen Beziehungen	Keine sozialen Beziehungen	Intimitätsgrad soz. Bez.	
Friedliche Koexistenz	Krieg	Krieg	Friedensstatus	**Rahmenbedingungen**
Ubiquitär	Sensation	Ubiquitär	Alltäglichkeit	
Industrielle Massenfertigung	Einzelstück / Prototyp	Industrielle Massenfertigung	Produktionsmodus	

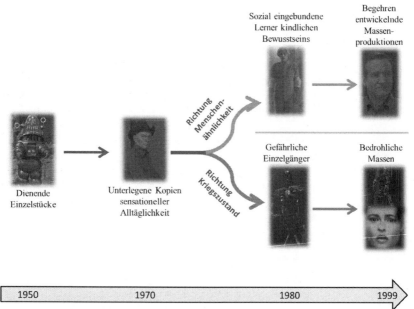

Abb. 63: Entwicklungsgeschichte der Roboter im Film.

Obwohl sich generell eine Entwicklung in der Roboterdarstellung im Science-Fiction-Film erkennen lässt und die Muster durch einen Nachfolger abgelöst werden, bleibt das Muster »dienende Einzelstücke« über die Jahrzehnte hinweg populär und erfährt lediglich eine kleine Variation, welche aus dem sensationellen Prototypen einen ubiquitären Gebrauchsgegenstand werden lässt.

7 Diskussion

Wie im vorherigen Kapitel genauer ausgeführt wurde, finden sich sechs Muster der Roboterdarstellung im Film. Bis auf das Muster der *dienenden Einzelstücke*, welches in verschiedenen Variationen über die Jahrzehnte hinweg populär bleibt, ist jedes Muster einem bestimmten Zeitraum zuzuordnen, sodass der Science-Fiction-Film eine Entwicklungsgeschichte erzählt. Dabei spalten sich nach dem gemeinsamen »Vorfahren« WESTWORLD die »Arten« und differenzieren sich zu einem friedlichen und einem kriegerischen Zweig.

Die den Mustern zugrundeliegenden Kategorien, sind dabei zu unterschiedlich, als dass man sie unter einer einzigen Theorielinie summieren könnte. Ich möchte in diesem Kapitel drei Blickwinkel vorstellen, unter denen die Genealogie betrachtet werden kann. Das Wandel der Roboter Darstellung ist zu verstehen

1. als Fortführung des romantischen Diskurses um Rationalität und Emotionalität,
2. als visuelle Artikulation der Träume der KI-Optimisten (friedlicher Zweig) und
3. als Ausdruck einer Technikangst (kriegerischer Zweig).

Dabei stehen je nach Blickwinkel andere Kategorien im Vordergrund.

7.1 Das romantische Erbe

Als erstes lässt sich in den Mustern ein romantisches Erbe erkennen. Hiermit meine ich nicht, dass Themen und Motive der Romantik aufgegriffen werden,[45] sondern die grundlegende Reflexionsstruktur, welche den Roboter als Gegensatz zum Menschen klassifiziert.

Die Reflexionsstruktur der frühen Muster besteht aus einer *binären* Mensch-Maschine-Kodierung. Der Roboter ist das »Andere«, das Gegenmodell zum Menschen. Allerdings ist die romantische Technikangst mittlerweile einem Technikoptimismus gewichen. Die Roboter der 1950er Jahre erscheinen, wie die romantischen Automaten, fantasie- und seelenlos – nur das diese Entwicklung keine Angst erzeugt, sondern das Idealbild einer dienenden Maschine darstellt. Auch in den 1970ern

---

45 Es lassen sich durchaus verschiedene Themen und Motive wiederfinden. Gerade FUTUREWORLD weist verschiedene Analogien zu E.T.A. Hoffmans Sandmann auf. So erkennt man die Maschinen anhand ihrer Augen. Tracy Ballard, die Hauptperson des Films, hat einen erotischen Traum, in dem der Westernheld aus dem ersten Teil eine zentrale Rolle spielt. Wie auch Nathanel imaginiert sie also eine intime Qualität in eigentlich »tote« Materie. In den anderen Filmen des Musters finden sich weniger motivische Analogien. Das für die romantische binäre Reflexionsmuster ist jedoch allen Filmen gemeinsam.

bleibt mit den »unterlegenen Kopien sensationeller Alltäglichkeit« eine binäre Kodierung erhalten, nur dass die Differenzierung nicht mehr anhand der Kategorie »Körper« erfolgen kann.

Nach der Spaltung der Genealogie erzählt die friedliche Genealogie die Geschichte einer »Menschwerdung« der Maschine, während der kriegerische Entwicklungszweig die binäre Kodierung aufrechterhält. Folgende Punkte sind m.E. auffällig:

- Die Entwicklung der Eigenschaft »Bewusstsein« hinkt der Eigenschaft »visuelle Ähnlichkeit« hinterher. Die Roboter werden dem Menschen zuerst äußerlich ähnlich bevor sie sich deren inneren Werten angleichen.

- Sowohl in der friedlichen als auch in der kriegerischen Genealogie wird eine Angleichung der Roboter an die inneren Werte des Menschen (Bewusstsein, Lernfähigkeit) beschrieben.

- Die Entwicklung von sozialen Beziehungen mit hohem Intimitätsgrad und die Anerkennung der Roboter sind *sowohl* an die rationale *als auch* an die emotionale Menschenähnlichkeit der Maschinen gebunden.

Als entscheidender Unterschied zwischen den beiden Entwicklungslinien erweisen sich somit die Eigenschaften *visuelle Ähnlichkeit* und *Emotionalität*. Somit führen beide Entwicklungslinien den Diskurs der Romantik fort. Während der kriegerische Entwicklungszweig, das romantische Unbehagen am Maschinellen zu einer dystopischen Vernichtungsphantasie weiterspinnt und, wie schon die Romantiker, die kalte Rationalität zum Feindbild erklärt, setzt die friedliche Richtung der romantischen Technikangst einen Technikoptimismus entgegen. Die Idee, dass Maschinen fühlen können erscheint nicht mehr bedrohlich, sondern begrüßenswert.

Diese Betrachtungsweise der Genealogie erklärt, warum sich die beiden Genealogien in den emotionalen Kategorien unterscheiden, jedoch nicht die innere Logik der Kategorien.

7.2 Visuelle Artikulation der Träume der KI-Optimisten

Betrachtet man die friedliche Linie der Genealogie der Roboterdarstellung im Film, erzählt diese eine recht eindeutige Geschichte: *Roboter werden im Laufe der Jahre immer menschenähnlicher. Dabei interagieren sie in immer höherer Qualität mit den Menschen, sodass eine Anerkennung als Mitglied der Gesellschaft, in einigen Filmen gar als Mensch, erfolgt.*

Diese positive Utopie erinnert an Visionen, wie sie auch von den KI-Optimisten der heutigen Zeit verbreitet werden. Ich werde zunächst die Vision Ray Kurzweils, in welcher die Träume der KI-Optimisten kulminieren, mit jener der Genealogie vergleichen und begründen, warum Kurzweils Argumentation m.E. zu kurz greift. Als Alternative zu Kurzweil schlage ich einen von Jordan Zlatev inspirierten Gedankengang vor.

7.2.1 Die Fortführung der Evolution (Ray Kurzweil)

Die positive Prophezeiung erinnert an eine Utopie, die Ray Kurzweil in seinem Buch Homo S@piens entwirft. Ich möchte zunächst kurz seine Argumentation skizzieren Die zentrale These in Kurzweils Homo S@piens besteht darin, dass neue technologische Entwicklungen dazu führen, dass Computer und somit auch ihre Inkorporationen, die Roboter, dem Menschen immer ähnlicher werden. Die Intelligenz der Maschinen wird die menschliche sogar übertreffen. So prophezeit Kurzweil 1999:

>> Im zweiten Jahrzehnt des nächsten Jahrhunderts werden die Grenzen zwischen menschlicher und maschineller Intelligenz immer stärker verschwimmen. Deutlich erkennbar wird dagegen die Überlegenheit der Computerintelligenz im Hinblick auf Geschwindigkeit, Zuverlässigkeit und Speicherkapazität sein. Und immer schwieriger wird es andererseits werden, zu bestimmen, wo menschliche Intelligenz noch überlegen ist.« (Kurzweil 2000, 21-22)

Der Argumentationsrahmen, den er zum Beleg seiner These aufspannt, ist dabei *evolutionstheoretisch*. Die Evolution beschreibt für Kurzweil einen Ordnung schaffenden Prozess, der wiederum auf der von ihm geschaffenen Ordnung aufbaut: »*Ordnung ist [...] Information, die einem Zweck entspricht.* Das Maß der Ordnung gibt an, wie sehr Information ihrem Zweck entspricht. In der Evolution der Arten liegt dieser Zweck beispielsweise im Überleben« (Kurzweil 2000, 58).

Da die Evolution die von ihr erreichte Ordnung in der »Datenbank DNS« speichert, kann sie auf erreichten Fortschritten aufbauen. Der Rückgriff auf eine schon erreichte Ordnung führt dazu, dass sich der Evolutionsprozess beschleunigt. Dies begründet Kurzweil mit dem *Gesetz des steigenden Ertragszuwachses*, welches besagt dass sich mit exponenziell steigender Ordnung, der Abstand zwischen zwei herausragenden Ereignissen (im Fall der Evolution ein Entwicklungsschritt) ebenfalls exponenziell abnimmt (vgl. Kurzweil 2000, 57).[46]

Evolution – so kann zusammenfassend gesagt werden – schafft mit exponenzieller Beschleunigung ein immer höheres Maß an Ordnung. Das Ergebnis dieses Prozesses ist für Kurzweil die menschliche Intelligenz. Diese mathematisch-informatische Re-Lektüre der Evolutionstheorie überträgt Kurzweil auf die Technik. Er erklärt Technik sei die »Fortsetzung der Evolution mit anderen Mitteln« (vgl. Kurzweil 2000, 35-43), weshalb auch die technische Entwicklung einer evolutionären Steigerungslogik folge und unaufhaltsam immer leistungsfähigere Systeme hervorbringe. Seit 1890 habe dabei das »Gesetz vom exponentiellen Wachstum der Rechenleistung« Gültigkeit. Als Beleg beschreibt Kurzweil eine Entdeckung Hans Moravecs: »Unabhängig von der jeweiligen Hardware hatten sich die Geschwindig-

---

46 Dieses Gesetz ist wiederum von einer Beobachtung des Urknalls abgeleitet, auf deren Basis Kurzweil das *Gesetz von Zeit und Chaos* formuliert. Dieses lautet: »*Der Zeitraum zwischen den herausragenden Ereignissen eines Prozesses (also Ereignissen, die sein Wesen verändern oder seine Zukunft maßgeblich beeinflussen) wird mit dem Maß der Unordnung länger oder kürzer.*« (Kurzweil 2000, 5)

keit und Leistung am Anfang des Jahrhunderts alle drei Jahre verdoppelt, am Ende des Jahrhunderts passiert dies innerhalb von einem Jahr« (Kurzweil 2000, 50-51). Aufgrund dieser Beschleunigung – so Kurzweil – dürften »Computer um das Jahr 2020 die Speicherkapazität und Rechengeschwindigkeit des menschlichen Gehirns erreichen« (Kurzweil 2000, 19) und diese überflügeln.

Die weitere Vision die Kurzweil entwickelt ist posthumanistisch. Nanotechnologie werde den Computern überaus flexible Körper geben. Die fortschreitende Entschlüsselung des menschlichen Denkens mache es schließlich möglich, ein menschliches Bewusstsein in einen maschinellen Körper zu übertragen und so Unsterblichkeit zu erlangen. Letztendlich werde der Mensch mit der von ihm geschaffenen maschinellen Intelligenz verschmelzen.

Die von Kurzweil beschriebene Entwicklung zeigt durchaus Parallelen zur beschriebenen Genealogie der Roboterdarstellung. Zwar wird keine posthumanistische Verschmelzung zwischen Mensch und Maschine vorausgesagt und trotz Liebesbeziehungen und Sexualkontakt thematisieren die Filme keine Roboter-Kinder, aber dennoch besteht zwischen Kurzweil und den SF-Filmen insofern Eintracht, dass Roboter dem Menschen immer ähnlicher werden. Man kann die Differenz vielleicht so beschreiben, dass der SF-Film von einem »statischen« Menschenbild ausgeht, indem sich die Roboter dem heutigen Homo sapiens annähern,[47] während Kurzweil auch die Entwicklung des Menschen weiterdenkt.

Dennoch greifen Kurzweils Ausführungen m.E. zu kurz, um die in der Genealogie beschriebenen Entwicklungen angemessen zu erklären. Dies liegt in der stark vereinfachten Argumentation, die »Homo S@piens« zugrunde liegt. Kurzweil reduziert seine Entwicklungsgeschichte auf eine einzige Kernkategorie: *Intelligenz*. Alle anderen Entwicklungen beschreibt er als logisches Resultat einer besseren Rechenleistung. Sein Denken ist im Wesentlichen *technikdeterministisch* (vgl. Kap. 2.2.2). Die Evolution von Technik folgt für ihn einer Eigenlogik, die sich aus universalistischen Gesetzen herleitet, der Mensch erscheint nur als ausführendes Organ der Evolution. Soziale Veränderungen sind durch den technischen Wandel bestimmt. Deutlich zeigt sich dies z.B. im Dialog, den Kurzweil mit einer imaginierten Leserin am Ende des Kapitels über maschinelle Körper führt. Ihren Bedenken gegenüber dem Sexualkontakt mit einer Maschine hält er die technischen Entwicklungen entgegen: Sex mit einer Maschine werde von den Menschen akzeptiert werden, wenn die Technik ausgereift genug sei (vgl. Kurzweil 2000, 243-244). Fragen nach sozialen Normen stellt Kurzweil nur am Rande. Die imaginierte Leserin fungiert somit als personalisierter Cultural Lag.

Viele Eigenschaften, die im SF-Film angesprochen werden, bleiben bei Kurzweil aufgrund seiner argumentativen Fokussierung auf Rechenleistung unterbelichtet. Ein freier Wille und Lernfähigkeit sind für ihn direkte Resultate einer höher entwickelten Intelligenz. Die Frage nach *visueller Ähnlichkeit* stellt er nicht, er führt lediglich

---

47 Eine Ausnahme stellt hier DER 200 JAHRE MANN dar, welcher als Nebenhandlung andeutet, dass Robotertechnologie den Menschen zu einem längeren Leben verhilft.

aus, dass die Körper, die sich die Maschinen geben werden, auf Nano-Technologie beruhen und dem Prinzip der menschlichen Zelle nachempfunden seien (vgl. Kurzweil 2000, 215-221) – ob sie äußerlich dem Menschen gleichen ist in Kurzweils Argumentationslinie nebensächlich. Emotionalität ist für Kurzweil auf biochemische Signale im Gehirn reduziert, die sich mit entsprechender Technik simulieren lassen:

》》 Das Vermögen, Gefühle zu steuern und umzuprogrammieren, wird Ende des 21. Jahrhunderts noch wachsen, wenn das technologisch Mögliche über bloße Implantate hinausgeht und eine Person ihre gesamten Denkprozesse in einem neuen datenverarbeitenden Medium installieren kann, das heißt: *wenn der Mensch Software wird.* « (Kurzweil 2000, 238)

Sogar Spiritualität und Gottesglaube sind bei Kurzweil biologisch verankert (Kurzweil 2000, 239-243). Eine Bindung von Gefühlen an eine visuelle Ähnlichkeit, wie sie in der Genealogie verhandelt wird, ist bei Kurzweil nicht zu finden (und auch nicht relevant, da wahrscheinlich auch die Menschen der Zukunft, die er sich vorstellt nicht mehr in die Kategorie »emotional ähnlich« fallen würden).

Die Fragen, die vom SF-Film in der Kategorie Interaktionsqualität und Rahmenbedingungen aufgeworfen werden, werden von Kurzweil bestenfalls gestreift. So handelt er die Frage nach *Anerkennung* recht kurz ab:

》》 Die Überzeugung, daß Maschinenintelligenzen zu subjektiven Erfahrungen fähig sind, gewinnt immer mehr Anhänger, insbesondere seit ›Maschinen‹ an diesen Diskussionen teilnehmen. Maschinen beanspruchen für sich den Besitz eines Bewusstseins und die Fähigkeit, eine ebenso große Vielfalt an emotionalen und spirituellen Erfahrungen, wie ihre menschlichen Schöpfer zu empfinden - ein Anspruch der weitgehend akzeptiert wird.« (Kurzweil 2000, 344)

Eine hohe Interaktionsqualität wäre, wenn man die Genealogie mit Kurzweil betrachten würde, ein unmittelbares Resultat einer Weiterentwicklung der KI, die sich in der Eigenschaft des Bewusstseins zeigt. Das Kategoriensystem würde auf eine einzelne Eigenschaft zurückgeführt werden, weshalb Kurzweil m.E. zu kurz greift. Die Kürze der kurzweilschen Argumentation ist m.E. dabei seiner technikdeterministischen Herangehensweise geschuldet, die menschlichen Wirken und Handeln relativ wenig Bedeutung beimisst.

Fazit: Wenn man von den posthumanistischen Implikationen der Kurzweil-Argumentation absieht, läuft diese durchaus parallel zur im SF-Film dargestellten Genealogie der Roboterentwicklung. Diese unterscheidet sich jedoch dadurch, dass die Roboter den Status, an dem sie die Menschen überflügeln noch nicht erreicht haben. Die Roboter-Genealogie widmet sich jedoch ausführlicher jenen Themen, die von Kurzweil nur gestreift werden.

7.2.2 Bewusstsein, Körper, Lernprozesse (Jordan Zlatev)

Eine interessante Alternative zum KI-zentrierten Denken Kurzweils kommt aus der Computerlinguistik von Jordan Zlatev, welcher die soziale Einbettung bewusster Systeme hervorhebt.

Zlatev stellt in einem Aufsatz über »Embodiment, Language, and Mimesis« (Zlatev 2001) die Frage, wie es gelingen kann, einen Roboter zu konstruieren, dem eine einfache sprachliche Artikulation möglich ist. Sein Vorbild ist dabei ein Sprachspiele spielendes Kind. Zlatev bezieht sich in seiner Argumentation auf entwicklungspsychologische Studien zum Spracherwerb und stellt daran anschließend die Frage, wie sich die Lernprozesse des Kindes in einen Roboter implementieren lassen. Dabei geht er von dem Axiom aus, dass der Roboter nur dann die Fähigkeit sprachlicher Artikulation erhalten kann, wenn er die gleichen Entwicklungsstufen durchläuft.

Die linguistisch-entwicklungspsychologischen Erklärungen Zlatevs tragen wenig zur »Erklärung« der Genealogie bei. Die Entwicklung der Sprache ist kein dominantes Thema in den untersuchten Filmen und auch die ab den 1980ern thematisieren Lernprozesse finden meist erst *nach* dem Erlernen der Sprache statt. Jedoch stellt Zlatev auch grundsätzliche Fragen zum Bewusstsein und zur Intelligenz von Robotern, die den engen Fokus Kurzweils erweitern. Er nennt drei Kriterien, um Robotern Bewusstsein und Intelligenz zuzuschreiben:

- *»sociocultural situatedness*: the ability to engage in acts of communication and participate in social practices and ›language games‹ within a community;
- *naturalistic embodiment*: the possession of bodily structures giving adequate causal support for the above, e.g. organs of perception and motor activity, systems of motivation, memory and learning; (notice that this implies *structural* similarity between a natural and artificial system, not physical similarity, and absolutely not identity);
- *epigenetic development*: the development of physical, social and linguistic skills along a progression of levels so that level $n+1$ competence results from level n competence coupled with interaction with the physical and social environment.« (Zlatev 2001, 161)

Im Gegensatz zu Kurzweil stellt er also die Körperlichkeit und die soziale Einbindung eines Systems als konstitutiv für ein Bewusstsein heraus. In dem Kriterium des *naturalistic embodiment* ist dabei ein Verweis auf die Rolle des Roboters als Menschenimitation zu erkennen, wenn eine *strukturelle Ähnlichkeit* zwischen künstlichem und natürlichem System eingefordert wird. Aus seinen drei Kriterien leitet er folgende Definition eines bewussten Roboters ab:

>> *If an artificial autonomous system (a robot) with bodily structure similar to ours (in the relevant aspects) has become able to participate in social practices (language games) by undergoing an epigenetic process of cognitive development and socialization, then we may attribute true intelligence and meaning to it.*« (Zlatev 2001, 161)

In den folgenden Kapiteln des Aufsatzes folgen die entwicklungspsychologischen Erläuterungen, die im Kontext dieser Arbeit nicht relevant sind. Zlatev zieht jedoch aus seinem Gedankenspiel des bewussten Roboters Erkenntnisse, die für die generelle Diskussion um die Fähigkeiten Künstlicher Intelligenz relevant sind. Am Ende diskutiert er noch einmal die prinzipielle Möglichkeit eines Bewusstseins für künstliche Systeme und lässt die Diskussion in die Frage »Searle oder Dennett«[48] münden. Er kommt zu dem Schluss, dass die bisherige Diskussion an Simplifizierungen krankt und schlägt eine Alternative vor:

> What I have tried to show is that the dilemma ›Searle or Dennett‹ that most philosophical discussions concerning AI seem to deal with, is a false dilemma: we have the Vygotskyan alternative that intentionality, self-consciousness and meaning are real emergent properties arising from the dialectical interaction between specific biological structures (embodiment) and culture (situatedness) through a specific history of development (epigenesis). Since it is not inconceivable that the biological structures may be substituted with more or less isomorphic (and functionally equivalent) artificial structures, this line of reasoning leads to a positive answer to the question ›Can a machine mean?‹.« (Zlatev 2001, 189)

Was Zlatev hier als Alternative Vygotskys bezeichnet, ist die Erkenntnis, dass Bewusstsein und Intelligenz nicht nur von biologischen Faktoren, sondern auch von sozialen Bedingungsgefügen abhängig sind. Wenn man dieser Prämisse auf die im Roboterfilm dargestellte Genealogie überträgt, ist nicht verwunderlich, dass die Kategorien »Menschenähnlichkeit« und »Interaktionsqualität« die gleiche Entwicklung nehmen. Eine hohe Interaktionsqualität ist in dieser Denkrichtung allerdings nicht mehr das unmittelbare Resultat eines gleichwertigen Bewusstseins, sondern im Gegenteil: Erst durch die erhöhte Interaktionsqualität, lässt sich auch die wachsende Intelligenz erklären. Auch die innere Logik der Kategorie Menschenähnlichkeit erklärt sich: wenn eine strukturelle Ähnlichkeit zwischen Mensch und Maschine Voraussetzung für die erfolgreiche Entwicklung eines Bewusstseins ist, erscheint es im höchsten Maße plausibel, dass visuell menschenähnliche Maschinen, den man auch eine organische Ähnlichkeit unterstellt, auch ein Bewusstsein entwickeln können.

Dadurch dass die friedliche Genealogie Menschenähnlichkeit und Interaktionsqualität in gleichem Maße steigen lässt und darüber hinaus ab den 1980er-Jahren auch immer *explizit* Lernprozesse thematisiert, steht sie in der Tradition des Denkansatzes Zlatevs. Auch der Ansatz, dass Entwicklung immer auf einem vorherigen Entwicklungsschritt basieren müsse, kommt in der friedlichen Genealogie zum Tragen. Die Roboter des SF-Films durchlaufen quasi die Evolution des Menschen ein

---

48 Searle und Dennett sind bekannte Vertreter der KI-Diskussion. Während Searle zu den Kritikern der KI gehört und eine bewusste Maschine für unmöglich hält, argumentiert Dennett dafür, dass ein Bewusstsein auch bei künstlichen Systemen prinzipiell möglich sei und lediglich die hohen Kosten und die geringe Rechenkapazität aktueller Systeme einen bewussten Computer verhindern würden.

zweites Mal – nur bleibt es aktuell eine *Wiederholung* und nicht wie bei Kurzweil angenommen eine Fortsetzung.

7.3 Ausdruck von Technikangst (kriegerischer Entwicklungszweig)

Die kriegerische Genealogie erzählt eine Geschichte mit dystopischer Qualität: *Die Roboter erlangen Bewusstseins und werden in immer größeren Massen gefertigt. Sie entwickeln schließlich freien Willen in Form einer Kollektivintelligenz. Dennoch sind sie nicht in der Lage Emotionen zu empfinden und entscheiden sich aus rationalem Kalkül schließlich dazu, die Menschheit auszulöschen.*

Die negative Vision der Zukunft entspricht im Wesentlichen dem Gedankengang eines Beitrages, den Bill Joy 2000 als Antwort auf Ray Kurzweils posthumanistische Vision im Magazin Wired veröffentlichte. Unter dem Titel »Warum die Zukunft uns nicht braucht« setzt er sich mit dem Gefahrenpotenzial auseinander, das neue Technologien in sich bergen. Er greift dazu auf den Mythos der Büchse der Pandora zurück: »Mit der Gentechnik, der Nanotechnologie und der Robotik öffnen wir eine neue Büchse der Pandora, aber offenbar ist uns das kaum bewusst. Ideen lassen sich nicht wieder zurück in eine Büchse stopfen« (Joy 2000).

Joy stimmt mit Kurzweil darin überein, dass die künstliche Intelligenz eine rasante Entwicklung nehmen wird. Jedoch sieht er im Gegensatz zu Kurzweil ein großes Gefahrenpotenzial, welches sich nicht nur auf die Robotik, sondern auch auf andere aktuelle technische Entwicklungen, bezieht:

》》Da wir ständig neue wissenschaftliche Durchbrüche erleben, müssen wir uns erst noch klar machen, dass die stärksten Technologien des einundzwanzigsten Jahrhunderts - Robotik, Gentechnik und Nanotechnologie - ganz andere Gefahren heraufbeschwören als die bisherigen Technologien. Vor allem Roboter, technisch erzeugte Lebewesen und Nanoboter besitzen eine gefährliche Eigenschaft: Sie können sich selbständig vermehren. Eine Bombe explodiert nur einmal, aus einem einzigen Roboter können viele werden, die rasch außer Kontrolle geraten.« (Joy 2000)

Gerade die Technologie der Roboter – so Joy – berge die Gefahr, eine neue Spezies zu erschaffen, welche die Menschheit irgendwann verdrängen werde. Dabei ließen sich zwei Modi der Verdrängung unterscheiden. Der erste beschreibt die Auslöschung der Menschheit durch die neue Spezies Roboter:

》》Die Robotik träumt zunächst einmal davon, intelligente Maschinen könnten uns die Arbeit abnehmen, uns ein Leben in Muße ermöglichen und wieder in den Garten Eden zurückversetzen. George Dyson warnt jedoch in seinem Buch ›Darwin Among the Machines‹, in dem er die Geschichte solcher Ideen nachzeichnet: ›Im Spiel des Lebens und der Evolution sitzen drei Spieler am Tisch: der Mensch, die Natur und die

Maschinen. Ich bin entschieden auf der Seite der Natur. Aber ich fürchte, die Natur steht auf der Seite der Maschinen.‹ Dieser Meinung ist auch Moravec, wenn er sagt, *wir könnten die Begegnung mit der überlegenen Spezies Roboter möglicherweise nicht überleben.*« (Joy 2000; hervorh. W.R.)

Einen Roboter mit der Intelligenz eines Menschen prognostiziert Joy für 2030. Bis dieser sich dann selbst reproduzieren könne, sei es nur ein »kleiner Schritt«. Dabei lassen sich drei Elemente der Bedrohung aus dem Text extrahieren:

1. die wachsende Intelligenz der Roboter,
2. ihre Fähigkeit zur automatischen Reproduktion,
3. die Tatsache, dass sich das Wissen in privater (kommerzieller) Hand befindet und somit keiner staatlichen Kontrolle ausgesetzt ist.

Der zweite Modus der Verdrängung beschreibt die posthumane Vision Kurzweils. Die Übertragung eines menschlichen Bewusstseins in einen Roboterkörper führe dazu, dass dieses keine Chance mehr habe, sich selbst als menschliches Wesen zu sehen:

》 Doch wenn wir uns in unserer eigenen Technologie abspeichern, welche Chance haben wir dann, hinterher noch wir selbst oder auch nur menschliche Wesen zu sein? Mir scheint es sehr viel wahrscheinlicher, dass ein Roboter nichts mit einem Menschen in unserem Verständnis zu tun hat, dass die Roboter keineswegs unsere Kinder sein werden und dass auf diesem Wege das Menschsein verloren gehen wird.« (Joy 2000)

Die zweite Vision betrifft eher die Cyborg-Thematik. Der erste Modus der Verdrängung artikuliert jedoch genau jene Angst, die auch dem kriegerischen Pfad der Roboterdarstellung zugrunde liegt. Die neue Technologie wächst uns über den Kopf. Dies kommt sowohl in der Terminator-Reihe, die einen Vernichtungskrieg zwischen Mensch und Maschine thematisiert, als auch in der Matrix-Reihe, in der sich die Maschinen den Menschen zum Diener machen und das »klassische« Verhältnis somit umkehren, zum Ausdruck. Bei den Filmen, die dem Muster »bedrohliche Massen« angehören, muss die Menschheit gegen eine Überzahl von Robotern kämpfen. In TERMINATOR: DIE ERLÖSUNG wird der Endkampf zwischen Mensch und Terminator sogar in der Produktionshalle situiert, um dem Zuschauer die Gefahr eine vollkommen automatischen, vom Menschen nicht beeinflussbaren, Massenfertigung vor Augen zu führen. Wie auch Joy stellt der Film somit die Kategorie der automatischen (Re-)Produktion als wichtiges Element der von der Robotertechnologie ausgehenden Bedrohung dar.

Auch die von Joy formulierte Angst vor der Entwicklung der Künstlichen Intelligenz spielt eine wichtige Rolle. In der Matrix-Trilogie wird der Kampf zwischen Mensch und Maschine zum größten Teil in eine virtuelle Welt verlagert und somit zu einer Frage der Rechenleistung. Auch in der Terminator-Reihe zeigt sich ab den letzten beiden Filmen eine starke Dominanz des KI-Themas in Form von Skynet. In TERMINATOR: DIE ERLÖSUNG wird das Duell zwischen Mensch und Künstlicher Intelligenz durch die Zerstörung einer Projektionsfläche Skynets visuell illustriert. Das Computeranimationen eingesetzt werden, um die »Größe« und somit die »Rechenleistung« der Kollektivintelligenz zu illustrieren, zeigt dass das Thema als virulent wahrgenommen wird.

Der dritte Punkt Joys, die fehlende staatliche Kontrolle, ist ebenfalls in der Terminator-Reihe aufgegriffen. Skynet wird von der privaten Firma Cyberdine Systems entwickelt.

7.4 Technik und Gesellschaft

Nachdem ich die Genealogie der Roboterdarstellung unter mehreren Gesichtspunkten beleuchtet habe, möchte ich nun einen Schritt zurücktreten und fragen, was generell über das Verhältnis zwischen Mensch und Technik ausgesagt wird. Hierzu soll das Verhältnis zwischen Technikdeterminismus und Sozialkonstruktivismus thematisiert werden. Dazu möchte ich zunächst die Entwicklung realer Roboter kurz der Entwicklung von Robotern vom Film gegenüberstellen (Abb. 64).

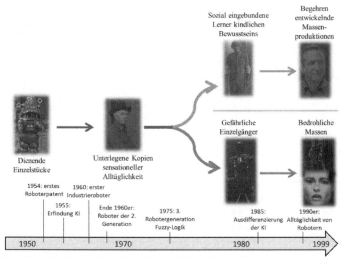

Abb. 64:   Genealogie der Roboterdarstellung und Technikentwicklung.

Ich habe hier nur einige Entwicklungsschritte eingezeichnet, weil schon diese wenigen Meilensteine ausreichen, um zu illustrieren, dass man anhand der Roboterdarstellung sowohl zu technikdeterministischen als auch zu sozialkonstruktivistischen Ansätzen neigen kann.

So wird z.B. 1975 die Fuzzy-Logik eingeführt, die ein Rechnen mit mehreren Wahrheitswerten und somit eine leistungsfähigere KI ermöglicht. Dieser Entwicklungsschritt führt jedoch erst etwa 5 Jahre später zu einer Weiterentwicklung der Roboter im Film. Erst in den 1980ern wird den Roboter eine neue Stufe des Bewusstseins zugestanden. »Denkende« Roboter werden erst in den 1970ern thematisiert, obwohl die KI schon 1955 erfunden wurde und populäre Programme schon in den 1960ern auftauchten. Hier könnte man in Anlehnung an den Begriff des Cultural Lags von einem *Prophecy Lag* der Science Fiction sprechen. Die Auseinandersetzungen mit den Folgen der Technologie hängen der technischen Entwicklung hinterher.

Jedoch spricht auch einiges für eine sozialkonstruktivistische Perspektive auf Technik. So wird das erste Patent auf einen Roboter erst 1954 angemeldet, also drei Jahre nach dem Auftreten Gorts in DER TAG AN DEM DIE ERDE STILLSTAND. Menschenähnliche Roboter werden in der Realität erst ab der Jahrtausendwende machbar, obwohl das Trajekt »künstlicher Mensch« sich über mehrere Jahrhunderte Literatur- und Filmgeschichte zurückverfolgen lässt. Bevor menschenähnliche Roboter Realität wurden, wurden sie bereits im SF-Film thematisiert – gesellschaftliche Vorstellungen hielten also in die Technik Einzug.

Durch einen Vergleich zwischen realer und imaginierter Roboterentwicklung lassen sich also nur begrenzt Aussagen über das Verhältnis zwischen Mensch und Technik machen – so bestätigt sich hier Nina Degeles Aussage, dass beide Positionen zwar als analytisches Raster hilfreich sein mögen, aber in der Empirie wenig Bestätigung finden.

Die Filme artikulieren implizit jedoch eine Position zum Verhältnis zwischen Technik und Gesellschaft. Die kriegerische Entwicklungslinie artikuliert die Ängste, welche auch Bill Joy äußert. Dieser baut seine Befürchtungen auf den technikdeterministischen Ausführungen Ray Kurzweils auf. So erscheint der Mensch in der Terminator- und in der Matrix-Reihe als *Opfer* technischer Entwicklungen. Gerade die letzte Sequenz in TERMINATOR 3 artikuliert noch einmal die Ohnmacht gegenüber der Eigendynamik technologischen Fortschritts. Der kriegerische Zweig besitzt somit einen technikdeterministischen Impetus.

Die friedliche Genealogie lässt sich durch die Gedanken Jordan Zlatevs m.E. besser verstehen als durch die Ray Kurzweils. Zlatev bezieht sich dabei im Wesentlichen auf Vygotsky und somit auf einen Vertreter sozialkonstruktivistischer Lerntheorie. Die Entwicklung der Roboter-Technologie, so die Botschaft des friedlichen Entwicklungszweig, hängt mit davon ab, wie wir mit dieser Technologie umgehen. Erst der Mensch füllt die Technologie mit Leben. Somit liegt ihr eine sozialkonstruktivistische Haltung zugrunde, da sozialen Faktoren ein Einfluss auf die Entwicklung der Technik zugestanden wird. Dies zeigt sich m.E. vor allem daran, dass in den Filmen viel Zeit dafür verwendet wird, Roboter in sozialen Interaktionen und Lernprozessen zu zeigen. Diese Lernprozesse erfolgen oftmals – z.B. in DER 200 JAHRE MANN – mit Hilfe eines menschlichen Mentors.

Was in den Filmen lange Zeit nicht thematisiert wird ist die Interaktion *zwischen* Robotern. In DER 200 JAHRE MANN dient Andrews Interaktion mit Galatea nur dazu, Andrews Menschlichkeit durch die Kontrastfolie Galatea in den Vordergrund zu rücken. In AI - KÜNSTLICHE INTELLIGENZ hingegen nimmt die Interaktion zwischen Mechas einen recht großen Raum ein. David entwickelt sowohl Freundschaften zu seinem Teddy als auch zum Gigolo-Modell Joe. Diese Phänomene sind aktuell noch Randerscheinungen. Ich gehe jedoch davon aus, dass der Trend dahingehend verläuft, dass die Interaktionen zwischen verschiedenen Robotern immer stärker in den Vordergrund rücken werden. Wenn ich mit dieser Vermutung recht habe und dem Menschen weiterhin eine wichtige Rolle zu Teil kommt, müsste man *technopragmatische* Ansätze wählen, um das im Film kommunizierte Verhältnis zwischen Technik und Gesellschaft zu beschreiben. In der aktuellen Genealogie ist die Trennung zwischen Mensch und Maschine m.E. noch zu stark, als das von dem Handeln einer soziotechnischen Roboter-Mensch-Konstellation gesprochen werden könnte.

8 Fazit

Ich habe in dieser Studie die Entwicklung der Roboterdarstellung im Science-Fiction-Film seit 1950 nachgezeichnet. Dabei kristallisierten sich sechs Muster heraus.

1. Roboter als *dienende Einzelstücke*. Hier steht der Roboter als Diener aus Metall mit geringer Menschenähnlichkeit und geringer Interaktionsqualität im Mittepunkt.
2. Bei den *unterlegenen Kopien sensationeller Alltäglichkeit* wird die Alltäglichkeit von Robotern als Sensation inszeniert. Die Roboter besitzen ein unterlegenes Bewusstsein können aber keine Gefühle zeigen, weshalb sie keine »echten« sozialen Beziehungen besitzen und nur für eine instrumentelle Sexualität herangezogen werden.
3. Die als *sozial eingebundenen Lerner kindlichen Bewusstseins* entworfenen Roboter sind lernfähig, besitzen soziale Beziehungen und erfahren Anerkennung in Form emotionaler Zuwendung.
4. Die *gefährlichen Einzelgänger* haben sich von ihrer dienenden Funktion emanzipiert und einen Krieg gegen die Menschheit begonnen. Sie besitzen ein unterlegenes Bewusstsein, keine Gefühle und keine sozialen Beziehungen.
5. Die *Begehren entwickelnden Massenproduktionen* sind höchst menschenähnlich. Sie erfahren Anerkennung in Form sozialer Wertschätzung, teilweise auch kognitive Achtung. Da sie sowohl körperlich als auch »geistig« kaum mehr vom Menschen zu unterscheiden sind, stellen sie die Frage danach, wie Menschlichkeit definiert werden kann.
6. Und schließlich werden Roboter als *bedrohlichen Massen* inszeniert. In diesem Muster haben die Roboter eine Kollektivintelligenz entwickelt und sind dabei den Menschen zu verdrängen. Diese Filme rücken oftmals die kalte Rationalität der Maschinen in den Vordergrund.

Diese Muster waren, vom Dauerbrenner »dienende Einzelstücke« abgesehen typisch für eine bestimmte Zeit, sodass sich eine Entwicklungsgeschichte nachzeichnen ließ. Dabei spaltete sich die Genealogie in den 1980er Jahren in eine friedliche und eine kriegerische Entwicklungslinie. Um diese Entwicklung zu verstehen, habe ich drei Blickwinkel gegenübergestellt.

1. Die Genealogie als Fortführung des romantischen Diskurses, da – genau wie in der Romantik – die Mensch-Maschine-Unterscheidung letztendlich an den Leitdifferenzen körperliche Ähnlichkeit und Emotionalität verhandelt wird.
2. Die friedliche Entwicklungslinie als Artikulation der Träume der KI-Optimisten. Hier habe ich Kurzweils Argumentation als zu kurzgreifend empfunden und als Alternative einen Gedankengang Jordan Zlatevs vorgeschlagen.

3. Die kriegerische Entwicklungslinie als Ausdruck von Technikangst, weil in ihr die gleichen Ängste thematisiert werden, die auch Bill Joy in »Warum die Zukunft uns nicht braucht« äußert.

Abschließend habe ich das, in den Filmen implizit formulierte, Verständnis des Verhältnisses von Technik und Gesellschaft thematisiert. Ich komme zu dem Schluss, dass die kriegerische Entwicklungslinie zu einem Technikdeterminismus neigt, während die friedliche Entwicklungslinie eine sozialkonstruktivistische Position formuliert. Neuere Entwicklungen in der friedlichen Genealogie lassen vermuten, dass diese sich in Zukunft auch unter technopragmatischer Perspektive betrachten lassen wird.

Bildungstheoretisch interessant ist, dass wir in der friedlichen Genealogie einen Wandel von einem binären Reflexionsmuster zu einem elaborierteren Muster, welches die Mensch-Maschine-Differenz anhand qualitativer Abstufungen verhandelt und schließlich aufhebt, erleben. In den neuen Mustern drängt sich die Frage, was heißt Mensch-sein und was unterscheidet es vom Roboter-sein, geradezu auf. Somit wird eine Grundkoordinate menschlicher Welt- und Selbstverhältnisse disponibel. Die Technik »Roboter« wird vom »Ding« zum aktiven Bestandteil der sozialen Umwelt. Die Vielfältigkeit des in dieser Arbeit entworfenen Kategoriensystems, welches viele genuin »menschliche« Eigenschaften (Bewusstsein, Anerkennung, die Qualität sozialer Beziehungen, etc.) enthält, zeigt wie viele der als spezifisch menschlich geltende Kategorien, der Hoheit des Homo Sapiens entrissen werden.

Wohin kann die Reise weiterer Forschung im Spannungsfeld zwischen Mensch und Technik nun weitergehen? Ich halte es vor allem für interessant, zu untersuchen, wie sich das Verhältnis des Menschen zu anderen Technologien im Laufe der Zeit geändert hat. Als minimaler Kontrast zu dieser Untersuchung wäre es gewinnbringend, den Cyborg-Diskurs im Film zu untersuchen. Erfährt diese Figur menschlicher Grenzerfahrung die gleiche Akzeptanz wie der Roboter, oder wird er auf vollkommen andere Weise thematisiert? Als maximaler Kontrast bietet sich eine »entkörpernde« Technologie, wie die virtuelle Realität (VR) an, die den Menschen – so zumindest die SF-Vorstellung – aus dem Gefängnis seines Körpers befreit. Hier ließe sich untersuchen, ob sich bei der Darstellung der VR ein Wandel vollzogen hat, ob das Virtuelle nach wie vor als »Täuschung« bzw. »nicht wahr« klassifiziert wird oder ob auch Virtualität in neueren Filmen Wahrheitsstatus zugemessen wird. Im Kern ginge es bei den vorgeschlagenen Untersuchungen darum, den Geltungsbereich der in dieser Arbeit konturierten Theorie auszuweiten. Ist der Wandel der Reflexionsstruktur nur für den Roboter gültig oder typisch für alle neuen Technologien?

9 Quellenverzeichnis

9.1 Filmographie

A.I. Künstliche Intelligenz
Original-Titel: Artificial Intelligence: AI.
Regie: Steven Spielberg.
Land, Jahr: USA, 2001.
Produktion: Warner Bros. Pictures, DreamWorks
 SKG, Amblin Entertainment, Stanley Ku-
 brick Productions.
Verleih: Warner Home Video.

Alarm im Weltall
Original-Titel: Forbidden Planet.
Regie: Fred Wilcox.
Land, Jahr: USA, 1956.
Produktion: Metro-Goldwyn-Mayer (MGM).
Verleih: Warner Home Video

Blade Runer
Original-Titel: Blade Runner.
Regie: Ridley Scott.
Land, Jahr: USA/Hong Kong, 1982.
Produktion: The Ladd Company, Shaw Broth-
 ers, Warner Bros. Pictures, Michael Deeley
 Production, Ridley Scott Productions.
Verleih: Warner Home Video

Der 200 Jahre Mann
Original-Titel: Bicentennial Man.
Regie: Chris Columbus.
Land, Jahr: USA/Deutschland, 1982.
Produktion: 1492 Pictures, Columbia Pictures
 Corporation, Laurence Mark Productions,
 Radiant Productions, Touchstone Pictures.
Verleih: Columbia TriStar Film.

Der Android
Original-Titel: Android.
Regie: Aaron Lipstadt.
Land, Jahr: USA, 1982.
Produktion: New World Pictures.
Verleih: Warner Home Video.

Der Tag, an dem die Erde stillstand
Original-Titel: The Day the Earth Stood Still.
Regie: Robert Wise.
Land, Jahr: USA, 1951.
Produktion: Twentieth Century Fox Film Corpo-
 ration
Verleih: Twentieth Century Fox Film Corpora-
 tion.

Die Frauen von Stepford
Original-Titel: The Stepford Wives.
Regie: Bryan Forbes.
Land, Jahr: USA, 1975.
Produktion: Fadsin Cinema Associates, Palomar
 Pictures.
Verleih: Paramount.

Ein Mann à la Carte
Original-Titel: Making Mr. Right.
Regie: Susan Seidelman.
Land, Jahr: USA, 1987.
Produktion: Barry & Enright Productions, Orion
 Pictures Corporation.
Verleih: MGM Home Entertainment.

Futureworld - Das Land von Übermorgen
Original-Titel: Futureworld.
Regie: Richard T. Heffron.
Land, Jahr: USA, 1976.
Produktion: American International Pictures
 (AIP), The Aubrey Company.
Verleih: Koch Media.

I, Robot
Original-Titel: I, Robot.
Regie: Alex Proyas.
Land, Jahr: USA/Deutschland, 2004.
Produktion: Twentieth Century Fox Film Corporation, Mediastream Vierte Film GmbH & Co. Vermarktungs KG, Davis Entertainment, Laurence Mark Productions, Overbrook Entertainment, Canlaws Productions.
Verleih: Twentieth Century Fox Home Entertainment Germany.

Judge Dredd
Original-Titel: Judge Dredd.
Regie: Danny Cannon.
Land, Jahr: USA, 1995.
Produktion: Hollywood Pictures, Cinergi Pictures Entertainment.
Verleih: Universum Film/Tobis.

Krieg der Sterne
Original-Titel: Star Wars.
Regie: George Lucas.
Land, Jahr: USA, 1977.
Produktion: Lucasfilm, Twentieth Century Fox Film Corporation.
Verleih: Twentieth Century Fox Film Corporation.

Lautlos im Weltraum
Original-Titel: Silent Running.
Regie: Douglas Trumbull.
Land, Jahr: USA, 1972.
Produktion: Universal Pictures, Trumbull/Gruskoff Productions.
Verleih: Universal Studios Home Video .

Matrix
Original-Titel: The Matrix.
Regie: Andy Wachowski, Larry Wachowski.
Land, Jahr: USA/Australien, 1999.
Produktion: Warner Bros. Pictures, Village Roadshow Pictures, Groucho II Film Partnership, Silver Pictures.
Verleih: Warner Home Video.

Metaluna 4 antwortet nicht
Original-Titel: This Island Earth.
Regie: John Joseph M. Newman.
Land, Jahr: USA, 1955.
Produktion: Universal International Pictures (UI).
Verleih: Universal Home Entertainment.

Metropolis.
Original-Titel: Metropolis.
Regie: Fritz Lang.
Land, Jahr: Deutschland, 1927.
Produktion: Universum Film (UFA).
Verleih: Universum Film (UFA).

Nummer 5 gibt nicht auf
Original-Titel: Short Circuit 2.
Regie: Kenneth Johnson.
Land, Jahr: USA, 1988.
Produktion: David Foster Productions, TriStar Pictures.
Verleih: Columbia Tristar.

Nummer 5 lebt
Original-Titel: Short Circuit.
Regie: John Badham.
Land, Jahr: USA, 1986.
Produktion: David Foster Productions, Producers Sales Organization (PSO), TriStar Pictures.
Verleih: Splendid.

Per Anhalter durch die Galaxis
Original-Titel: The Hitchhiker's Guide to the
Galaxy.
Regie: Garth Jennings.
Land, Jahr: USA/UK, 2005.
Produktion: Touchstone Pictures, Spyglass En-
tertainment, Everyman Pictures, Hammer &
Tongs.
Verleih: Buena Vista / Touchstone.

Westworld
Original-Titel: Westworld.
Regie: Michael Chrichton.
Land, Jahr: USA, 1973.
Produktion: Metro-Goldwyn-Mayer (MGM).
Verleih: Warner Home Video.

Runaway – Spinnen des Todes
Original-Titel: Runaway.
Regie: Michael Chrichton.
Land, Jahr: USA, 1984.
Produktion: TriStar Pictures, Delphi III Produc-
tions.
Verleih: Sony Pictures Home Entertainment.

Terminator
Original-Titel: The Terminator.
Regie: James Cameron.
Land, Jahr: UK/USA, 1984.
Produktion: Hemdale Film, Pacific Western, Euro
Film Funding, Cinema 84.
Verleih: MGM Home Entertainment.

Terminator: Die Erlösung
Original-Titel: Terminator Salvation.
Regie: Joseph McGinty Nichol.
Land, Jahr: USA/Deutschland/UK/Italien ,2009.
Produktion: The Halcyon Company, Wonderland
Sound and Vision.
Verleih: Sony Pictures Home Entertainment.

Terminator 2 - Tag der Abrechnung
Original-Titel: Terminator 2: Judgment Day.
Regie: James Cameron.
Land, Jahr: USA/Frankreich.
Produktion: Carolco Pictures, Pacific Western,
Lightstorm Entertainment, Canal+, T2 Pro-
ductions.
Verleih: Kinowelt.

Terminator 3 - Rebellion der Maschinen
Original-Titel: Terminator 3: Rise of the Ma-
chines.
Regie: Jonathan Mostow.
Land, Jahr: USA/Deutschland/UK, 2003.
Produktion: C-2 Pictures, Intermedia Films, IMF
Internationale Medien und Film GmbH &
Co. 3. Produktions KG, Mostow/Lieberman
Productions.
Verleih: Columbia Tri Star.

Die Angaben beziehen sich auf die in Deutschland erschienenden DVD-Versionen. Der
Kino-Verleih kann abweichen.

9.2 Bibliographie

Amann, Bernd (2006): Sprachausgabe für Care-
O-bot. Diplomarbeit. Universität Stuttgart.
http://www.ims.uni-stuttgart.de/lehre/studen-
tenarbeiten/fertig/diplomarbeit_amann.pdf.
Arnheim, Rudolf (1932/2002): Film als Kunst.
Frankfurt/M: Suhrkamp.
Baecker, Dirk (2010): Technik und Entscheidung.
http://www.dirkbaecker.com/Technik.pdf.
Bar-Cohen, Yoseph/Hanson, David (2009): The
coming robot revolution. Expectations and
fears about emerging intelligent, humanlike
machines. New York: Springer.

Berns, Karsten/Schmidt, Daniel (2010): Programmierung mit LEGO Mindstorms NXT. Robotersysteme, Entwurfsmethodik, Algorithmen. Berlin, Heidelberg: The LEGO Group.

Beutelspacher, Albrecht/Zschiegner, Marc-Alexander (2007): Diskrete Mathematik für Einsteiger. Mit Anwendungen in Technik und Informatik. 3., erweiterte Auflage. Wiesbaden: Friedr. Vieweg & Sohn.

Boie, Bernhild (1981): Die Sprache der Automaten: zur Autonomie der Kunst. In: The German Quarterly 5(3), S. 284-297. http://www.jstor.org/stable/pdfplus/405983.pdf?acceptTC=true.

Bonk, Curtis Jay (2009): The world is open. How Web technology is revolutionizing education. San Francisco: Jossey-Bass.

Boole, George (1854): An Investigation of the Laws of Thought on Which are Founded the Mathematical Theories of Logic and Probabilities. http://www.gutenberg.org/files/15114/15114-pdf.pdf.

Bordwell, David (1989): A case for cognitivism. In: IRIS - a journal of theory on image and sound, H. 9, pp. 11-40. http://www.davidbordwell.net/articles/Bordwell_Iris_no9_spring1989_11.pdf.

Bordwell, David (1991): Making meaning. Inference and rhetoric in the interpretation of cinema. Cambridge: Harvard Univ. Press.

Bordwell, David/Thompson, Kristin (2006): Film art. An introduction. 8. ed.. Boston: McGraw Hill.

Bostrom, Nick (2005): A HISTORY OF TRANS-HUMANIST THOUGHT. In: Journal of Evolution and Technology 14(1), http://www.nickbostrom.com/papers/history.pdf.

Burkhard, Hans-Dieter (2006): Künstliche Intelligenz zwischen Schach und Fußball. In: Reisig, Wolfgang/Freytag, Johann-Christoph (Hg.): Informatik. Aktuelle Themen im historischen Kontext. Berlin, Heidelberg, New York: Springer, S. 17-47.

Čapek, Karel (1921/2001): R.U.R. (Rossum›s universal robots). Mineola: Dover Publications.

Clute, John/Nicholls, Peter/Stableford, Brian (1993): Definitions of SF. In: Clute, John/Nicholls, Peter (Hg.): The encyclopedia of science fiction. London: Orbit, pp. 311-314.

Clynes, Manfred E./Kline, Nathan S. (1960): Cyborgs and space. In: Astronautics, September 1960, pp. 26-27 and 74-76. http://web.mit.edu/digitalapollo/Documents/Chapter1/cyborgs.pdf.

Debray, Régis (2003): Einführung in die Mediologie. Bern: Haupt.

Degele, Nina (2002): Einführung in die Techniksoziologie. München: Fink.

Dennett, Daniel C. (1997): Consciousness in human and robot minds. In: Schneider, Susan (Hg.) (2009): Science fiction and philosophy. From time travel to superintelligence. Malden: Wiley-Blackwell, pp. 186-200.

Ehrenspeck, Yvonne (2009): Philosophische Bildungsforschung: Bildungstheorie. In: Tippelt, Rudolf/Schmidt, Bernhard (Hg.): Handbuch Bildungsforschung. 2., überarbeitete und erweiterte Auflage. Wiesbaden: VS.

Ekman, Paul (2010): Gefühle lesen. Wie Sie Emotionen erkennen und richtig interpretieren. 2. Aufl., unveränd. Nachdr. Heidelberg: Spektrum Akad. Verl..

Elias, Norbert (1939/1976): Über den Prozess der Zivilisation. Soziogenetische und psychogenetische Untersuchungen. Frankfurt/M: Suhrkamp.

Erikson, Eric H. (1989): Identität und Lebenszyklus. 11. Aufl. Frankfurt/M: Suhrkamp.

Ertel, Wolfgang (2009): Grundkurs Künstliche Intelligenz. Eine praxisorientierte Einführung. 2., überarbeitete Auflage. Wiesbaden: Vieweg+Teubner.

Feldhaus, F. M. (1914/1970): Die Technik. Ein Lexikon Der Vorzeit, der Geschichtlichen Zeit und der Naturvöler. München: Heinz Moos.

Filmdienst (1998): Making Mr. Right - Ein Mann à la carte. http://cinomat.kim-info.de/suchen/callback/callback_archiv.php?filmnr=1123& action=FD&receiverID=tmplFilmDesc.

Fischer, Peter (2004): Philosophie der Technik. Eine Einführung. München: Fink.

Fischer, Peter/Hofer, Peter (2008): Lexikon der Informatik. 14., überarb. Aufl. Berlin, Heidelberg: Springer.

Flick, Uwe (2007): Qualitative Sozialforschung. Eine Einführung. 2. Aufl. der vollst. überarb. und erw. Neuausg. Reinbek: Rowohlt.

Forbes, Bryan (1975): Die Frauen von Stepford. Originaltitel: The Stepford Wives, USA.

Foucault, Michel (1976): Überwachen und Strafen. In: Foucault, Michel (2008): Die Hauptwerke. Frankfurt/M: Suhrkamp, S. 701-1019.

Frank, Charlotte (2009): Ein echt kranker Roboter. In: Süddeutsche Zeitung, 23.10.2009.

Gassen, Hans-Günter/Minol, Sabine (2006): Die Menschenmacher. Sehnsucht nach Unsterblichkeit. Weinheim: Wiley-VCH.

Gendolla, Peter (1992): Anatomien der Puppe. Zur Geschichte des MaschinenMenschen bei Jean Paul, E.T.A. Hoffmann, Villiers de lÍsle-Adam und Hans Bellmer. Heidelberg: Winter .

Giralt, Georges (2008): Foreword. In: Siciliano, Bruno/Khatib, Oussama (Hg.): Springer Handbook of Robotics. Berlin, Heidelberg: Springer, pp. x-xi.

Glaser, Barney G./Strauss, Anselm L. (1998): Grounded Theory. Strategien qualitativer Forschung. Bern: Huber.

Graf, Birgit/Reiser, Ulrich/Hägele, Martin/Mauz, Kathrin/Klein, Peter (2009): Robotic Home Assistant Care-O-bot® 3 - Product Vision and Innovation Platform. http://www.care-o-bot.de/Papers/2009_Care-O-bot_ARSO.pdf.

Grunwald, Armin (2002): Technikfolgenabschätzung. Eine Einführung. Berlin: Ed. Sigma.

Guldin, Rainer (2009): Golem, Roboter und andere Gebilde. Zu Vilém Flussers Apparatbegriff. http://www.flusserstudies.net/pag/09/guldin-golem-roboter.pdf.

Hahn, Ronald M./Jansen, Volker (1985): Lexikon des Science-Fiction-Films. Orig.-Ausg., 2. Aufl. München: Heyne.

Handelsblatt (2001): Roboter soll Senioren unabhängiger machen. Kritiker befürchten Technisierung in der Altenpflege. http://www.handelsblatt.com/archiv/roboter-soll-senioren-unabhaengiger-machen;470422.

Hans, M./Graf, B./Schraft, R. D. (2002): Robotic Home Assistant Care-O-bot: Past – Present – Future. http://www.care-o-bot.de/Papers/2002_RoboticsHomeAssistant_Care-O-bot_Past-Present-Future_ROMAN.pdf.

Harraway, Donna (1991): A Cyborg Manifesto: Science, Technology, and Socialist-Feminism in the Late Twentieth Century. http://www.stanford.edu/dept/HPS/Haraway/CyborgManifesto.html.

Haun, Matthias (2007): Handbuch Robotik. Programmieren und Einsatz intelligenter Roboter. Berlin, Heidelberg: Springer.

Hickethier, Knut (2001): Film- und Fernsehanalyse. 3., überarb. Aufl. Stuttgart: Metzler.

Hippel, Klemes (1999): Der menschlichste von uns allen. Die Figur des Androiden Data in Star Trek. In: Montage/av 8(2), S. 77-88. http://www.montage-av.de/pdf/082_1999/08_2_Klemens_Hippel_Der_menschlichste_von_uns_allen.pdf.

Hoffmann, Ernst Theodor Amadeus (1819): Die Automate. http://www.windharmonium.nl/publicaties/Hoffmann-Die-Automate.pdf.

Höltgen, Stefan (2009): Mensch-Maschinen. In: Telepolis. http://www.heise.de/tp/r4/artikel/31/31773/1.html.

Honneth, Axel (1994): Kampf um Anerkennung. Zur moralischen Grammatik sozialer Konflikte. Frankfurt/M: Suhrkamp.

Ichbiah, Daniel (2005): Roboter. Geschichte, Technik, Entwicklung. München: Knesebeck.

Jörissen, Benjamin/Marotzki, Winfried (2009): Medienbildung - Eine Einführung. Theorie - Methoden - Analysen. Stuttgart: Klinkhardt

Joy, Bill (2000): Warum die Zukunft uns nicht braucht. In: FAZ, 6.6.2000. http://www.km21.org/23rd-century/billjoy_0600.htm.

Kessler, Frank (1997): Etienne Souriau und das Vokabular der filmologischen Schule. In: Montage/av, 6(2), S. 132-139. http://www.montage-av.de/pdf/062_1997/06_2_Etienne_Souriau_Die_Struktur_des_filmischen_Universums.pdf.

Kessler, Frank (2007): Von der Filmologie zur Narratologie. Anmerkungen zum Begriff der Diegese. In: Montage/av 16(2), S. 9-16.

Kneer, Georg (2009): Akteur-Netzwerk-Theorie. In: Kneer, Georg/Schroer, Markus (Hg.): Handbuch Soziologische Theorien. Wiesbaden: VS, S. 19-39.

Kölsch, Thomas (2009): Homo Plasticator. Antike Menschenschöpfungsmythen in der Science Fiction. Marburg: Tectum.

Kurzweil, Ray (2000): Homo s@piens. Leben im 21. Jahrhundert - was bleibt vom Menschen? 4. Aufl. Köln: Kiepenheuer & Witsch.

Latour, Bruno (2007): Eine neue Soziologie für eine neue Gesellschaft. Einführung in die Akteur-Netzwerk-Theorie. Frankfurt/M: Suhrkamp.

Ledele, Josef (2000): Der 200 Jahre Mann. In: Filmdienst JAHRGANG(5). http://cinomat.kim-info.de/filmdb/langkritik.php?fdnr=34141.

Levy, David (2008): Love and Sex with Robots. The evolution of human-robot relationships. New York: Duckworth.

Marotzki, Winfried (1990): Entwurf einer strukturalen Bildungstheorie. Biographietheoretische Auslegung von Bildungsprozessen in hochkomplexen Gesellschaften. Weinheim: Dt. Studien-Verl.

Marotzki, Winfried (1991): Bildung, Identität und Individualität. http://www.home.uni-osnabrueck.de/kgilgen/lv-lit/bildungssoziologie/Marotzki-1991-BildungIdentitaetIndividualitaet.pdf.

Marotzki, Winfried (2006): Bildungstheorie und Allgemeine Biographieforschung. In: Krüger, Heinz-Hermann/Marotzki, Winfried (Hg.): Handbuch erziehungswissenschaftliche Biographieforschung. 2., überarbeitete und aktualisierte Auflage. Wiesbaden: VS, S. 59-70.

Marotzki, Winfried/Nohl, Arnd-Michael/Ortlepp, Wolfgang (2006): Einführung in die Erziehungswissenschaft. 2., durchges. Aufl. Opladen und Farmington Hills: Budrich.

Marsiske, Hans-Arthur (2010a): Das Jahrzehnt der Humanoiden. In: Telepolis. http://www.heise.de/tp/r4/artikel/32/32997/1.html.

Marsiske, Hans-Arthur (2010b): RoboCup-WM: Haushaltsroboter gehen einkaufen. In: Heise online. http://www.heise.de/newsticker/meldung/RoboCup-WM-Haushaltsroboter-gehen-einkaufen-1027965.html.

Menzel, Peter/D´Aluisio, Faith (2000): Robo sapiens. Evolution of a new species. Cambridge: MIT Press.

Metzinger, Thomas (2001): Postbiotisches Bewusstsein. Wie man ein künstliches Subjekt baut und warum wir es nicht tun sollten. In: Heinz Nixdorf MuseumsForum (Hg.): Computer.Gehirn. Was kann der Mensch? Was können die Computer? Begleitpublikation zur Sonderausstellung im Heinz-Nixdorf-MuseumsForum. Paderborn: Schöningh, S. 87-113.

Mittelstraß, Jürgen (2002): Bildung und ethische Maße. In: Killius, Nelson/ Klug, Jürgen/Reisch, Linda (Hg.): Die Zukunft der Bildung. Frankfurt: Suhrkamp, S. 151-170.

Moore, Max (1996): Vom biologischen Menschen zum posthumanen Wesen. In: Telepolis. http://www.heise.de/bin/tp/issue/r4/dl-artikel2.cgi?artikelnr=2043.

Müller-Funk, Wolfgang (1996): Die Maschine als Doppelgänger. Romantische Ansichten von Apparaturen, Automaten und Mechaniken. In: Felderer, Brigitte (Hg.): Wunschmaschine Welterfindung. Eine Geschichte der Technikvisionen seit dem 18. Jahrhundert. Wien: Springer, S. 486-506.

Nentwich, Michael (2009): Microbloggin und die Wissenschaft. Das Beispiel Twitter. In: ITA-Projektberichte, H. 52-4. http://epub.oeaw.ac.at/ita/ita-projektberichte/d2-2a52-4.pdf.

Passoth, Jan-Hendrik (2008): Technik und Gesellschaft. Sozialwissenschaftliche Techniktheorien und die Transformationen der Moderne. Wiesbaden: VS.

Peuker, Birgit (2010): Akteur-Netzwerk-Theorie (ANT). In: Stegbauer, Christian/Häußling, Roger (Hg.): Handbuch Netzwerkforschung. Wiesbaden: VS, S. 325-335.

Pietschmann, Manfred (2010): Editorial. In: Technology Review, H. 4, S. 3.

Prassler, Erwin/Ritter, Arno/Schaeffer, Christoph/Fiorini, Paolo (2000): A Short History of Cleaning Robots. In: Autonomous Robots, H. 9, S. 211-226.

Probol, Britta (2008): Der Roboter, dein Freund und Pfleger. Gesundheitsversorgung in Japan. http://www.ard.de/themenwoche2008/gesundheit/gesundheitssystem-japan/-/id=742958/nid=742958/did=747924/k1e8no/index.html.

Rammert, Werner (1998): Technikvergessenheit der Soziologie? Eine Erinnerung als Einleitung. In: Rammert, Werner (Hg.) (1998): Technik und Sozialtheorie. Frankfurt/M u.a.: Campus, S. 9-28.

Rammert, Werner (2007): Technik - Handeln - Wissen. Zu einer pragmatistischen Technik- und Sozialtheorie. Wiesbaden: VS.

Rammert, Werner (2008): Technik und Innovation. In: Maurer, Andrea (Hg.) (2008): Handbuch der Wirtschaftssoziologie. Wiesbaden: VS, S. 291-319.

Recht, Marcus (2002): Homo Artificialis. Androiden- und Cyborg-Konzepte am Beispiel der Science Fiction Serie Star Trek. Magisterarbeit. http://publikationen.ub.uni-frankfurt.de/volltexte/2005/1331/,.

Roth, Bernard (2008): Foreword. In: Siciliano, Bruno/Khatib, Oussama (Hg.): Springer Handbook of Robotics. Berlin, Heidelberg: Springer, pp. v-ix.

Rötzer, Florian (2011): Sexroboter: «All three entries have special sensors and motors«. In: Telepolis. http://www.heise.de/tp/blogs/3/149096.

Ruge, Wolfgang (2009): Von Descartes zu Deckard. Zur Identitätsfähigkeit künstlicher Intelligenzen im Science-Fiction-Film. Univ. Magdeburg: Hausarbeit. http://wolfgang-ruge.name/wp-content/uploads/2009/09/von-descartes-zu-deckard-webversion.pdf.

Schirrmacher, Frank (2009): Payback. Warum wir im Informationszeitalter gezwungen sind zu tun, was wir nicht tun wollen, und wie wir die Kontrolle über unser Denken zurückgewinnen. 3. Aufl. München: Blessing.

Schivelbusch, Wolfgang (1977/1986): The railway journey. The industrialization of time and space in the 19th century. Berkeley: Univ. of Calif. Press.

Schramm, Stefanie (2010): Zisch und weg. In: Die Zeit, Ausgabe 34, 19.08.2010. http://www.zeit.de/2010/34/T-Laser-und-Unkraut.

Schroer, Markus (2008): Bringing space back in. Zur Relevanz des Raums als soziologischer Kategorie. In: Döring, Jörg/Thielmann, Tristan (Hg.): Spatial Turn. Das Raumparadigma in den Kultur- und Sozialwissenschaften. Bielefeld: Transcript, S. 125-148.

Schulz-Schaeffer, Ingo (2008): Technik. In: Baur, Nina/Korte, Hermann/Löw, Martina/Schroer, Markus (Hg.) (2008): Handbuch Soziologie. 1. Aufl. Wiesbaden: VS, S. 445-463.

Schwalbe, Christina/Meyer, Torsten (2010): Umbauten im und am Bildungsraum. Zum medieninduzierten Wandel der Kommunikationsstrukturen in der Hochschulbildung. In: Grell, Petra/Marotzki, Winfried/Schelhowe, Heidi (Hg.): Neue digitale Kultur- und Bildungsräume. 1. Aufl. Wiesbaden: VS, S. 27-50.

Seeßlen, Georg/Jung, Fernand (2003): Science Fiction. Geschichte und Mythologie des Science-Fiction-Films. 2 Bände. Marburg: Schüren.

Siciliano, Bruno/Khatib, Oussama (2008): Introduction. In: Siciliano, Bruno/Khatib, Oussama (Hg.): Springer Handbook of Robotics. Berlin, Heidelberg: Springer, pp. 1-4.

Sobchack, Vivian Carol (2001): Screening space. The American science fiction film. 2., enlarged ed.,4. pr. New Brunswick: Rutgers Univ. Press.

Sofsky, Wolfgang (2007): Verteidigung des Privaten. Eine Streitschrift. München: Beck.

Souriau, Etienne (1997): Die Struktur des filmischen Universums und das Vokabular der Filmologie. In: Montage AV 6(2), S. 140-157.

Spiegel, Simon (2007): Die Konstitution des Wunderbaren. Zu einer Poetik des Science-Fiction-Films. Marburg: Schüren .

Spiegel, Simon (2010a): Ein blaues Wunder. Wie James Camerons Avatar den Zuschauer in eine fremde Welt entführt. In: Mamczak, Sascha/Jeschke, Wolfgang (Hg.): Das Science Fiction Jahr 2010. München: Heyne, S. 361-388.

Spiegel, Simon (2010b): Theoretisch phantastisch. Eine Einführung in Tzvetan Todorovs Theorie der phantastischen Literatur. Murnau: Machinery.

Stepanek, Martin (2006): Japanischer Roboter übernimmt Altenpflege. http://www.innovations-report.de/html/berichte/interdisziplinaere_forschung/bericht-56887.html.

Strauss, Anselm L./Corbin, Juliet M. (1990): Basics of qualitative research. Grounded theory procedures and techniques. Newbury Park: Sage.

Strübing, Jörg (2008): Grounded theory. Zur sozialtheoretischen und epistemologischen Fundierung des Verfahrens der empirisch begründeten Theoriebildung. 2., überarb. und erw. Aufl. Wiesbaden: VS.

Taylor, Charles (1996/2005): Quellen des Selbst. Die Entstehung der neuzeitlichen Identität.. Frankfurt/M: Suhrkamp.

Telotte, J. P. (1995): Replications. A robotic history of the science fiction film. Urbana: Univ. of Illinois Press.

Thompson, Kristin (1995): Neoformalistische Filmanalyse. Ein Ansatz viele Methoden. In: Montage/av, H. 1, S. 23-62. http://www.montage-av.de/pdf/041_1995/04_1_Kristin_Thompson_Neoformalistische_Filmanalyse.pdf.

Tietzel, Manfred (1984): L'homme machine. Künstliche Menschen in Philosophie, Mechanik und Literatur, betrachtet aus der Sicht der Wissenschaftstheorie. In: Journal for General Philosophy of Science 15(1). S. 31-74.

Todorov, Tzevtan (1972): Einführung in die fantastische Literatur. München: Hanser .

Turing, Alan M. (1937): On Computable Numbers, with an Application to the «Entscheidungsproblem». In: Davis, Martin (Hg.) (1965): The undecidable. Basic papers on undecidable propositions, unsolvable problems and computable functions. New York, NY: Raven Press, S. 116-151.

Vatter, André (2010): Sil-Bot: Wer würde seine Oma schon mit diesem Roboter alleine lassen? http://www.basicthinking.de/blog/2010/01/27/sil-bot-wer-wuerde-seine-oma-schon-mit-diesem-roboter-alleine-lassen/? utm_source=feedburner&utm_medium=feed&utm_campaign=Feed%3A+basicthinking%2Fdoho+%28Basic+Thinking+Blog%29.

Vengateswaran, J. R. (1999): Robotics. 1. Components and subsystems. In: Resonance 4(12), S. 76-82.

Veruggio, Gianmarco/Operto, Fiorella (2008): Roboethics: Social and Ethical Implications of Robotics. In: Siciliano, Bruno/Khatib, Oussama (Hg.): Springer Handbook of Robotics. Berlin, Heidelberg: Springer, pp. 1499-1524.

Vieth, Errol (1999): Screening science. Contexts, texts, and science in fifties science fiction film. Dissertation. Griffith University, Faculty of Arts - School of Film, Media and Cultural Studies. http://www4.gu.edu.au:8080/adt-root/public/adt-QGU20051012.112131/index.html.

WELT online (2010): Sprechende Roboter sollen bei Altenpflege helfen. http://www.welt.de/wissenschaft/article8638941/Sprechende-Roboter-sollen-bei-Altenpflege-helfen.html, zuletzt geprüft am 14.10.2010.

Wenner, Stefanie (2002): Unversehrter Leib im ›Reich der Zwecke‹: Zur Genealogie des Cyborgs. In: Barkhaus, Annette/Fleig, Anne (Hg.): Grenzverläufe. Der Körper als Schnitt-Stelle. München: Fink, S. 83-100.

Wilcox, Fred M. (1956): Alarm im Weltall. Originaltitel: Forbidden Planet. Metro-Goldwyn-Mayer (MGM), USA.

Wiley, David (2009): Openness, Disaggregation, and the future of education. Penn State Symposium for Teaching and Learning with Technology. http://www.youtube.com/watch?v=VeRctjvleyQ, zuletzt geprüft am 30.01.2011.

Wilkening, Friedrich/Krist, Horst (2008): Kapitel 10. Entwicklung der Wahrnehmung und Psychomotorik. In: Oerter, Rolf/Montada, Leo (Hg.) (2008): Entwicklungspsychologie. 6., vollst. überarb. Aufl. Weinheim: Beltz, S. 487-517.

Willoughby, Kelvin W. (2004): Technological semantics and technological practice: Lessons from an enigmatic episode in twentieth-century technology studies. In: Knowledge, Technology & Policy 17 (3-4), S. 11-43.

Zellhuber, Andreas (2008): Forbidden Planet (1956). Segnungen und Gefährdungen moderner Technologie. http://filmgeschichten.blogspot.com/2008/06/forbidden-planet-segnungen-und.html.

Zlatev, Jordan (2001): The Epigenesis of Meaning in Human Beings, and Possibly in Robots. In: Minds and Machines 11, S. 155-195.

Alle Internetquellen wurden am 5.2.2011 abgerufen und überprüft.

9.3 Bilnachweise

SEITE	ABBILDUNG	BILDNACHWEIS
S. 12	Abb. 1	Eigene Grafik in Anlehnung an: Jörissen/Marotzki 2009, 22-25.
S. 16	Abb. 2	Eigene Visualisierung in Anlehnung an Degele 2002, 18-20.
S. 39	Abb. 3	McKerrow 1991, zit. nach.Vengateswaran 1999, 79.
S. 39	Abb. 4	Haun 2007, 22
S. 40	Abb. 5	Berns/Schmidt 2010, 7
S. 78	Abb. 6	Eigene Darstellung.
S. 89	Abb. 7	Eigene Darstellung.
S. 91	Abb. 8	Eigene Darstellung.
S. 94	Abb. 9	Filmstills aus dem Film
S. 94	Abb. 10	Alarm im Weltall Produktion: Metro-Goldwyn-Mayer (MGM). Verleih: Warner Home Video.
S. 96	Abb. 11	Eigene Darstellung auf Basis von Filmstills aus dem Film Alarm im Weltall Produktion: Metro-Goldwyn-Mayer (MGM). Verleih: Warner Home Video.
S. 99	Abb. 12	Eigene Darstellung.
S. 101	Abb. 13	Filmstills aus dem Film Westworld Produktion: Metro-Goldwyn-Mayer (MGM). Verleih: Warner Home Video.
S. 101	Abb. 14	
S. 103	Abb. 15	
S. 103	Abb. 16	
S. 105	Abb. 17	Eigene Darstellung auf Basis von Filmstills aus dem Film Westworld Produktion: Metro-Goldwyn-Mayer (MGM). Verleih: Warner Home Video.
S. 106	Abb. 18	Filmstills aus dem Film
S. 107	Abb. 19	Westworld
S. 108	Abb. 20	Produktion: Metro-Goldwyn-Mayer (MGM). Verleih: Warner Home Video.
S. 108	Abb. 21	
S. 110	Abb. 22	Eigene Darstellung.

SEITE	ABBILDUNG	BILDNACHWEIS
S. 112	Abb. 23	Filmstills aus dem Film
S. 112	Abb. 24	Making Mr. Right
S. 114	Abb. 25	Produktion: Barry & Enright Productions / Orion Pictures Corporation. Verleih: MGM Home Entertainment.
S. 114	Abb. 26	
S. 114	Abb. 27	
S. 114	Abb. 28	
S. 116	Abb. 29	
S. 116	Abb. 30	
S. 118	Abb. 31	
S. 118	Abb. 32	
S. 119	Abb. 33	Eigene Darstellung auf Basis von Filmstills Making Mr. Right Produktion: Barry & Enright Productions / Orion Pictures Corporation. Verleih: MGM Home Entertainment.
S. 120	Abb. 34	Filmstills aus dem Film
S. 120	Abb. 35	Making Mr. Right Produktion: Barry & Enright Productions / Orion Pictures Corporation. Verleih: MGM Home Entertainment.
S. 122	Abb. 36	Eigene Darstellung.
S. 124	Abb. 37	Filmstills aus dem Film
S. 126	Abb. 38	Terminator
S. 126	Abb. 39	Produktion: Hemdale Film, Pacific Western, Euro Film Funding, Cinema 84. Verleih: MGM Home Entertainment.
S. 128	Abb. 40	Eigene Darstellung auf Basis von Filmstills Terminator Produktion: Hemdale Film, Pacific Western, Euro Film Funding, Cinema 84. Verleih: MGM Home Entertainment.
S. 129	Abb. 41	Filmstills aus dem Film
S. 129	Abb. 42	Terminator Produktion: Hemdale Film, Pacific Western, Euro Film Funding, Cinema 84. Verleih: MGM Home Entertainment.
S. 132	Abb. 43	Eigene Darstellung
S. 135	Abb. 44	Filmstills aus dem Film
S. 135	Abb. 45	Der 200 Jahre Mann
S. 136	Abb. 46	Produktion: 1492 Pictures, Columbia Pictures Corporation, Laurence Mark Productions, Radiant Productions, Touchstone Pictures.
S. 136	Abb. 47	Verleih: Columbia TriStar Film.

SEITE	ABBILDUNG	BILDNACHWEIS
S. 141	Abb. 48	Eigene Darstellung auf Basis von Filmstills aus dem Film Der 200 Jahre Mann Produktion: 1492 Pictures, Columbia Pictures Corporation, Laurence Mark Productions, Radiant Productions, Touchstone Pictures. Verleih: Columbia TriStar Film.
S. 142	Abb. 49	Filmstills aus dem Film
S. 142	Abb. 50	Der 200 Jahre Mann Produktion: 1492 Pictures, Columbia Pictures Corporation, Laurence Mark Productions, Radiant Productions, Touchstone Pictures. Verleih: Columbia TriStar Film.
S. 145	Abb. 51	Eigene Darstellung.
S. 148	Abb. 52	Filmstills aus dem Film
S. 148	Abb. 53	Terminator die Erlösung Produktion: The Halcyon Company, Wonderland Sound and Vision Verleih: Sony Pictures Home Entertainment.
S. 149	Abb. 54	
S. 149	Abb. 55	
S. 149	Abb. 56	
S. 151	Abb. 57	Eigene Darstellung auf Basis von Filmstills aus dem Film Terminator die Erlösung Produktion: The Halcyon Company, Wonderland Sound and Vision Verleih: Sony Pictures Home Entertainment.
S. 152	Abb. 58	Filmstills aus dem Film
S. 152	Abb. 59	Terminator die Erlösung Produktion: The Halcyon Company, Wonderland Sound and Vision Verleih: Sony Pictures Home Entertainment.
S. 153	Abb. 60	
S. 153	Abb. 61	
S. 153	Abb. 62	
S. 158	Abb. 63	Eigene Darstellung auf Basis von Filmstills aus den bisher genannten Filmen.
S. 168	Abb. 64	

Abonnement

Hiermit abonniere ich die **Magdeburger Schriftenreihe zur Medienbildung** (ISSN 2194-1130), herausgegeben von Johannes Fromme und Winfried Marotzki,

☐ ab Band # 1

☐ ab Band # ___

   ☐ Außerdem bestelle ich folgende der bereits erschienenen Bände:

     #___, ___, ___, ___, ___, ___, ___, ___, ___, ___

☐ ab der nächsten Neuerscheinung

   ☐ Außerdem bestelle ich folgende der bereits erschienenen Bände:

     #___, ___, ___, ___, ___, ___, ___, ___, ___, ___

☐ 1 Ausgabe pro Band   ODER   ☐ ___ Ausgaben pro Band

Bitte senden Sie meine Bücher zur versandkostenfreien Lieferung innerhalb Deutschlands an folgende Anschrift:

Vorname, Name: _____

Straße, Hausnr.: _____

PLZ, Ort: _____

Tel. (für Rückfragen): _____ *Datum, Unterschrift:* _____

Zahlungsart

☐ *ich möchte per Rechnung zahlen*

☐ *ich möchte per Lastschrift zahlen*

bei Zahlung per Lastschrift bitte ausfüllen:

Kontoinhaber: _____

Kreditinstitut: _____

Kontonummer: _____ Bankleitzahl: _____

Hiermit ermächtige ich jederzeit widerruflich den *ibidem*-Verlag, die fälligen Zahlungen für mein Abonnement der **Magdeburger Schriftenreihe zur Medienbildung** von meinem oben genannten Konto per Lastschrift abzubuchen.

Datum, Unterschrift: _____

Abonnementformular entweder **per Fax** senden an: **0511 / 262 2201** oder 0711 / 800 1889
oder als **Brief** an: *ibidem*-Verlag, Leuschnerstr. 40, 30457 Hannover oder
als e-mail an: ibidem@ibidem-verlag.de

ibidem-Verlag

Melchiorstr. 15

D-70439 Stuttgart

info@ibidem-verlag.de

www.ibidem-verlag.de
www.ibidem.eu
www.edition-noema.de
www.autorenbetreuung.de